Gestão de pessoas no terceiro setor: ênfase em ambientes religiosos

SÉRIE CONHECIMENTOS EM TEOLOGIA

inter
saberes

Fabiana Barros da Silva

Gestão de pessoas no terceiro setor: ênfase em ambientes religiosos

inter saberes

Rua Clara Vendramin, 58 . Mossunguê
CEP 81200-170 . Curitiba . PR . Brasil
Fone: (41) 2106-4170
www.intersaberes.com
editora@intersaberes.com

Conselho editorial
Dr. Alexandre Coutinho Pagliarini
Dr.ª Elena Godoy
Dr. Neri dos Santos
M.ª Maria Lúcia Prado Sabatella

Editora-chefe
Lindsay Azambuja

Gerente editorial
Ariadne Nunes Wenger

Assistente editorial
Daniela Viroli Pereira Pinto

Preparação de originais
Gilberto Girardello Filho

Edição de texto
Caroline Rabelo Gomes
Letra & Língua Ltda. - ME

Capa
Charles L. da Silva (*design*)
ami mataraj e oatawa/Shutterstock (imagem)

Projeto gráfico
Charles L. da Silva

Diagramação
Regiane Rosa

Designer responsável
Charles L. da Silva

Iconografia
Regina Claudia Cruz Prestes
Sandra Lopis da Silveira

Dados Internacionais de Catalogação na Publicação (CIP)
(Câmara Brasileira do Livro, SP, Brasil)

Silva, Fabiana Barros da
  Gestão de pessoas no terceiro setor : ênfase em ambientes religiosos / Fabiana Barros da Silva. -- Curitiba, PR : Editora Intersaberes, 2023. -- (Série conhecimentos em teologia)

  Bibliografia.
  ISBN 978-85-227-0543-6

  1. Ambiente de trabalho 2. Administração de pessoal 3. Igreja – Administração 4. Terceiro setor – Administração I. Título II. Série.

23-151863   CDD-658.4092

Índices para catálogo sistemático:
1. Liderança e gestão de pessoas : Administração de empresas   658.4092
Eliane de Freitas Leite – Bibliotecária – CRB 8/8415

1ª edição, 2023.
Foi feito o depósito legal.

Informamos que é de inteira responsabilidade da autora a emissão de conceitos.

Nenhuma parte desta publicação poderá ser reproduzida por qualquer meio ou forma sem a prévia autorização da Editora InterSaberes.

A violação dos direitos autorais é crime estabelecido na Lei n. 9.610/1998 e punido pelo art. 184 do Código Penal.

sumário

9   *agradecimentos*
11 *apresentação*

capítulo um
15 **Gestão de pessoas e desenvolvimento**
17 1.1. Aspectos históricos da gestão de pessoas
22 1.2 Evolução antropológica e cognitiva do ser humano
26 1.3 Indivíduo, sociedade e suas múltiplas relações
33 1.4 Relacionamentos e relações humanas
40 1.5 Confiança e competência como base das relações sociais
44 1.6 Comunicação e motivação

capítulo dois
61 **Liderança na gestão de pessoas em ambientes eclesiais e no terceiro setor**
63 2.1 Liderança e relações de poder
67 2.2 Estilos de liderança
76 2.3 Desenvolvimento de líderes
81 2.4 Modos interativos de liderança: estratégia criativa em relações de trabalho
87 2.5 Criatividade e inovação
93 2.6 O líder e seu impacto na gestão de pessoas

capítulo três

103 **Gestão de pessoas em ambientes eclesiásticos e no terceiro setor**
105 3.1 Sistemas de gestão de pessoas em ambientes eclesiais e no terceiro setor
108 3.2 Gestão estratégica de pessoas
112 3.3 Planejamento de recursos humanos
118 3.4 Organização de recursos humanos
125 3.5 Desenvolver, manter e monitorar pessoas
132 3.6 Ética na gestão de pessoas

capítulo quatro

141 **Capacitação e desenvolvimento de habilidades e competências**
143 4.1 Gestão por competências: missão, visão e valores eclesiais aplicados ao terceiro setor
151 4.2 Identificação de talentos e inteligências múltiplas
156 4.3 Liderança e desenvolvimento de equipes de trabalho
161 4.4 Árvore de competências: o que é e como utilizar
164 4.5 Melhoria de desempenho: treinamento e desenvolvimento de pessoas
170 4.6 Possibilidade de desenvolvimento pessoal

capítulo cinco

183 **Aspectos da psicologia organizacional**
185 5.1 Comportamento social humano
192 5.2 Gerenciamento de pessoas: conceitos, evolução e perspectivas atuais
198 5.3 O que é chamado? Qual é sua fonte e como vivenciá-lo?
204 5.4 Impacto das escolhas pessoais na saúde mental
210 5.5 Inteligência emocional
217 5.6 Qualidade de vida e bem-estar no trabalho

capítulo seis
231 **Gestão de conflitos**
233 6.1 O conflito e sua administração
237 6.2 Estágios, espirais e processos construtivos e destrutivos do conflito
243 6.3 Formas de administração do conflito
247 6.4 Métodos de resolução de conflitos
254 6.5 Conceito de comunicação e comunicação não violenta
262 6.6 Comunicação organizacional e gestão de crises

275 *considerações finais*
281 *referências*
291 *bibliografia comentada*
295 *respostas*
303 *sobre a autora*

agradecimentos

Ao bom Deus, que, por sua graça, capacitou-me para compartilhar os saberes e as experiências por meio da gestão de pessoas.

Ao meu esposo, Orlando, e ao meu filho, Lucas, que colaboraram cedendo o tempo deles comigo para que eu pudesse me dedicar a esta obra.

Aos meus pais, que sempre investiram em meus estudos e me incentivaram a não parar de aprender.

apresentação

Compreender a magnitude da criação do ser humano e a profunda imensidão do oceano dos saberes sobre as pessoas é a premissa básica que desejamos partilhar com você neste livro. Não temos, em nenhum aspecto, a intenção de esgotar os assuntos aqui tratados, pois falar de pessoas é falar de sua complexa e ainda inexplorada rede de potenciais em um mundo que passa por mudanças meteóricas.

Começaremos nossa viagem entendendo que lidar com pessoas é inerente a todos os seres humanos. No entanto, para fazer isso de modo saudável e produtivo, não podemos desistir de conhecê-las. Portanto, temos que nos aprofundar em um universo de novos saberes, descobertas e disciplinas, compreendendo a intensa interdependência entre todos esses elementos. É isso que nos permitirá evoluir assertivamente na área de gestão de pessoas.

Nosso estudo iniciará com base nas descobertas anteriores sobre os seres humanos feitas por pensadores como: Émile Durkheim, Max Weber e Franz Boas, entre outros, relacionando-as aos conceitos contemporâneos da administração. Entendemos que os saberes da atualidade só se tornaram possíveis pela atuação desses filósofos, que, mesmo sem o amparo da tecnologia de que dispomos atualmente, elaboraram os primeiros tratados, realizaram as primeiras pesquisas e organizaram os pensamentos que até hoje são reforçados por novos estudos.

Com essa base estabelecida, abordaremos a gestão de pessoas sob a perspectiva de sua aplicabilidade nas organizações eclesiais e no terceiro setor. Nesse sentido, vamos nos amparar nos referenciais teóricos mais notáveis e nas práticas de gestão que têm sido utilizadas nas organizações, sempre com um olhar desafiador para o futuro.

Para isso, no Capítulo 1, definiremos a história do trabalho e estabeleceremos os primeiros indícios do gerenciamento de pessoas no decorrer dos processos evolutivos antropológicos, cognitivos e sociológicos que perpassaram a existência humana. Ainda, veremos como podemos relacionar esses saberes aos nossos dias. Desse modo, abordaremos os relacionamentos e as relações sociais sob a perspectiva da psicologia e da teologia, apontando as principais teorias sobre motivação humana e sua influência no trabalho, bem como a importância da comunicação, do comprometimento e da confiança nas relações laborais.

No Capítulo 2, faremos diversos estudos sobre liderança, as relações de poder nas organizações e os estilos de liderança, e verificaremos como é possível vivenciar vários desses estilos em diferentes situações. A influência do líder na gestão de pessoas é indiscutível. Por isso, também analisaremos o desenvolvimento das competências necessárias para que o líder exerça um trabalho interativo, criativo e inovador.

No Capítulo 3, nosso ponto central é a gestão de pessoas considerando o ambiente eclesial e o terceiro setor, por meio de abordagens que estabelecem a organização desses cenários. Posteriormente, em uma perspectiva estratégica, nortearemos seu planejamento e sua organização. Por fim, enfatizaremos que a gestão de pessoas necessita se curvar à ética, e a deontologia faz com que esse tema possa ser mais adequadamente aplicado nas organizações.

No Capítulo 4, apresentaremos de que modo a gestão por competências pode efetivar os esforços de treinamento e desenvolvimento. Com um olhar direcionado para a gestão estratégica das organizações, é possível identificar talentos-chave para áreas definidas na estratégia da organização por meio de um mapeamento de competências, aumentando o envolvimento de toda a empresa no desenvolvimento de equipes e no autodesenvolvimento. Consequentemente, a instituição observará uma considerável melhora em seu desempenho geral.

No Capítulo 5, trataremos da psicologia organizacional e de suas contribuições para a gestão de pessoas. Com base nos conceitos sobre o comportamento humano das últimas décadas, explicaremos como a gestão de pessoas foi se estabelecendo no transcorrer da história até os dias atuais. Além disso, abordaremos um aspecto que tomamos como nevrálgico: a saúde mental dos colaboradores e como nossas escolhas podem afetá-la. Isso explica a importância de investirmos em qualidade de vida e bem-estar e de desenvolvermos uma inteligência emocional mais sólida, a fim de que possamos lidar com diversas emoções em contextos tão instáveis.

Por fim, no Capítulo 6, traçaremos um panorama geral sobre a gestão de conflitos. Nessa perspectiva, a intenção será capacitá-lo a compreendê-los e lidar com eles de maneira construtiva, uma vez que os conflitos, por si só, nem sempre são disfuncionais para as organizações. Assim, por meio de abordagens que versam sobre a comunicação organizacional, a comunicação não violenta, bem como a respeito de métodos para a resolução de conflitos e a gestão de crises, conseguiremos enxergar sob um novo ângulo esse tema, que, muitas vezes, é bastante controverso.

Nosso desejo é que se aproprie do conhecimento compartilhado nesta obra e que se aprofunde nas referências bibliográficas disponibilizadas. Acreditamos que se você está prestes a avançar às próximas páginas, é porque sabe a importância de seu desenvolvimento pessoal e de como isso pode contribuir para sua carreira, no sentido de exercê-la com graça e amor visando ao maior bem de uma organização: as pessoas.

capítulo um

Gestão de pessoas e desenvolvimento

01

As relações de trabalho sempre estiveram presentes no cotidiano das pessoas, desde que nos entendemos como seres humanos. Inicialmente, essas relações se estabeleciam no contexto familiar, como forma de subsistência. No entanto, com o passar dos anos, alguns núcleos familiares começaram a progredir com mais êxito que os outros. Por isso, a composição até então normal de família deixou de ser suficiente. Foi nesse contexto que se firmaram as primeiras relações "formais" de trabalho, nas quais alguém prestava um serviço e era, de algum modo, recompensado por isso.

Para que você tenha uma visão mais abrangente do exposto, precisamos mergulhar na história do trabalho para entendermos que a gestão de pessoas sempre se fez presente, mais tacitamente, ou seja, indissociada do trabalho, conforme cada contexto. Portanto, estudar o trabalho é, também, estudar de que forma aconteciam as relações entre quem serve e quem é servido, considerando as mais diversas idiossincrasias.

1.1 Aspectos históricos da gestão de pessoas

Do ponto de vista histórico, o trabalho não pode ser entendido sem levar em conta as diversas épocas, os meios de produção e os modos de as pessoas se relacionarem.

A linha histórica inicia com o homem interagindo com o trabalho como uma forma de explorar a natureza para satisfazer suas necessidades mais primitivas. No entanto, nesse primeiro instante, os seres humanos não tinham uma visão de propriedade. Ou seja, eram nômades, isto é, mudavam de local sempre que suas necessidades não mais eram atendidas pelo meio.

Em um segundo momento, os conhecimentos adquiridos pelos homens permitiram que eles dominassem algumas circunstâncias adversas. Assim, acabaram migrando para lugares em que havia água e investiram em meios para incrementar suas ferramentas de trabalho, as quais foram desenvolvidas graças à observação dos recursos disponibilizados no ambiente em que viviam e às necessidades de aperfeiçoamento– tratava-se de manipular a natureza para subsistir.

Nessa perspectiva, o homem passou a produzir os próprios artefatos e dominou a terra para seu benefício e o de sua família, além de ter propiciado a estabilização de sua prole em locais de onde seria possível extrair mais facilmente seu sustento. Foi nesse contexto que os primeiros grupos se desenvolveram, os quais acabaram se agregando uns aos outros. Além disso, surgiu a prática de divisão dos trabalhos entre homens, mulheres e crianças – o que seria de se esperar tendo em vista a forma comunitária de viver.

O poder de tais grupos aumentava à medida que as experiências vividas lhes permitiam aperfeiçoar suas ferramentas de trabalho, entender como usar o solo, analisar o clima e aprimorar os métodos de produção. Esse cenário acarretou a produção de excedentes e deu origem à troca de bens produzidos entre famílias e grupos, expandindo as possibilidades de acumulação.

Em todos esses movimentos da sociedade, certamente já havia uma forma de gestão que, embora empírica, funcionava de acordo com os objetivos propostos pelos movimentos sociais recém-citados.

Por exemplo, a história do povo judeu e da antiga mesopotâmia nos apresenta diversas informações sobre como esse povo saiu da produção de subsistência e começou a se organizar formando povos e cidades e estabelecendo relações de trabalho por meio da autoridade e da força (Schneeberger, 2011). Por conta das guerras, que ocorriam na Antiguidade, os perdedores dos confrontos eram levados cativos ao povo vencedor e forçados a fornecer sua mão de obra (em uma relação não remunerada) basicamente pelo preço da própria vida. Assim, nasceram os grandes impérios, que, além de produzirem alimentos, construíram grandes cidades utilizando-se da mão de obra escrava. O trabalho manual era a principal ferramenta de trabalho e, muitas vezes, tido como um castigo. Aos dominadores, restava a condição de humanos propriamente ditos – na realidade, vários eram até mesmo considerados deuses, como foi o caso de muitos dos faraós na Antiguidade. Já os demais tinham no trabalho sua própria maldição.

Essa relação de trabalho se estendeu por muito tempo nos impérios. Com o declínio do Império Romano, no século III, assim como com as invasões germânicas e as tensões com o Império Bizantino, aos poucos o regime de escravidão se tornou um sistema de servidão na Europa Ocidental. Deu-se lugar a um novo modelo de trabalho que teve início nos séculos IV e V e perdurou até o século XIV.

Na Europa, o sistema feudal se consolidou como forma de trabalho, na qual os senhores feudais (nobreza) e o clero eram os donos das terras e consentiam aos servos que nelas trabalhassem, em troca de proteção militar e jurídica e de uma pequena parte do que produzissem. Apesar de a produção se concentrar no meio agrícola, os comerciantes e artesãos supriam as necessidades da nobreza com a confecção de outros bens.

Entre os séculos XIV e XV, com o restabelecimento das cidades e o aquecimento do comércio, o sistema feudal aos poucos foi se enfraquecendo. As corporações de ofícios, em que os mestres ensinavam aos aprendizes, foram sendo agrupadas, o que representou o berço do sistema industrial que, posteriormente, dominaria o mundo, graças às invenções que facilitariam o trabalho agrícola.

No século XV, em virtude da peste negra que dizimou a Europa Ocidental, as transformações acarretadas pela expansão marítima (as Cruzadas) não só reestabeleceram a fé cristã, mas também tornaram conhecidas as mercadorias orientais e as várias políticas sociais e culturais reelaboradas durante o século XV. Esse cenário fortaleceu o novo sistema capitalista que emergia nas grandes cidades, desarticulando o sistema de servidão. A esse respeito, não podemos nos esquecer de que, com as descobertas das novas terras além-mar, o sistema de escravidão voltou à tona nos trabalhos exercidos nas colônias conquistadas nas Américas.

No entanto, as ideias renascentistas e a Reforma Protestante que surgiram na sequência promoveram uma nova forma de entender o trabalho: de castigo, este passou a ser visto como fruto da virtude de um homem, arvorando ainda mais as bandeiras do capitalismo.

Nesse contexto, os movimentos sociais deixaram de se fazer presentes apenas em um continente, a Europa. Assim, as ideias de liberdade da Revolução Francesa, a demanda por produtos, o aumento populacional, entre outros fatores, foi palco para nascimento de um novo tempo do movimento trabalhista que, até então, não tinha qualquer vínculo relacionado à preocupação quanto ao bem-estar da mão de obra, à necessidade de especialização, às jornadas de trabalho adequadas, tampouco aos salários.

A Revolução Industrial gerou como consequência um novo modo de trabalho, embora ainda não se atribuísse valor ao operário. Como, com o êxodo rural, houve uma oferta de mão de obra superior à demanda, os trabalhadores se viram submetidos a condições de trabalho que jamais poderiam ser consideradas ideais (Schneeberger, 2011). Apesar de os homens serem "livres" para decidir ou não trabalhar em determinada indústria, não é possível afirmar que eles tinham liberdade de escolher.

O estabelecimento da industrialização no mundo marcou o século seguinte, como afirma Chiavenato (2014, p. 32):

> *O século XX trouxe grandes mudanças e transformações que influenciaram poderosamente as organizações, a administração e o comportamento [...]. Neste sentido, pode-se visualizar ao longo do século XX três eras organizacionais distintas: a Era da Industrialização Clássica, a Era da Industrialização Neoclássica e a Era da Informação.*

Obviamente, a história do trabalho não foi linear, em vários aspectos. A história de uma nação revelava uma possibilidade de futuro para as demais, visto que os movimentos que ocorreram na Europa não se comparavam ao que se vivia em países da Ásia, da África e da América, colonizados pelos europeus. No Brasil, o sistema de escravidão só foi abolido no final do século XIX, quando os primeiros sistemas de gestão industrial já estavam sendo implementados na Europa.

A era da tecnologia, o advento da internet e a promoção de uma economia globalizada gerou novos desafios para o século XXI, como mudanças cada vez mais rápidas, com alcance e impactos mundiais.

As transformações enfrentadas pelos movimentos sociais que lutaram por melhores condições de trabalho também ocorreram na área de gestão de pessoas, levando em conta as demandas de cada época e os conceitos sociais que figuravam em cada cenário. Por conta de tais eventos, houve inúmeras alterações na relação entre líder e liderado(poder e hierarquia), bem como em aspectos como remuneração, benefícios e direitos do trabalhador que, inclusive, deixou de ser visto como "recurso" para ser entendido como ser humano dotado de volição, criatividade e necessidades que determinam a qualidade e o envolvimento com o próprio trabalho.

A era atual das relações laborais traz consigo novos desafios focados não só no presente, e sim prioritariamente no futuro. Isso se explica pelo surgimento cada vez mais veloz de novas tendências cujo poder de obsolescência jamais fora visto. Os modelos de gestão, impulsionados pela pandemia de Covid-19, entre os anos de 2020 e 2022, contribuíram para acelerar mudanças previstas. Um exemplo diz respeito ao regime de trabalho em formato *home office* e híbridos, nos quais os funcionários trabalham em suas casas e prestam contam aos líderes remotamente.

Seria possível afirmar, por extensão, que modificações como essa afetaram as relações entre as pessoas e as instituições religiosas? Certamente! Durante todo esse processo, igrejas, organizações sociais civis (OSCs) e organizações missionárias foram (e seguem sendo) desafiadas a adequar sua forma de se relacionar com seus líderes, liderados e voluntários. Daí a necessidade de criar novas demandas de gestão para responder às necessidades de um novo tempo. A grande questão que fica a ser respondida é: Como adequar as novas tendências ao dia a dia das organizações religiosas sem negociar os princípios da Palavra de Deus? Você já pensou sobre isso?

1.2 Evolução antropológica e cognitiva do ser humano

Estudar a evolução do ser humano sob a perspectiva da antropologia é, em muitos aspectos, um desafio para a atualidade. Hoje, os temas da administração parecem oferecer modelos cada vez mais convincentes de sucesso organizacional, sem que, para isso, exija-se qualquer tipo de reflexão sobre o homem.

Se voltarmos no tempo, veremos que a descoberta dos homens do novo mundo trouxe consigo o desafio de compreender o homem "selvagem" aos olhos de seus descobridores. Questionamentos sobre a humanidade dos recém-descobertos, críticas aos seus costumes sociais, indagações a respeito da espiritualidade desses novos seres e de como os homens "civilizados" deveriam interagir com estes despertaram certas necessidades (Laplantine, 2003).

Fato é que isso não ocorreu de imediato, e o tema do "mau selvagem" e do "bom civilizado" perdurou por muitos séculos, conforme comprovado pelas práticas das relações de trabalho da época, como observa Laplantine (2003, p. 36):

> O outro – o índio, o taitiano, mais recentemente o basco ou o bretão – é simplesmente utilizado como suporte de um imaginário cujo lugar de referência nunca é a América, Taiti, o País Basco ou a Bretanha. São objetos-pretextos que podem ser mobilizados tanto com vistas à exploração econômica, quanto ao militarismo político, à conversão religiosa ou à emoção estética. Mas, em todos os casos, o outro não é considerado para si mesmo. Mal se olha para ele. Olha-se a si mesmo nele.

Após dois séculos, ainda eram insipientes os esforços para entender esses homens diferentes, primitivos em seus costumes. Foi somente no século XVIII que ocorreu uma ruptura com a figura dos novos homens descobertos. A esse respeito, Laplantine (2003) menciona que alguns pensadores, como La Hontan (1666-1716) e Lafitau (1681-1746), passaram a inverter seus valores, trazendo a figura do "bom selvagem" e do "mau civilizado" e questionando as formas de enxergar o homem primitivo, contrapondo-se à ganância do homem civilizado.

Acerca da importância de estender o conhecimento aos homens, Laplantine (2003, p. 7) assim explica:

apenas no final do século XVIII é que começa a se constituir um saber científico (ou pretensamente científico) que toma o homem como objeto de conhecimento, e não mais a natureza; apenas nessa época é que o espírito científico pensa, pela primeira vez, em aplicar ao próprio homem os métodos até então utilizados na área física ou da biologia.

Desse interesse pelo homem nasceu a antropologia, a área que estuda o homem– do grego *antropos* (homem) e *logia* (estudo). Inicialmente, o foco dessa ciência era o "selvagem", o novo homem descoberto, que não atendia aos requisitos esperados pela civilização– isto é, onde ele se formou homem.

Os movimentos de busca pelo conhecer evoluíram com o passar dos anos, e o mesmo ocorreu com a necessidade de saber sobre o homem, especialmente em relação ao conhecimento de sua história, seu passado, seus costumes e suas culturas. Logo, tornaram-se cada vez mais complexos os desdobramentos dessa ciência – longe de ser uma ciência exata, trata-se de uma ciência social e cultural (etnológica) que precisava entender o homem a partir do seu próprio contexto e olhar.

Com base nesse panorama, diversos trabalhos começaram a ser propostos, a fim de aperfeiçoar o escopo de atuação da antropologia. Sabemos que os conceitos e as metodologias foram mudando no decorrer da história. Por isso mesmo, elegemos as principais contribuições dos períodos posteriores ao denominado por Laplantine (2003) como *pré-história da antropologia* (Quadro 1.1):

Quadro 1.1 – Resumo do desenvolvimento da antropologia (1820-2009)

Nomes	Contribuições
Herbert Spencer (1820-1903)	Fundou o darwinismo social, uma filosofia social que exalta as virtudes da competição individual, influenciado pela obra *A origem das espécies*, de Charles Darwin (1809-1882), que se baseou em dados coletados durante uma circum-navegação de seis anos pelo mundo.
Société d'Ethnologie (1839) e Société d'Anthropologie (1859)	Sociedades de caráter científico-humanitário que tinham como objetivo proteger o homem "primitivo" dos espólios e abusos até então sofridos pelos imperialistas. Em tais sociedades, discutia-se a necessidade de proteger a cultura nativa. A primitividade e a cultura desses povos eram como um *videotape* da própria evolução humana.
Edward Tylor (1871)	Com o lançamento da obra *Cultura primitiva*, definiu o termo *cultura* e a apresentou como objeto de estudo da antropologia, conferindo-lhe uma sistematização tanto em relação a esse objeto quanto ao método.
Lewis Morgan (1877)	Com a publicação de *A sociedade primitiva*, procurou estabelecer o caminho seguido pela organização familiar através dos vários estágios de desenvolvimento. Propôs o clássico esquema da evolução cultural: selvageria, barbárie e civilização.
Franz Boas (1858-1942)	Trouxe o conceito de homem universal e sua relação com a cultura. Na obra de Boas, observamos a junção entre a prática de observação de campo e a teoria, dando palco para o nascimento da etnografia. Como antropólogo, ressaltou a importância e a necessidade do acesso à língua da cultura nativa das populações. Formou diversos antropólogos na escola americana no século XX.

(continua)

(Quadro 1.1 - conclusão)

Nomes	Contribuições
Bronislaw Malinowski (1884-1942)	Com sua primeira obra, *Os argonautas do pacífico ocidental*, foi o primeiro a conduzir cientificamente uma experiência etnográfica, isto é, a morar nos territórios ocupados pelas populações que estudava, a fim de estudar seus hábitos e costumes, além de idiomas e dialetos. Seu método ficou conhecido como *observação participante*.
Alfred Radcliffe-Brown (1881-1955)	Propôs que a estrutura social existe independentemente dos atores individuais que a reproduzem. Para Radcliffe-Brown, a questão central não era o que os nativos pensavam ou em que acreditavam, como ganhavam a vida ou de que modo se formaram como sujeitos, mas sim como sua sociedade era integrada, ou seja, quais "forças" a mantinham coesa como um todo.
Marcel Mauss (1872-1950)	Mauss dividiu o estudo da antropologia em três níveis de pesquisa: etnografia, que se refere ao estudo detalhado de costumes, crenças e da vida social; etnologia, vinculada ao estudo empírico da comparação regional; e a antropologia, que diz respeito ao esforço teórico-filosófico de generalização sobre a humanidade e a sociedade com base nas descobertas obtidas nos dois níveis anteriores.
Claude Lévi-Strauss (1908-2009)	Deu forma à antropologia estrutural, que procura apreender as qualidades gerais de sistemas significativos ou, em termos mais conhecidos, sistemas de parentesco e de mitos. Esses sistemas consistem em elementos, mas estes *per se* não correspondem a categorias ou objetos delineados, e sim a relações.

Fonte: Elaborado com base em Laplantine, 2003; Ericksen, 2007; Lidório, 2008.

Longe de ser exaustivo, o Quadro 1.1 expõe alguns dos principais nomes que contribuíram arduamente para entender o homem e os sistemas em que eles estavam inseridos, trazendo grandes contribuições à vida social e ao entendimento das particularidades que a este ser são atribuídas.

Se você observar com atenção, verá que os exemplos mencionados no quadro anterior não representam, necessariamente, movimentos excludentes. Cada estudo agregou valor ao outro, seja em discordância, seja em constatação antagônica. Portanto, todos os pesquisadores mencionados e as respectivas análises enriqueceram discursos e debates e problematizaram novas inquietações, propiciando avanços ao estudo sobre o homem.

Essa contribuição da antropologia continua ressoando nas descobertas atuais referentes à necessidade de articular os saberes, bem como à interdisciplinaridade, que fomenta a compreensão do outro tanto como um próximo como, também, considerando suas relações funcionais de trabalho.

Paralelamente à gestão de pessoas, desenvolvida em todos os ambientes, inclusive o religioso, a atitude investigativa do outro, em uma perspectiva ética– do ponto de vista social, parental e/ou psicológico –, antes mesmo da introdução de métodos de trabalho, tem sido foco dos sistemas de gestão mais inovadores. Portanto, mediante a análise dos fundamentos antropológicos e de sua contribuição para o entendimento sobre o outro, torna-se relevante a missão de gerir pessoas, vendo-as como seres humanos indissolúveis de suas experiências interiores e exteriores.

1.3 Indivíduo, sociedade e suas múltiplas relações

Assim como a antropologia, a sociologia como ciência teve um início marcado pelas crescentes pressões da sociedade industrial e pelos problemas estruturais e sociais que eclodiram diante do êxodo rural em massa para as cidades e do nascimento da classe operária.

Nessa perspectiva, a seguir, compreenderemos que muitos pensadores e filósofos se debruçaram incansavelmente na busca por entender os indivíduos e suas necessidades, bem como as novas demandas vinculadas ao homem da indústria.

Os fatores sociais que envolveram as primeiras nações industriais foram responsáveis pela formação de cortiços. Além disso, as doenças advindas da falta de infraestrutura sanitária – que ocorreram, por exemplo, na Inglaterra – serviram de estopim para que muitos estudiosos procurassem compreender a demanda capitalista e suas consequências para um homem essencialmente rural, bem como para promover teorias e debates sobre a nova forma de relação de trabalho que afetara todo o constructo social implantado.

No entanto, para que possamos efetivamente analisar esse tema, é essencial estudar as bases teóricas que fundamentaram o pensamento sobre o indivíduo e suas relações sociais.

1.3.1 Fundamentos do pensamento social

O filósofo francês Auguste Comte (1798-1857) deu origem aos estudos sobre a sociedade, enquadrados na área que o autor denominou *física social*. Comte defendia uma reorganização da sociedade francesa, duramente abalada pelo fim da revolução e pelo caos social do final do século XVIII, por meio de uma abordagem científica com intenso rigor metodológico, a fim de garantir a retomada da ordem social. Mais tarde, ele reformulou o título da ciência: sociologia. Para Comte, o progresso é uma constante social dada pela observação histórica e que deve ser reforçado. Essa corrente de pensamento ficou conhecida como *positivismo*.

Inspirados pelas teorias de Comte, Karl Marx (1818-1883) e Émile Durkheim (1858-1917) iniciaram a construção de ferramentas metodológicas para o estudo da sociologia. Durkheim elaborou seus trabalhos com base na formulação de métodos de investigação com rigor científico que permitissem avaliar as profundas transformações pelas quais o mundo passava. Comte também argumentou a favor do uso dessas ferramentas, mas não conseguiu estabelecê-las. Ainda, Durkheim preconizou seus estudos na tentativa de entender as funções sociais e sua relação com o comportamento humano. Nessa esteira, deu iniciou à corrente funcionalista.

Por sua vez, influenciado pelas ondas de terror geradas pelos problemas da urbanização e seus reflexos na nova classe (proletariado), Marx baseou seus estudos nas diferenças de classes sociais e na desigualdade que enxergava no sistema capitalista. O filósofo alemão foi o precursor teórico para as lutas de classes, com a escrita do *Manifesto comunista* (junto a Engels), obra que segue sendo a base para muitos embates travados pelo mundo. Como exemplo próximo, podemos citar a situação de alguns países da América Latina (Colômbia, Venezuela, Bolívia, Cuba), cujo movimento comunista tem referência nas teorias de Marx.

À época de seu surgimento, a visão marxista trazia marcos bem delimitados em relação aos atores dos conflitos, conforme elucida Schaefer (2016, p.10):

> *Na análise de Marx, a sociedade dividia-se, fundamentalmente, em classes que colidem na defesa dos seus próprios interesses. Ao analisar as sociedades industriais da época, como Alemanha, Inglaterra e Estados Unidos, Marx avaliou que a fábrica era o centro do conflito entre os exploradores (donos dos meios de produção) e os explorados (os trabalhadores). Marx via esses relacionamentos como sistemáticos; em outras palavras, acreditava que havia todo um sistema de relacionamentos econômicos, sociais e políticos que mantinha o poder e o domínio dos proprietários sobre os trabalhadores.*

Outro importante sociólogo foi o alemão Max Weber (1864-1920), criador de uma teoria considerada ideal para servir como parâmetro de análise para observações sociais de campo, a fim de avaliar os distintos comportamentos individuais, sempre atrelados à vida social. A principal obra de Weber foi *A ética protestante e o espírito do capitalismo*, publicada em 1904, na qual o autor traça uma análise dos trabalhos de Calvino e relaciona suas doutrinas ao desenvolvimento das atividades capitalistas e à acumulação de capital como uma ação social racional (Viana, 2007).

Nos últimos cem anos, especialmente após as duas grandes Guerras Mundiais, diversos outros estudiosos e sociólogos, como Robert Merton (1910-2003), Michel Foucault (1926-1984) e Pierre Bourdieu (1930-2002), forneceram importantes contribuições ao campo da sociologia, estruturando-a como ciência social, aprimorando suas técnicas de pesquisa e ampliando a visão da disciplina. Nessa ótica, esses cientistas promoveram uma integração dessa disciplina a tantas outras, tanto de modo interdisciplinar quanto transdisciplinar, entendendo que o estudo do ser humano em sociedade constitui-se de muitas variáveis e que, consequentemente, vários campos de atuação, de fato, fazem-se relevantes.

1.3.2 Conceitos da sociologia

Até este momento, explicamos que a sociologia consiste na área de estudo que objetiva compreender o comportamento do ser humano considerando as mais diversas relações sociais possíveis. Não pretendemos esgotar os conceitos sociológicos desenvolvidos no decorrer dos anos desde a sua concepção como ciência, mas sim apresentar noções importantes para gerar um diálogo construtivo sob o ponto de vista da gestão de pessoas.

A palavra *indivíduo* vem do latim *individuus*, que significa "indivisível". Assim, refere-se ao conceito de ser "único". Porém, apesar de todas as semelhanças da espécie, não há indivíduos totalmente iguais, tampouco totalmente diferentes.

O ser humano, indivíduo único, carrega consigo traços genéticos, aprendizados construídos e elementos do ambiente que formam suas características singulares, as quais devem ser respeitadas e integradas ao convívio social.

Como ser relacional, o ser humano é gregário, portanto, sua relação com os outros ocorre de maneira típica e voluntária pela própria necessidade de convivência grupal. Essa necessidade leva ao ajustamento social, que nada mais é do que a observância às normas constituídas no meio de convívio familiar, escolar, religioso, profissional etc.

Chamamos de *cultura* aquilo que é inerente ao ser humano, criado por ele, material ou imaterial. Como exemplos, podemos citar manifestações, costumes, maneiras de agir etc. Tais "criações" são compartilhadas por certos sujeitos em determinado espaço geográfico, o que dá origem a um ambiente cultural (Dias, 2010). Para entender isso melhor, observe a descrição de Schaefer (2016, p. 38):

> *Cultura é a totalidade dos costumes, conhecimentos, objetos materiais e comportamentos socialmente transmitidos e aprendidos. A cultura inclui ideias, valores, costumes e artefatos de grupos de pessoas [...]. A palavra abrange todos os objetos e ideias de uma sociedade, inclusive o sorvete de casquinha, a música rock e as gírias.*

Uma sociedade é constituída por pessoas que, além de suas características pessoais, são influenciadas pela cultura em que estão inseridas e, também, pela própria cultura global, evidenciada pelas redes sociais, pelos mecanismos de distribuição de costumes, modas e músicas, bem como por expressões de alcance mundial, muitas vezes orquestradas sob a batuta do mercado.

São esses fenômenos sociais que a sociologia se propõe a estudar, a fim de antever os impactos que eles podem trazer à sociedade. Para isso, é necessário lançar mão de teorias e de modos de abordagem, sobre os quais versaremos a seguir.

A respeito das teorias sociológicas, é mandatório observarmos a contribuição delas para a problematização dos estudos acerca dos grupos sociais e de suas interações. A esse respeito, acompanhe o pensamento de Schaefer (2016, p. 5):

> *As teorias podem ser concebidas como tentativas de oferecer uma explicação abrangente para acontecimentos, forças, materiais, ideias ou comportamentos. Uma teoria eficaz pode ter, simultaneamente, o poder de explicar e o poder de prever. Ou seja, ela pode ajudar-nos a enxergar as relações entre fenômenos aparentemente isolados, e a perceber de que modo um tipo de mudança no contexto pode acarretar outras mudanças.*

Como exemplo, o autor descreve que, ao observar uma estatística referente a um problema social – no caso, o suicídio –, o sociólogo não deve se conformar com as casualidades determinísticas, mas sim estudar os fatos, como fez Durkheim, que, em 1869, promoveu um estudo comparativo entre as taxas de suicídio de países como Inglaterra, França e Dinamarca e a população total de cada uma dessas nações. A conclusão foi de que, para cada milhão de habitantes, houve 67, 135, e 277 suicídios, respectivamente (Schaefer, 2016). Na obra *O suicídio*, Durkheim apresentou uma teoria que relacionava esse ato aos fatores sociais e à influência dos grupos que cercavam o suicida, prevendo um aumento ou uma diminuição dos casos a depender da intervenção ou não sobre tais elementos (Schaefer, 2016).

Se você pensar na sociedade à sua volta, nas relações de trabalho e na gestão de pessoas, você conseguiria perceber quais contribuições a sociologia pode fornecer?

Na área de gestão de pessoas, procuramos nos cercar de informações que nos ajudem a compreender melhor o ser humano e a interagir com ele de modo saudável. Para tanto, nada é mais natural do que recorrer às ciências consolidadas como ferramentas. Se entendermos que cada pessoa que presta um serviço em uma organização é um ser único, complexo em sua estrutura e formação, marcado pelos hábitos e costumes da cultura de que faz parte, não será mais fácil compreendermos as diferenças de comportamento que cada sujeito demonstra na execução dos trabalhos?

Ao mesmo tempo, podemos considerar que o trabalho de vários indivíduos, cada um com uma constituição diferente, pode ser desafiador, mas também enriquecedor, tendo em vista a diversidade de maneiras de ver e as contribuições complementares ao trabalho. Portanto, quando a gestão está focada não só em resultados, mas sobretudo no ser humano por trás deles, as possibilidades de sucesso se tornam infinitas.

Acerca dos achados da sociologia, será que os modelos híbridos de trabalho, a distância e em formato *home office*, que vêm se consolidando rapidamente desde a pandemia de covid-19, geram alguma necessidade adicional de compreendermos a cultura do outro a fim de prevermos os resultados ou, até mesmo, problemas? Certamente! O gestor deve observar as pessoas e o meio em que elas vivem, avaliando os benefícios e as possíveis situações-problema que possam surgir, com o objetivo de ajudá-las a gerir o trabalho de maneira mais efetiva, adotando contramedidas que possam mitigar efeitos negativos e potencializar os aspectos positivos.

1.4 Relacionamentos e relações humanas

A esta altura, já nos debruçamos sobre três disciplinas importantes para a área de gestão de pessoas. Traçamos um apanhado histórico do trabalho e das relações de trabalho, estudamos a antropologia como base para o entendimento do ser humano e, para a efetiva análise do homem em sociedade, abordamos a sociologia e suas contribuições para todo esse processo.

Portanto, você provavelmente já percebeu que nosso campo de estudo é vasto. Por isso, precisaremos nos aprofundar em diversas áreas, uma vez que nosso objetivo final é promover uma gestão eficaz de pessoas.

Nesse contexto, na sequência deste capítulo, analisaremos mais duas áreas de aprendizagem: a psicologia e seus desdobramentos para a gestão de pessoas; e a teologia e seus fundamentos para as relações humanas.

1.4.1 Contribuições da psicologia

A psicologia é a ciência que se dedica a estudar o ser humano considerando seus processos mentais, seus comportamentos e suas interações grupais. Com uma série de desdobramentos e diversas outras áreas de estudos, a psicologia vem contribuindo, desde o final do século XIX, com análises a respeito da mente humana, as quais criaram terreno para importantes modificações vividas por indivíduos e sociedades. Embora seja um campo ainda recente, rapidamente ganhou destaque, por interferir em esferas de grande relevância para o aprendizado humano, e as relações sociais e impacto destas no mundo do trabalho em uma sociedade cada vez mais competitiva.

Nessa ótica, a partir das demandas da Revolução Industrial, a psicologia social, a psicologia do trabalho e a psicologia comportamental impactaram profundamente a produtividade, somando esforços com o objetivo de entender o ser humano e sua interface com o trabalho.

A psicologia social surgiu do esforço de observar o ser humano em suas interações sociais, iniciando com o ambiente familiar, no qual ocorrem as primeiras interações (comunicação) – socialização primária –, e depois se expandindo para os ambientes externos (escolas, igrejas etc.) – socialização secundária (Rolon, 2020). Nas palavras de Bock, Furtado e Teixeira (1999, p. 181): "A formação do conjunto de nossas crenças, valores e significações dá-se no processo que a Psicologia social denominou socialização".

Por meio da socialização, pessoas com objetivos comuns tendem a formar grupos sociais, que compartilham normas, tarefas e funções. Foi por meio da observação desses fenômenos e da descrição deles que os primeiros estudos a respeito dos papéis sociais (prescritos e desempenhados) foram elaborados.

Posteriormente, com base na dinâmica dessas relações (o eterno transformar-se do homem), tornou-se possível estabelecer uma psicologia social cuja ênfase recai não só na descrição, mas também no estudo científico. Nesse contexto, teve início o estudo do psiquismo humano, isto é, da construção do mundo interno a partir das relações sociais. Assim, não há somente uma influência para explicar os fatores sociais, uma vez que existe um valor constitutivo da identidade humana.

Como consequência desse novo cenário, surgiu a necessidade de analisar o ser humano para além do comportamento observável, a fim de avaliar a subjetividade ao nível da consciência (do saber lógico, das emoções, dos sentimentos, dos desejos e do inconsciente) sobre si, sobre o mundo e os outros, considerando o estímulo advindo das condições externas (como trabalho, vida social e linguagem) (Bock; Furtado; Teixeira, 1999).

Nas relações humanas ou interpessoais, o estudo do comportamento humano (intra e interpessoal) se vale não só da psicologia, mas também de todas as ciências sociais que abordamos aqui. Para um gestor ser considerado eficiente, não basta se ocupar apenas de demandas administrativas. Ele também precisa ser capaz de entender e lidar com pessoas (comportamento interpessoal) (Minicucci, 2013).

Em um ambiente organizacional, os relacionamentos entre as pessoas representam uma espécie de termômetro por meio do qual é possível avaliar os resultados da equipe. Isso porque a permanência de empregados em uma instituição não garante a formação de uma equipe ou de um grupo coeso.

A esse respeito, acompanhe como Banov (2015, p. 84) caracteriza um grupo:

> *Um grupo é caracterizado pela reunião de pessoas em torno de um objetivo comum, mas que, para atingir a este objetivo, necessitam umas das outras, criam uma relação de interdependência, formam um sistema de interações (visível no sociograma) e uma unidade reconhecível (por exemplo, o grupo que desenvolve o projeto Y). As conexões estabelecidas pelas pessoas dentro do grupo vão favorecer ou não o atingir de metas e objetivos organizacionais, daí a grande importância do gerente de pessoas compreender a estrutura e o funcionamento dos grupos.*

Em uma organização, sempre existirão os grupos orgânicos ou informais(que nascem da afinidade entre as pessoas e seus objetivos pessoais) e os grupos formais(constituídos por departamentos ou setores que reúnem pessoas em torno de uma atividade e um objetivo). Sempre que possível, os grupos formais devem estabelecer uma afinidade e promover um ambiente agradável e de respeito, para que todos se mantenham unidos quanto ao propósito maior.

Para atingir esse nível de entrosamento, inúmeras áreas de estudos mais recentes têm atuado com a intenção de formar ambientes nos quais as relações socioemocionais sejam saudáveis, com respeito às diferenças individuais e ambiente organizacional propício ao crescimento.

1.4.2 Bases teológicas para as relações humanas

A teologia é área que estuda a respeito de Deus. Para lidarmos com as pessoas em ambientes de grupos nos quais há um componente religioso compartilhado, temos que recorrer aos fundamentos dos valores religiosos que os unem. Para a teologia cristã, a Bíblia se constitui no livro que regula não só a fé, mas também as práticas cristãs, e os valores nela expostos são inegociáveis, ou seja, sobrepõem-se às práticas administrativas, independentemente do quão modernas estas sejam.

Efetivamente, o sucesso organizacional só será possível se for atrelado ao sucesso espiritual, que serve como norte para um grupo religioso realizar suas ações. O Apóstolo Paulo trata desse aspecto de modo muito contundente, quando discorre sobre o objetivo de vida do cristão não estar desassociado do sagrado em nenhuma das facetas da sua vida: "Portanto, quer comais, quer bebais ou façais outra coisa qualquer, fazei tudo para a glória de Deus" (Bíblia Sagrada. 1 Coríntios, 1993, 10: 31). No contexto desse texto, Paulo explica aos coríntios que eles deveriam fazer tudo com amor pelo próximo. Como exemplo, o apóstolo afirma que, caso os coríntios fossem fazer qualquer coisa que seu próximo pudesse considerar errado, ainda que efetivamente não fosse, se desconsiderassem a consciência do outro e praticassem tal ato, estariam cometendo um erro.

A Bíblia orienta que todos os relacionamentos humanos, sejam familiares, entre empregador e empregado etc., sejam embasados no amor e no respeito, e ainda menciona a necessidade de considerarmos os outros como superiores a nós mesmos. Paulo escreve o seguinte aos filipenses: "Nada façais por partidarismo ou vanglória, mas por humildade, considerando cada um os outros superiores a si mesmo. Não tenha cada um em vista o que é propriamente seu, senão também cada qual o que é dos outros. Tende em vós o mesmo sentimento que houve também em Cristo Jesus" (Bíblia Sagrada. Filipenses, 1993, 2: 3-5).

Com relação às relações que envolvem contextos de autoridade, a Bíblia explica que todos devem ser submissos às autoridades constituídas, tanto seculares quanto religiosas (Bíblia Sagrada. Romanos, 1993, 13), pois foram estabelecidas por Deus e, com efeito, temos que respeitá-las. Sobre essa passagem, Paulo indica que a posição de autoridade foi instituída por Deus com o objetivo de manter a ordem pública. Portanto, os cristãos são convidados a ser bons cidadãos, a pagar seus impostos, a obedecer às leis, a respeitar figuras de autoridade e a obedecê-las sempre que elas não imponham condições contrárias aos preceitos bíblicos – como ocorreu no tempo em que Jesus viveu; quando as autoridades proibiram a proclamação do Evangelho, ele e os discípulos (nessa ordem) não as obedeceram, pois preferiram obedecer a Deus.

O Evangelho de Jesus Cristo considerou como base os princípios para um bom relacionamento interpessoal, os quais consistiram em ensinamentos direcionados ao cristão que deseja se conduzir consistentemente em conformidade com a fé que professa.

Desde o recrutamento de seus discípulos, Jesus estabeleceu com eles a meta de torná-los "pescadores de homens". Para isso, ensinou-lhes por meio de variadas técnicas, contribuiu para que desenvolvessem as devidas competências para atuarem após a sua partida e caminhou com eles durante três anos não apenas trabalhando, mas também se alimentando, viajando com eles e se compadecendo. Em inúmeros diálogos, Jesus demonstrou que estava ali para servi-los, e não para ser servido (Bíblia Sagrada. Marcos, 1993, 10: 45).

Em *Como se tornar um líder servidor*, Hunter (2006, p. 19) explica por que toma Jesus como exemplo de líder:

> *Se liderança tem a ver com influência – e sabemos que tem – desafio qualquer um a indicar um ser humano na história do mundo mais influente do que Jesus [...]. Ele dizia que, se alguém quisesse influenciar as pessoas do pescoço para cima, então devia servir, ou seja, sacrificar-se e procurar o bem maior de seus liderados.*

Exercer ministerialmente uma função sem sentir amor pelos outros, embora possa ser suficiente, não alcança a Deus. Seria "como o bronze que soa ou como o címbalo que retine" (Bíblia Sagrada. 1 Coríntios, 1993, 13: 1). Por toda a Bíblia, encontramos princípios que norteiam a forma de nos relacionarmos com os outros. Há inúmeros versículos (Quadro 1.2) sobre o tema da mutualidade e que devem ser observados no contexto do trabalho em organizações religiosas.

Quadro 1.2 – Versículos sobre o relacionamento entre irmãos, de acordo com o Novo Testamento

Princípio da mutuali.dade	Referência bíblica
Ameis uns aos outros.	João, 13: 34
Não nos julguemos mais uns aos outros.	Romanos, 14: 13
Admoestem-se uns aos outros.	Romanos, 15: 4
Acolhei-vos uns aos outros.	Romanos, 15: 7

(continua)

(Quadro 1.2 – conclusão)

Princípio da mutualidade	Referência bíblica
Cooperem e cuidem uns dos outros.	1 Coríntios, 12: 25
Saudai-vos uns aos outros.	2 Coríntios, 13: 12
Sede servos uns dos outros.	Gálatas, 5: 13
Não se mordam e se devorem.	Gálatas, 5: 15
Não tenham inveja uns dos outros.	Gálatas, 5: 26
Levai as cargas uns dos outros.	Gálatas, 6: 2
Sede benignos e compassivos uns com outros.	Efésios, 4: 32
Sujeitem-se uns aos outros.	Efésios, 5: 21
Não mintais uns aos outros.	Colossenses, 3: 9
Suportai-vos e perdoai-vos uns aos outros.	Colossenses, 3: 13
Instruí-vos e aconselhai-vos mutuamente.	Colossenses, 3: 16
Consolai-vos uns aos outros com a Palavra.	1 Tessalonicenses, 4: 1
Edificai-vos reciprocamente.	1 Tessalonicenses, 5: 11
Não faleis mal uns dos outros.	Tiago, 4: 11
Não vos queixeis uns dos outros.	Tiago, 5: 9
Confessem os pecados e orem uns pelos outros.	Tiago, 5: 16
Sede, mutuamente, hospitaleiros.	1 Pedro, 4: 9

Fonte: Elaborado com base em Bíblia Sagrada, 1993.

Além de conter muitos versículos que mencionam a mutualidade nos relacionamentos, a Bíblia está repleta de exemplos com histórias de relacionamentos dos quais podemos extrair ensinos e orientações para nossa vida.

De toda forma, os versículos que indicamos no Quadro 1.2 (na verdade, toda a Bíblia) constituem o norte condutor para a gestão de pessoas nas organizações. Todas as estratégias advindas das demais áreas de estudos devem submeter-se ao julgamento da Palavra de Deus como o valor principal de gestão – conduzido por um cristão genuíno.

1.5 Confiança e competência como base das relações sociais

As habilidades que estamos prestes a abordar nesta seção são tidas como as mais escassas das últimas décadas, embora sejam reconhecidas como mais que necessárias para o bom andamento das organizações.

A esse respeito, Covey (2017, p. 56) compilou diversas pesquisas realizadas sobre o âmbito da confiança nas organizações, cujos dados estão apresentados a seguir:

> 51% dos empregados confiam nos líderes seniores; Só 36% dos empregados acreditam que seus líderes agem com honestidade e integridade; Ao longo dos últimos 12 meses, 76% de empregados viram [em suas empresas] condutas ilegais ou contrárias à ética no trabalho – condutas essas que, se viessem à tona, afetariam seriamente a confiança pública.

Além desses aspectos, os relacionamentos pessoais são um dos maiores fatores que explicam o aumento no percentual de divórcios nos Estados Unidos (Covey, 2017). Portanto, os problemas de confiança não afetam apenas as organizações, mas também as relações entre as pessoas. É a partir desse cenário que precisamos estudar a confiança (Covey, 2017).

A primeira área que deve envolver a confiança diz respeito à confiança em si mesmo. A formação dessa capacidade consiste em um forte componente para o desenvolvimento de relações de confiança externas.

Do ponto de vista da psicologia, a autoconfiança se estabelece nos estágios iniciais da vida. Segundo os estudos de Erikson (1975), a formação do ego do homem passa por oito idades, das quais a primeira se estabelece no binômio confiança básica *versus* desconfiança básica. Nessa etapa, a criança, desconfortável com suas funções de alimentação, sono, entre outras, atribui à figura materna cuidadora uma projeção da imagem de provisão. Se a experiência com essa relação for satisfatória, a criança construirá não só a confiança externa em seus provedores, mas também a confiança interna relacionada aos desconfortos iniciais, pois aprenderá que seus órgãos estarão preparados. Em contrapartida, caso esse zelo não se faça presente nas idades iniciais, a criança poderá demonstrar problemas quanto ao desenvolvimento das fases seguintes e, com efeito, sentir dificuldade de estar em contato com outras pessoas na fase adulta.

A relação entre a confiança infantil e a integridade adulta assim foi definida por Erikson (1975, p. 227):

> *A primeira realização social da criança, então, e sua voluntária disposição em deixar a mãe de lado sem demasiada ansiedade ou raiva, por ela se ter convertido em uma certeza interior, assim como em uma predizibilidade exterior. Essa persistência, continuidade e uniformidade da experiência proporcionam um sentimento rudimentar de identidade do ego que depende, assim o creio, do reconhecimento de que há uma população interna de sensações e imagens lembradas e antecipadas que estão firmemente correlacionadas com a população exterior das coisas e pessoas, familiares e predizíveis.*

Ressaltamos que as experiências influenciam o comportamento humano, mas não sob uma ótica determinista, isto é, que procure prever o que ele se tornará. No caso, interpretá-las e vivenciá-las dependerá de como cada indivíduo lidará com elas, ressignificando-as ou não. Entretanto, se pretendemos dialogar sobre gestão de pessoas, precisamos reconhecer a complexidade dos comportamentos humanos, razão pela qual podemos afirmar que não há um padrão de apresentação dessas ações.

Para desenvolver a confiança no ambiente organizacional, alguns aspectos são importantes. Por exemplo, à medida que um indivíduo, como liderado, expressa necessidades que são ouvidas e atendidas pelo líder, em uma relação de integridade, na qual as competências são fortalecidas, mais confiança ele estabelece com o gestor ao longo do relacionamento.

Segundo Covey (2017, p.85), quando falamos em confiança, temos que especificar o que a torna sólida: "A confiança é função de duas qualidades: caráter e competência. Caráter inclui integridade, motivo, intenção com relação às pessoas. A competência inclui conhecimentos, habilidades, antecedentes e realizações. E ambos são importantíssimos".

As duas características citadas são igualmente essenciais. Basta pensarmos no seguinte cenário: por maior que seja a competência de um funcionário, se lhe falta o componente moral, a confiança não se firmará. O contrário disso também é verdadeiro: um colaborador pode demonstrar uma moral ilibada, mas ser incompetente ao executar seu trabalho, gerando desconfiança para o gestor.

Essa premissa envolve um interessante componente para a valoração da confiança no ambiente organizacional: se ambas as qualidades (caráter e competência) estiverem alinhadas, a organização terá uma vantagem competitiva econômica, por ganhar velocidade nas suas entregas e negociações. Certamente, em um cenário como esse, as pessoas são autoconfiantes e confiam em seus pares, na liderança e na instituição em que trabalham.

Do ponto de vista externo, o procedimento ético de uma empresa para com os seus *stakeholders* (funcionários, clientes, acionistas, comunidade, mercado etc.), quando é confiável, também lhe atribui valor econômico. Ou seja, quanto mais confiança se estabelece, menores são os "impostos invisíveis" pagos para prová-la. Quanto maior ela fica, mais dividendos a empresa recebe, em virtude da agilidade dos processos (Covey, 2017).

É importante mencionar que a confiança do meio externo para com uma organização também pode ser mensurada. Atualmente, o modo como uma empresa é vista – com relação à qualidade do que entrega ao mercado, às suas práticas ambientais e sociais ou à forma como trata os funcionários – pode acarretar impulsionamento nas vendas e redução do *turnover* de funcionários. Isso porque quanto maior é a confiança das pessoas, maior é o senso de orgulho vivenciado pelos colaboradores e, consequentemente, a visibilidade orgânica. Entretanto, repercussões negativas podem até mesmo incitar uma cultura de cancelamento em massa.

Um exemplo disso ocorreu no auge da pandemia de covid-19. A famosa marca de calçados Osklen colocou à venda um *kit* com duas máscaras por R$ 147,00. Esse valor foi considerado abusivo pelos consumidores, especialmente levando em conta a crise econômica de grandes proporções que assolou o mundo. A empresa foi duramente atacada nas redes sociais acusada de oportunismo. Mesmo após justificar que parte do lucro obtido com as vendas seria revertida em cestas básicas, não foi possível reverter os impactos negativos.

Neste momento, você pode estar questionando: Qual é a relação entre esse exemplo e a gestão de pessoas no ambiente religioso? Para responder a essa pergunta, podemos citar diversas áreas nas quais a confiança nos faz ir mais além.

Se abordamos o assunto por uma perspectiva vertical, sobre a confiança em Deus, significa afirmar que além de tudo o que é visível, podemos confiar em um ser transcendental, em vários aspectos de nossa vida e de nosso futuro. Essa é, seguramente, a base das organizações religiosas. Por sua vez, caso a confiança seja analisada sob uma perspectiva horizontal, humana, significa dizer que o caráter cristão é desafiado à integridade moral, ao amor ao próximo e ao serviço mútuo.

Então, é possível concluir que a gestão de pessoas em ambientes cristãos (igrejas ou organizações) é perfeita? Absolutamente, não. Isso porque lidamos com a imperfeição humana, a qual é maculada pelo pecado (Bíblia Sagrada. Romanos, 1993, 3: 23). Entretanto, podemos reconhecer que confiar em nossos pares nos projeta para resultados mais rápidos, sólidos e autossustentáveis. Sim, isso é possível, tendo em vista que o Evangelho conduz a uma transformação de caráter sempre que o homem se dispõe ao relacionamento sincero com Deus e com sua Palavra.

Do ponto de vista da competência, há um desafio a ser superado. Quando lidamos com uma equipe de pessoas voluntárias, percebemos que, em geral, muitas vezes estão despreparadas profissionalmente para atuar com as demandas que se apresentam no dia a dia.

O ensino e o preparo fazem parte do processo de guiar os indivíduos a um nível de confiabilidade competente adequado. Vários exemplos bíblicos revelam ser possível investir na formação de pessoas para atuar com liberdade e independência, assegurando ao líder o tão necessário suporte.

1.6 Comunicação e motivação

As áreas de estudos que estudaremos na sequência estão intimamente vinculadas às habilidades de se relacionar com as pessoas e ao desenvolvimento da confiança para o sucesso na gestão de pessoas.

A comunicação é uma das peças-chave, pois interage com várias outras competências da liderança. Além dela, a motivação também consiste em um elemento relevante para compreendermos a liderança, com o objetivo de utilizá-la para promover uma gestão de pessoas direcionada a resultados consistentes.

1.6.1 Comunicação

São muitas as formas de que podemos nos utilizar para liderar e gerenciar pessoas. Ano após ano, várias estratégias vêm sendo diligentemente estudadas. Contudo, todos os métodos descobertos se curvam à habilidade de se comunicar com o outro.

Mas, o que seria *comunicar*? Que elementos envolvem essa ação? Para entendermos isso, precisamos compreender que a comunicação está relacionada a várias outras habilidades e não ocorre de maneira isolada e estática. Afirma Ferrari (2016, p.145):

> *Conceituamos a comunicação como um processo contínuo e permanente do qual o ser humano não pode prescindir. Quando se vê a comunicação como processo, enfatiza-se sua natureza permanente, inerente à vontade humana. Como um processo comunicativo, definimo-no como um conjunto de elementos interdependentes e dinâmicos que, de maneira multidimensional, atuam sinérgica e continuadamente. [...]. É um processo interativo e participativo, uma rede complexa de significados construídos e compartilhados, segundo o qual todos os atores podem ser ativos em todos os níveis de alcance.*

Desse modo, a comunicação acontece em todos os momentos e de diversas formas, logo, não pode ser evitada. Isso, *per se*, já significa a necessidade de ser praticada assertivamente nas organizações, pois ela colabora para o alcance dos objetivos almejados. Contudo, é necessário levar em conta aspectos subjetivos, isto é, referentes ao mundo do outro, ao território desconhecido, para considerar a resposta que será obtida após uma mensagem transmitida.

Quando falamos em competência da comunicação (a habilidade de se comunicar bem), percebemos que ela está muito mais vinculada à importância que o comunicador atribui ao receptor da mensagem do que a outros fatores que envolvem a comunicação.

Nas palavras de Maxwell (2010, p. 48): "Toda vez que puder ajudar outras pessoas a entenderem que você se importa de verdade com elas, você abre as portas para se conectar, comunicar e interagir". Trata-se, assim, de saber comunicar de modo eficaz, de se conectar com o outro de uma maneira que ele se sinta valorizado e realmente importante.

Sob uma perspectiva bíblica, durante seu ministério terreno, a comunicação foi o principal meio usado por Jesus para que as pessoas passassem a crer nele, graças à magistral forma com que a utilizou: "Quando Jesus acabou de proferir estas palavras, estavam as multidões maravilhadas da sua doutrina; porque ele as ensinava como quem tem autoridade e não como os escribas" (Bíblia Sagrada. Mateus, 1993, 7: 28-29) – os escribas eram homens que serviam nas sinagogas e conheciam profundamente as escrituras, mas não conseguiam se conectar com o povo porque não tinham autoridade moral ou, simplesmente, porque se referiam a coisas que não praticavam.

Maxwell (2010, p. 56) menciona que, em um importante estudo, Albert Mehrabian, professor emérito de psicologia na Universidade da Califórnia (UCLA),"descobriu que a comunicação individual pode ser dividida em três componentes: palavras, tom de voz e linguagem corporal". Esse estudo ficou conhecido como "a teoria 7-38-55", em referência aos dados obtidos: as pessoas acreditam apenas em 7% do que se fala, em 38% no modo como algo é relatado e em 55% no que as pessoas veem. Perceba que 93% do crédito foi destinado à comunicação não verbal, o que justifica sua grande influência no modo pelo qual determinada mensagem será decodificada e no *feedback* por ela gerado.

No âmbito organizacional, diversas adversidades têm se apresentado no sentido de fazer com que a comunicação entre as pessoas seja efetiva, gere confiança e torne os relacionamentos e o ambiente de trabalho saudáveis. Se o século XX trouxe os desafios da comunicação em massa, por meio de emissores de rádios e de televisão, a atualidade se vê enfrentando cenários ainda mais desafiadores, graças ao advento da internet e das redes sociais, assim como à rápida difusão de informações entre pessoas comuns, destituindo o monopólio da informação que, até então, ficava a cargo de poucos.

Nessa ótica, por conta do maior acesso à informação, líderes, liderados e demais *stakeholders* de uma organização passaram a expressar opiniões e estabelecer comparações, aprendendo sobre diversos saberes e tendo a possibilidade de discutir assuntos e pautas antes restritas a um seleto grupo.

Além disso, as novas gerações também mudaram. Hoje, há cada vez mais jovens se comunicando "livremente" – isto é, em pé de igualdade – com seus pares e líderes. Esse novo cenário faz ser ainda mais necessário que os gestores de pessoas desenvolvam essa competência.

A comunicação em equipe é uma habilidade que precisa ser desenvolvida entre todos: entre líder e liderados, entre os próprios colaboradores e entre estes e o líder. Nessa perspectiva, um gestor precisará utilizar uma comunicação clara e acessível para desenvolver a confiança na equipe, e o contrário também deve ocorrer, no sentido de que o ambiente de trabalho deve permitir que hajam discordâncias e debates, em um relacionamento de respeito e verdade. Portanto, a escuta atenta do líder é capaz de gerar a motivação necessária para que novas ideias e sugestões sejam apontadas. Assim, será possível fomentar um espaço de resolução de problemas e inovação.

Com relação a equipes de Ministério que mudam o mundo, Kornfield (2021) elenca nove pontos por meio dos quais é possível desenvolver uma comunicação excelente em uma equipe. Entre eles, ressaltamos um aspecto em particular: comunicar sentimentos, e não apenas ideias. Essa premissa desafia o gestor a não se ater somente à comunicação superficial, impessoal e de sua própria perspectiva. Em outras palavras, ele deve conversar com seus liderados a respeito dos sentimentos de cada um, externando uma preocupação genuína com o outro e, com efeito, aprofundando a unidade da equipe.

Indicação cultural

KORNFIELD, D. **Equipes de Ministério que mudam o mundo**: oito características de uma equipe de alto rendimento. Curitiba: Betânia, 2021.

Este livro de David Kornfield traz uma proposta estruturada de treinamento de equipes baseada em oito características geralmente encontradas em equipes de alto rendimento, as quais deverão ser vivenciadas em conjunto. Assim, trata-se de uma boa oportunidade para que você e as pessoas sob sua supervisão avaliem cada uma dessas características e, juntos, elaborem uma estratégia que lhes permita obter sucesso. A obra dispõe de formulários com espaços para preencher, além de oito estudos para ser realizados em grupo, a fim de que os participantes aprofundem seus conhecimentos acerca de cada temática. Essa experiência pode ser promovida em reuniões semanais ou, ainda, em um retiro de fim de semana.

1.6.2 Motivação

Há muitos anos, a motivação tem sido vista como uma importante variável para o sucesso de equipes e organizações. Embora possamos, obviamente, concordar com isso, poucos sabem, de fato, o que fazer para motivar os colaboradores, bem como a quem cabe essa função.

A palavra *motivação* deriva de duas outras: *motivo* e *ação*. Portanto, refere-se aos motivos (ou às necessidades) que nos impulsionam a fazer algo.

No âmbito organizacional, podemos definir *motivação* como os motivos que levam as pessoas a agir entusiasticamente, de modo a executar uma ação com excelência e com uma boa dose de satisfação, consistentemente, até atingir o objetivo final.

Muitos estudiosos mencionaram a motivação como essencial à atuação dos líderes. Com o passar dos anos, foram realizadas várias tentativas de motivar funcionários a fim de obter os resultados esperados, os quais, no entanto, nem sempre representaram a mesma coisa para os colaboradores – isto é, o que motiva uma pessoa não necessariamente exerce o mesmo efeito sobre outra. Nesse sentido, com a elaboração das primeiras teorias a respeito dessa temática, passamos a entender que o motivo para determinada ação deriva de uma necessidade particular – portanto, é intrínseco.

Em seguida, vamos nos aprofundar nesse assunto mediante o estudo de algumas teorias que versam sobre a motivação. Inicialmente, abordarmos a teoria da motivação de Abraham Maslow (1908-1970) e, na sequência, a síntese dessa teoria de acordo com Frederick Herzberg (1923-2000).

Teoria da motivação de Abraham Maslow

Em 1954, o psicólogo americano Abraham Maslow propôs uma teoria de hierarquização das necessidades humanas, a qual ficou conhecida como a *pirâmide das necessidades de Maslow*. Por meio dela, o autor pretendeu demonstrar que o ser humano é movido por necessidades que, uma vez satisfeitas, são substituídas por outras. Esse ciclo é responsável por nos manter em busca de algo maior.

Observe, na Figura 1.1, que Maslow categorizou como básicas as necessidades fisiológicas, depois as de segurança, em seguida as de amor e pertencimento, para finalizar com as necessidades de estima e de autorrealização.

Figura 1.1 – Pirâmide das necessidades de Maslow

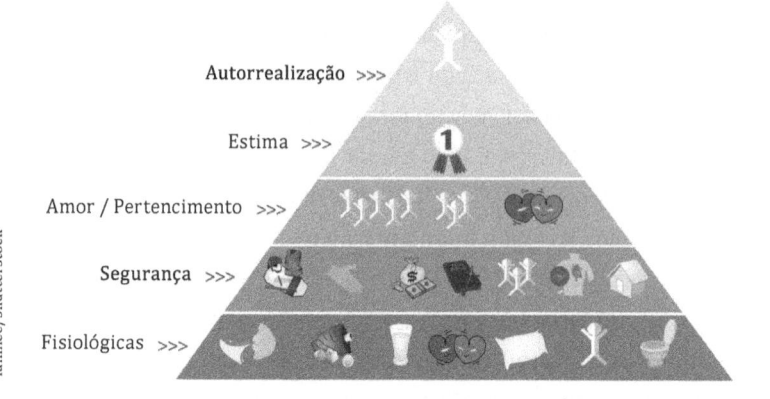

Autorrealização >>>
Estima >>>
Amor / Pertencimento >>>
Segurança >>>
Fisiológicas >>>

Iamnee/Shutterstock

O primeiro nível hierárquico corresponde às necessidades fisiológicas (alimentação, sono, respiração, sexo, excreção etc.), as quais são comuns a todos os seres humanos, ou seja, nossa sobrevivência como espécie seria ameaçada caso nos privássemos delas. São tidas como elementares e, ao serem plenamente satisfeitas, libertam a pessoa para buscar novos anseios.

Do ponto de vista organizacional, elas podem interferir na motivação, por exemplo, quando as condições de trabalho não são satisfatórias (alimentação digna, pausa para descanso, conforto físico, entre outras condições essenciais).

As necessidades de segurança estão no segundo nível hierárquico e se constituem pela busca por proteção, isto é, pela fuga das possíveis ameaças que podem surgir nos ambientes familiar e laboral. Relacionam-se às necessidades de ter boas condições de segurança no trabalho, bem como de estabilidade, remuneração e benefícios adequados.

No terceiro nível, estão as necessidades sociais, vinculadas às necessidades de pertencimento, de acolhimento no ambiente familiar, de cultivar boas amizades e ter relacionamentos amorosos. No ambiente organizacional, elas são satisfeitas quando o local de trabalho é amigável, com alto nível de energia e humor, respeito para com os pares e os diferentes níveis de liderança. Portanto, quando o espaço de trabalho oferece um bom nível de coesão grupal e aceitação da liderança, a tendência é a de obter melhores resultados.

Por sua vez, a necessidade de estima envolve os sentimentos de apreciação, autoconfiança e *status*, além da sensação de ser respeitado e aprovado pelos demais. A autonomia também faz parte desse nível, uma vez que a pessoa se sente prestigiada quando percebe que os demais confiam em sua capacidade de realizar.

Por fim, no topo da pirâmide, localizam-se as necessidades de autorrealização. Elas dizem respeito ao autocontrole do indivíduo em relação a suas ações. Logo, quando elas são satisfeitas, a pessoa é capaz de agir de modo independente, consegue utilizar todo o seu potencial com criatividade e está sempre se desafiando e buscando novas conquistas.

Para Maslow (1954), o ser humano conseguirá "subir de nível" sempre que, ao menos, parte do nível abaixo for satisfeita. Nessa condição, ele passará a ter novas necessidades.

Atualmente, muitos estudiosos da teoria de Maslow chegaram à conclusão de que as três necessidades mais básicas da pirâmide (fisiológicas, de segurança e de amor/pertencimento), quando não são atingidas, causam grandes níveis de insatisfação. No entanto, mesmo quando se fazem presentes, não são capazes de motivar. As outras duas necessidades (de estima e de autorrealização), quando adequadas, devem ser retroalimentadas para manter a motivação, e caso não sejam atendidas, também ocasionam desmotivação e sentimentos de frustração, pessimismo, desinteresse e passividade no ambiente organizacional.

Maslow (1954) não considerou que a necessidade de autorrealização fosse a principal. Durante suas pesquisas, ele identificou necessidades "cognitivas" que o homem autorrealizado busca satisfazer: um desejo de conhecer mais sobre tudo o que o circunda – seja o universo ou, ainda, conhecimentos mais profundos. O autor também catalogou uma necessidade estética, por meio da qual o ser humano busca a beleza, a perfeição, a simetria e a arte, de acordo com os padrões de beleza vigentes na sociedade.

Embora tenha recebido algumas críticas, a teoria das necessidades hierárquicas de Maslow consiste no estudo mais importante acerca da motivação realizado até hoje e, por isso, serve como um ótimo fundamento conceitual e de processos para que as organizações possam fomentar ambientes motivadores e identificar as etapas de desenvolvimento dos colaboradores, apoiando-os e incentivando-os para a próxima escalada.

Teoria dos dois fatores de Frederick Herzberg

A teoria dos dois fatores proposta por Frederick Herzberg, em 1959, demonstrou que dois aspectos são capazes de determinar a satisfação ou a insatisfação dos empregados no trabalho: os fatores higiênicos e os motivacionais.

Os fatores higiênicos correspondem ao que é externo ao funcionário, ou seja, dizem respeito ao ambiente de trabalho (condições, políticas organizacionais, salários, benefícios, liderança). Por si só, a satisfação de tais fatores não é capaz de motivar os trabalhadores à excelência. Entretanto, a não adequação de tais fatores resulta em grande insatisfação.

Por sua vez, os fatores motivacionais se referem ao que é interno ao colaborador, à natureza do trabalho realizado (senso de realização, reconhecimento profissional, responsabilidades geradas, possibilidade de ascensão). Uma vez que os fatores motivacionais estão presentes, eles são suficientes para que o funcionário se sinta estável e motivado.

A Figura 1.2, a seguir, exemplifica bem a teoria de Herzberg.

Figura 1.2 – Teoria dos dois fatores de Herzberg

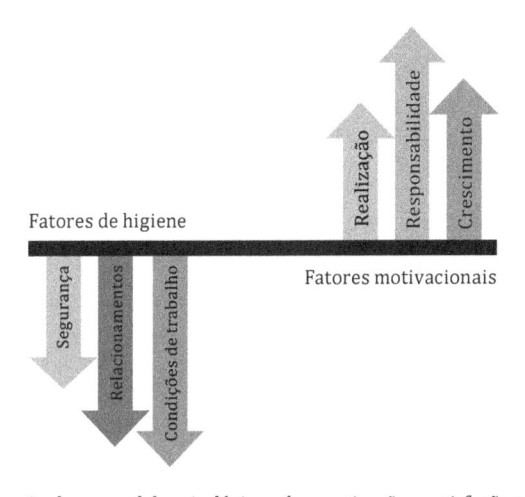

Uma ilustração de um modelo psicológico sobre motivação e satisfação no trabalho

Motivação em ambientes religiosos

Podemos perceber que é possível aplicar muitos dos conceitos apresentados ao ofício realizado por pessoas envolvidas com trabalhos voluntários, missionários, em organizações do terceiro setor e também nas igrejas.

Tanto a teoria da pirâmide das necessidades de Maslow quanto a divisão proposta por Herzberg revelam que qualquer pessoa (mesmo que seja alguém de fé) será menos produtiva e incentivada a bem executar seu trabalho se suas necessidades básicas ou higiênicas não forem satisfeitas. Dito de outro modo, as exigências de prover um sustento digno para a família, ter segurança e manter relacionamentos saudáveis constituem fatores-chave para a permanência de um indivíduo em qualquer ambiente religioso.

O senso de dever, bem como o chamado e a vocação são extremamente importantes para que obreiros e voluntários consigam suportar fases em que os fatores higiênicos não sejam perfeitamente atendidos. No entanto, caso esse cenário não seja revertido, será muito difícil que essas pessoas se mantenham em suas tarefas, pois, afinal, poderão sentir-se vulneráveis.

Por outro lado, muitas mudanças no mundo também geram serem humanos com necessidades diferentes daquelas que existiam nas primeiras décadas do pós-guerra. Sob essa ótica, as demandas consideradas básicas foram ampliadas em muitas culturas e, por isso, devem ser avaliadas de modo individualizado, a fim de se obter um equilíbrio de expectativas tão necessário para uma parceria de longo prazo.

Assim, ocorreram alterações não só com relação ao que entendemos como trabalho, mas também quanto aos formatos e métodos. É a partir desse contexto que se faz necessário proceder a um acompanhamento individualizado para cada projeto e obreiro envolvido, com a intenção de determinar os fatores tidos como primários que geram insatisfações e desistências prematuras.

Além disso, as discussões teológicas recentes abriram muito espaço para os fatores motivacionais, por se tratarem de elementos de reconhecimento humano que, por muito tempo, foram considerados na contramão das disciplinas espirituais.

Hoje em dia, há uma vertente que analisa as novas gerações (as quais são resultado de intensas mudanças estruturais) e que afirma não ser possível trabalhar com os indivíduos atuais sem lhes oferecer acolhimento, franqueza de propósitos e reconhecimento pelo bom trabalho, como forma de motivação para que continuem melhorando sua *performance* e reforçando sua vocação.

O estudo das diferenças comportamentais das gerações – temática de que trataremos no Capítulo 5 – permite entender melhor como manter princípios e valores bíblicos e adequar os métodos, quando necessário.

Síntese

Neste capítulo, discorremos sobre a história do trabalho e apresentamos algumas contribuições de ciências que no decorrer do tempo analisaram o processo evolutivo da gestão de pessoais, tais como a filosofia, a antropologia, a sociologia, a teologia e a psicologia. Enfatizamos que conhecer as teorias da motivação, entender a influência da comunicação nas organizações e compreender a importância de manter relacionamentos profissionais que envolvem confiança e comprometimento são ações que certamente interferirão nos resultados do trabalho.

Atividades de autoavaliação

1. (FCM – 2022 – Fames) Como explicita Moscovici (2003, p. 5), "A maioria dos especialistas indica, nos mais recentes livros de administração e gerência, que o futuro pertence a organizações baseadas em equipes. [...] Como distinguir entre grupos e equipes?"
   NÃO se pode considerar que um grupo se transformou em uma equipe quando

a) há investimento constante no próprio crescimento e desenvolvimento do coletivo.
b) existe uma ampla compreensão dos objetivos e as pessoas se engajam para alcançá-los conjuntamente.
c) a disponibilidade de assumir riscos é baixa na medida em que o nível de confiança entre os membros não é suficiente.
d) a comunicação entre os membros é aberta a ponto de as posições divergentes serem estimuladas e respeitadas.
e) há a realização periódica de autoavaliação do próprio modo de funcionamento a fim de resolver possíveis problemas que afetam o coletivo.

2. (Ibade – 2022 – Câmara de Acrelândia) A gestão de equipe, quando bem planejada, tende a colaborar com ótimos resultados às organizações. Para isso, um bom planejamento de gestão de equipe, proporciona:
   I) a melhor interação entre os colaboradores.
   II) a delegação de toda a responsabilidade para os outros.
   III) o aumento da produtividade e da qualidade dos projetos.
   IV) a desvalorização do trabalho do outro e valorização da coletividade.

   Estão CORRETAS apenas:
   a) I, II e IV.
   b) III e IV.
   c) I, II e III.
   d) I e III.
   e) II, III e IV.

3. (IFSC – 2019 – IFSC) "Vários são os fatores que podem impedir um bom rendimento do grupo, como o seu tamanho, o grau de motivação de seus membros, a falta de coesão, dificuldades de comunicação e até mesmo normas restritivas ao seu bom funcionamento."

(QUADROS, D.; TREVSISA, R. M., 2009, p. 6 apud CARDOZO, C. G.; SILVA, L. O. A importância do relacionamento interpessoal no ambiente de trabalho. Interbio, v. 8, n. 2, p. 31, 2014)

Assinale a alternativa **CORRETA**, que contém estratégias eficazes para o bom funcionamento de um grupo de trabalho:

a) Agrupar pessoas com personalidades e habilidades iguais, favorecer a integração das pessoas e intensificar os valores e respeito às normas.

b) Classificar papéis e expectativas, estabelecer regras restritivas de funcionamento e de convivência.

c) Classificar papéis e expectativas, favorecer a integração das pessoas e intensificar os valores e respeito às normas.

d) Classificar papéis e expectativas, favorecer a integração das pessoas e impedir que os membros do grupo de trabalho decidam coletivamente sobre os procedimentos operacionais da atividade.

e) Classificar papéis e expectativas, favorecer a integração das pessoas e desenvolver a equipe de trabalho estimulando a competição entre os membros.

4. (IFPB – 2013 – IFPB) "(...) o mais notável efeito da divisão do trabalho não é aumentar o rendimento das funções divididas, mas torná-las solidárias. Seu papel, em todos esses casos, não é simplesmente embelezar ou melhorar sociedades existentes, mas tornar possíveis as que, sem elas não existiriam. (...) É possível que a utilidade econômica da divisão do trabalho tenha algo a ver com esse resultado, mas, em todo caso, ele supera infinitamente a esfera dos interesses puramente econômicos..." (DURKHEIM, E. Da Divisão do Trabalho Social. 1978, p. 30).

Considerando a abordagem sociológica Durkheimiana, é CORRETO afirmar que a divisão do trabalho:

a) Tem um papel essencialmente econômico, possibilitando a existência da solidariedade social.
b) Desenvolve a individualidade, tornando os indivíduos mais independentes.
c) Tem relação com a melhoria nas condições de vida nas sociedades industriais.
d) Cumpre uma função essencial para a sociedade, que é gerar a coesão social.
e) Tem como objetivo desenvolver o processo produtivo para o aumento da produção.

5. (IFPB – 2013 – IFPB) "No fim do século XX e graças aos avanços da ciência, produziu-se um sistema de técnicas presidido pelas técnicas da informação, que passaram a exercer um papel de elo entre as demais, unindo-as e assegurando ao novo sistema técnico uma presença planetária" (SANTOS, M. 2008, p. 23).

Analise as seguintes afirmações sobre o trecho acima.

I) A globalização e a internacionalização do mundo capitalista.

II) A separação entre "estado da tecnologia e o estado da política".
III) Um distanciamento entre as esferas locais e globais.
IV) A emergência de um mercado globalizado associado a um conjunto de técnicas avançadas.

Está CORRETO o que se afirma apenas em:
a) I e III.
b) I e IV.
c) II e IV.
d) IV.
e) I.

Atividades de aprendizagem

Questões para reflexão

1. Após o estudo deste capítulo, reflita: Como você tem conduzido seus relacionamentos? Quais são suas bases de valor para avaliar as atitudes que toma com relação aos outros? Você pode se lançar a estas reflexões aprofundando-se nas leituras dos versículos indicados no Quadro 1.2.

2. Ao estudar a teoria da motivação proposta por Abraham Maslow, você é capaz de identificar em si mesmo em que estágio sua motivação com o trabalho está localizada? Feito isso, reflita: Que aspectos motivacionais seriam necessários para que sua motivação alcançasse o próximo nível?

Atividade aplicada: prática

1. Leia atentamente o trecho a seguir:

   Filosofia tem muito a ver com gestão de pessoas porque nos faz refletir sobre atitudes que tomamos no dia a dia. Por isso, me veio à cabeça o mito da Caverna, de Platão. Para quem não conhece, é uma alegoria, uma história, em que se retrata um grupo de pessoas presas por grilhões nos braços, pés e pescoço, dentro de uma caverna escura. A realidade para elas se resume a uma fogueira acesa atrás deles, onde outras pessoas projetam a sombra de objetos, à luz deste fogo, a única parede a qual os prisioneiros estão fadados a olhar.

   Um dia, um destes prisioneiros foge e, ao se deparar com as maravilhas do mundo externo, resolve voltar para contar a novidade para os outros prisioneiros. Como todos acreditam que aquela escuridão é a realidade, consideram o fugitivo louco e resolvem matá-lo para não ser contagiados com sua loucura. (Oliveira, 2023)

   Considerando a alegoria feita pelo autor, entre o *Mito da caverna*, texto filosófico de Platão, e a realidade das mudanças e tendências para o futuro da gestão de pessoas, que relações você enxerga entre as duas histórias? Elabore um breve texto com suas considerações.

capítulo dois

Liderança na gestão de pessoas em ambientes eclesiais e no terceiro setor

02

No capítulo anterior, você provavelmente percebeu que toda a história do trabalho durante os últimos séculos forneceu um lastro importante para o cenário que atualmente estamos vivendo nas relações de trabalho e na gestão de pessoas. Desde as primeiras teorias construídas, além da criação da administração científica do trabalho, inúmeras tentativas de entender esse universo vêm sendo feitas. Isso porque, à medida que os modos de produção mudam, as visões de mundo também se modificam, em uma dinâmica que faz evoluir o olhar direcionado ao trabalhador. Sob essa ótica, a ação de liderar se tornou uma ferramenta poderosa para o sucesso ou não de uma organização.

De acordo com a macroergonomia, área responsável por estudar o trabalho e a interface deste com o homem (e vice-versa), não há como manter um profissional saudável, motivado e em desenvolvimento se o trabalho a ele atribuído é pobre sob o aspecto cognitivo, ou seja, não lhe permite criar, não oferece condições seguras, tampouco um ambiente psicologicamente saudável.

Portanto, para que os profissionais entreguem o melhor de seu potencial em seu ambiente de trabalho, eles precisam dispor de condições físicas, emocionais, estruturais e organizacionais adequadas. É sobre esse contexto vinculado ao papel da liderança que nos debruçaremos a seguir.

2.1 Liderança e relações de poder

O mundo corporativo e produtivo, que gera lucros e riquezas, tem conseguido vislumbrar a necessidade de contar com líderes atentos às novas demandas. Ainda que, em algumas empresas, as evoluções aconteçam lentamente, elas vêm sendo efetuadas, e as organizações que não atentarem para essa nova realidade tenderão a ser suprimidas pelas empresas que já atuam conforme os novos paradigmas.

Nos ambientes eclesiais, deparamo-nos com um modelo organizacional diferente cuja finalidade não é o lucro, mas sim os resultados esperados que, embora não sejam valoráveis, são mensuráveis e extremamente importantes para a sobrevivência de uma comunidade de fé.

Nessa perspectiva, com relação às organizações do terceiro setor, o impacto social que elas exercem é relevante em vários aspectos que o Poder Público não tem sido suficiente para promover.

Considerando o exposto, essas organizações precisam sobreviver às mudanças cada vez mais aceleradas. Isso significa que elas devem se adaptar, evoluir seus sistemas de gestão, sem, contudo, negociar seus valores e princípios, que constituem seus marcos de sustentação. Mas, como fazer isso? De que modo é possível compreender os mecanismos da administração moderna, as exigências por resultados céleres, sem sacrificar as pessoas – os líderes táticos (por exemplo, de Ministérios) –, sem uma fonte de recursos financeiros previsíveis?

O papel da liderança nesse contexto é fundamental, pois precisamos contar com líderes que assumam tais responsabilidades e que mantenham a mente aberta para lidar com os novos tempos e desafios.

2.1.1 Conceito de liderança

O termo *liderança* vem sendo discutido há muitos anos. Alguns pesquisadores têm cunhado seus conceitos com base nos princípios que defendem. Por exemplo, segundo a teoria dos traços (desenvolvida na década de 1930), a liderança estaria vinculada a fatores de personalidade, sociais e físicos. Já para os defensores dos estilos de liderança, tal definição engloba a suposição de que cada líder atuará sob determinada perspectiva (Lima, 2015). Entretanto, para nosso estudo, vamos nos ater ao conceito de *liderança servidora* cunhado por James Hunter (2006).

Ao analisar o modelo de liderança de Jesus, o autor explica que se trata da "habilidade de influenciar pessoas para trabalharem entusiasticamente visando atingir objetivos comuns, inspirando confiança por meio da força do caráter" (Hunter, 2006, p. 11).

2.1.2 Relações de poder

Antes de avançarmos em nosso estudo, precisamos conceituar a palavra *poder*, que, nesse contexto, pode ser entendida como: algo exercido por um indivíduo sobre outro por conta do qual este se submete ao primeiro, o que pode ocorrer por diversas razões.

Para Max Weber (citado por Dias, 2010, p. 286), o poder significa "toda probabilidade de impor a vontade numa relação social, mesmo contra resistências, seja qual for o fundamento dessa probabilidade". Esse poder pode ser exercido por meio da força, da autoridade e/ou da influência.

Quando constituída legalmente, a autoridade se apresenta de três formas:

1. **burocrática (ou racional)**: diz respeito à autoridade constituída a uma pessoa por meio do cargo que ela ocupa;
2. **tradicional**: em que a obediência se manifesta pela tradição e pelos costumes da pessoa;
3. **carismática**: de acordo com Weber (1991, p. 141), baseia-se "na veneração extra cotidiana da santidade, do poder heroico ou do caráter exemplar de uma pessoa e das ordens por ela reveladas ou criadas"; é obedecida em função do carisma de um líder (Dias, 2010).

Nas palavras de Dias (2010, p. 287), a influência se relaciona à "habilidade para afetar as decisões e ações de outros, mesmo não possuindo autoridade ou força para assim proceder. É influente um indivíduo que consegue modificar o comportamento dos outros sem ocupar um cargo público ou privado, e sem utilizar nenhuma forma de coerção física". Assim, quando o poder é exercido pela influência, ele pode partir de pessoas que necessariamente não ocupam o topo da pirâmide hierárquica nas organizações.

Exercer influência sobre os liderados demanda que o líder esteja em um processo contínuo de aprimoramento, considerando que as pessoas não o seguirão espontaneamente se não enxergarem nele características como integridade de caráter e confiabilidade, além de uma boa habilidade de comunicação e de claras demonstrações de competência.

Outro aspecto interessante relacionado à definição de liderança apresentada é que não basta apenas influenciar os outros a fazerem algo; é necessário que estes façam com *entusiasmo*, palavra que denota a plena vontade de realizar, a satisfação e a alegria de ser parte de algo. Essa capacidade é capaz de alterar os resultados finais de uma equipe, levando-a à excelência.

Repare que, em muitos casos, a posição hierárquica de um indivíduo que exerce a liderança, por si só, não a define como líder, mas sim como alguém que tem autoridade – o que também não é o bastante para influenciar alguém para além do medíocre, certo?

Nas organizações lucrativas e em atividades remuneradas, não é tão simples influenciar pessoas. Por sua vez, as organizações sem fins lucrativos e que obtêm sucesso geralmente contam com líderes que conseguem influenciar e inspirar os outros a trabalhar voluntariamente por algo em que acreditam, e isso requer uma boa dose de habilidade e competência.

As empresas que compreendem esse panorama cada vez mais procuram desenvolver em seus líderes as competências desejadas para o bom desempenho da liderança. Isso porque, por se tratar de uma habilidade, ela não é inata. Ainda que existam pessoas cujos traços de personalidade contribuam para ocupar posições de gestão, em geral os líderes não nascem prontos. Isto é, são o resultado de investimentos em ensino, prática e repetição, além de um contínuo aperfeiçoamento.

2.2 Estilos de liderança

As maneiras pelas quais os líderes se relacionam com seus liderados consistem em estilos de liderança. No decorrer dos anos, dezenas de teorias surgiram a fim de analisar os estilos de liderança aplicados ao cotidiano organizacional, bem como de que modo tais comportamentos influenciam os resultados, o clima organizacional e a redução do *turnover* de funcionários (relação entre entradas e saídas de empregados de uma empresa). Na sequência, abordaremos algumas das concepções de liderança tidas como mais relevantes.

Uma das primeiras teorias foi elaborada com base em uma pesquisa realizada por White e Lippitt e que contou com quatro grupos de meninos orientados para a tarefa (Chiavenato, 2003). Eles trabalharam alternando os líderes a cada seis semanas. Os autores concluíram que, para cada tipo de líder, os resultados obtidos pelos grupos foram diferentes. Essa teoria ficou conhecida como **teoria dos três estilos de liderança**, a saber:

1. **estilo autocrático**: o líder com essa característica costuma centralizar as decisões. Na pesquisa de White e Lippitt, o líder não contava com a participação do grupo, que apenas obedecia, impositivamente, às suas ordens minuciosas;
2. **estilo democrático**: na pesquisa dos autores, o líder com esse estilo estimulava as discussões com o grupo, agindo como mediador; enquanto o grupo propunha as atividades, o líder avaliava-as;
3. **estilo liberal (ou *laissez-faire*)**: há total liberdade para que o grupo decida as melhores maneiras de realizar um trabalho e de dividir tarefas; as decisões são tomadas com a mínima participação do líder (Chiavenato, 2003).

A **teoria da troca líder-membro** (em inglês, *leader-member exchange theory* –LMX), que foi desenvolvida por Dansereau, Graen e Haga e por Dinesh e Lidene, enfoca a qualidade constante do relacionamento entre líder e liderado, o que pode ser atingido mediante três etapas: (i) definição dos papéis; (ii) execução dos papéis; (iii) normalização dos papéis. Assim, quando se tem um aprofundamento na relação líder-membro, a interação entre ambos se torna rotineira e transcende a mera formalidade (Czarneski, et al., 2019).

Por seu turno, de acordo com as **teorias de liderança situacionais** (ou contingenciais), um líder necessita recorrer a todos os estilos de liderança possíveis, adequando-se às situações que se lhe apresentam no trabalho e às características de cada grupo (Chiavenato, 2003). A esse respeito, observe, na Figura 2.1, como a liderança situacional pode ser desenvolvida por um único líder, a depender da situação.

Figura 2.1 – *Continuum* de padrões de liderança

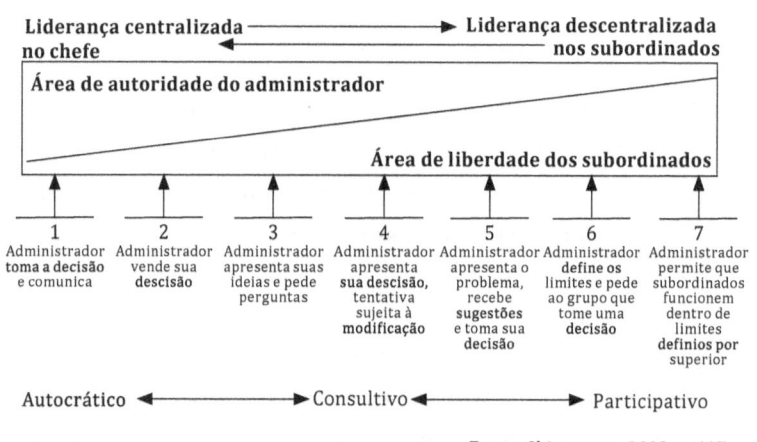

Liderança centralizada no chefe ⟶	⟵ **Liderança descentralizada nos subordinados**

Área de autoridade do administrador

Área de liberdade dos subordinados

1	2	3	4	5	6	7
Administrador **toma a decisão** e comunica	Administrador **vende sua descisão**	Administrador apresenta suas ideias e pede perguntas	Administrador apresenta **sua descisão,** tentativa sujeita à modificação	Administrador apresenta o problema, recebe **sugestões** e toma sua decisão	Administrador **define os** limites e pede ao grupo que tome uma decisão	Administrador permite que subordinados funcionem dentro de limites definios por superior

Autocrático ⟷ Consultivo ⟷ Participativo

Fonte: Chiavenato, 2003, p. 127.

Em meados da década de 1990, surgiram as **teorias sobre a liderança com carisma**, que elencaram quatro perfis de liderança (Robbins, 2005; Chiavenato, 2003):

- **liderança carismática**: o líder inspira seus liderados pelo exemplo e consegue motivá-los por meio de uma visão em comum, a qual transparece com facilidade – seu exemplo alcança um nível transcendental, que os comandados sequer o questionam;
- **liderança transacional**: o líder utiliza controles e incentivos monetários para alcançar seus objetivos com os liderados em uma relação de troca, por meio de transações entre desempenho e recompensa;
- **liderança transformacional**: o líder manifesta um senso de unidade em torno dos objetivos em comum; por meio de suas ações, influencia, inspira confiança e obtém o comprometimento da equipe;
- **liderança visionária**: de acordo com Robbins (2005, p. 400), trata-se da "habilidade para criar e articular uma visão do futuro, realista, digna de crédito e atraente, que cresce a partir do presente e o aperfeiçoa".

No início do século XXI, alguns estudos se aprofundaram nos temas relacionados à inteligência emocional e sua influência no comportamento. Foi nesse contexto que surgiu o **modelo dos seis estilos de liderança**, proposto por Goleman, Boyatzis e McKee (2002), que são: visionário, conselheiro (ou *coaching*); relacional; democrático; pressionador; e dirigente.

Os quatro primeiros são chamados de **estilos ressonantes**, pois geram um tipo de ressonância que amplia o desempenho dos colaboradores. Por sua vez, os outros dois são denominados **estilos dissonantes** e podem ser usados em determinadas situações, mas de modo cauteloso. Isso porque, como o próprio nome sugere, podem ocasionar certa dissonância nos colaboradores, em virtude do efeito de engessamento que exercem no trabalhador que dispõe de mais autonomia.

Vamos compreender melhor esses conceitos (Goleman; Boyatzis; McKee, 2002):

- **visionário**: esforça-se para transmitir ao grupo a visão da organização, conferindo liberdade aos funcionários para inovar, experimentar e assumir riscos calculados na execução das suas tarefas;
- **conselheiro (ou *coaching*)**: auxilia as pessoas a identificar seus pontos fortes e fracos e as mantém focadas no desenvolvimento constante, sem que se esqueçam de suas responsabilidades na organização;
- **relacional**: promove a harmonia, estimula relações amigáveis, conecta-se com as pessoas e valoriza os momentos de menor pressão para estabelecer relacionamentos que fortalecerão o senso de equipe em momentos desafiadores;
- **democrático**: utiliza três competências da inteligência emocional (espírito de equipe e colaboração; gestão de conflitos; influência) e é capaz de ouvir e extrair as ideias do grupo de modo a fazê-los se sentirem parte das soluções;
- **pressionador**: em virtude do alto grau de desempenho, move-se pela excelência e pela produtividade. O líder com esse estilo, caso não tome muito cuidado ao se relacionar com seus comandados, pode elaborar hipóteses que o levem a demonstrar falta de empatia – por exemplo, assumir que todos sabem o que ele precisa, em vez de comunicar-lhes;

- **dirigente (ou coercitivo)**: espera uma obediência imediata e cega às ordens estabelecidas. Exerce um controle rígido, tem dificuldade para delegar tarefas e, normalmente, fornece *feedbacks* que sempre tendem a ser negativos, omitindo aspectos positivos. Líderes intimidantes quase sempre contaminam o estado emocional de todo grupo, o que contribui para resultados pífios e contraproducentes.

Em suas pesquisas, Goleman, Boyatzis e McKee (2002) observaram que os líderes capazes de migrar entre estilos, observando sua adequação ao momento e o tipo de trabalho ou de colaborador, obtiveram melhores desempenhos e criaram um clima organizacional agradável e favorável ao crescimento, à criatividade e à inovação. Em contrapartida, os líderes de estilos dissonantes deveriam ampliar suas competências de inteligência emocional, a fim de atingir *performances* mais positivas.

Considerada no passado como um ruído que atrapalhava o desenvolvimento do trabalho, a emoção atualmente exerce papel fundamental no desenvolvimento da liderança de sucesso. E com o advento da globalização e a livre concorrência de mercados, as organizações perceberam a necessidade cada vez mais urgente de reter os melhores profissionais. Para isso, o comportamento do líder adquiriu um peso ainda maior.

O gestor que gera ressonâncias por meio de atitudes emocionalmente saudáveis tende a obter resultados mais lucrativos e efetivos. Nas palavras de Goleman, Boyatzis e McKee (2002, p. 76), o modelo dos seis estilos apresenta elementos novos: "a compreensão das competências de inteligência emocional que estão associadas a cada estilo de liderança e –não menos importante– a relação causal entre cada estilo e os efeitos sobre o clima de trabalho e o desempenho".

No Quadro 2.1, a seguir, observe as características de cada estilo relativo ao modelo proposto pelos autores.

Quadro 2.1 – Estilos de liderança de acordo com o modelo dos seis estilos

Estilo	Efeitos sobre o clima de trabalho	Como gera ressonância	Situações apropriadas
Visionário	Fortemente positivo.	Canaliza as pessoas para visões e sonhos partilhados.	Quando ocorrem mudanças que exigem uma nova visão ou quando é necessária uma orientação clara.
Conselheiro (ou *coaching*)	Muito positivo.	Relaciona os desejos das pessoas com os objetivos da organização.	Ajuda o empregado a ser mais eficiente, melhorando suas capacidades de longo prazo.
Relacional	Positivo.	Cria harmonia, melhorando o relacionamento entre as pessoas.	Resolver e sanar conflitos em um grupo; fornecer motivação em períodos difíceis; melhorar o relacionamento entre as pessoas.
Democrático	Positivo.	Valoriza a contribuição de cada um e obtém empenho de todas as pessoas por meio da participação.	Conseguir adesão ou consenso; obter a contribuição dos empregados.
Pressionador	Por vezes muito negativo, porque é frequentemente muito mal executado.	Atinge objetivos difíceis e estimulantes.	Para levar uma equipe competente e motivada a produzir resultados de elevada qualidade.
Dirigista (ou coercitivo)	Muito negativo, por ser, em geral, mal utilizado.	Acalma os receios, dando instruções claras em situações de emergência.	Em situações de crise; para desencadear uma reviravolta na situação; com subordinados difíceis.

Fonte: Elaborado com base em Goleman; Boyatzis; McKee, 2002.

Em 2018, uma pesquisa de doutorado apontou algumas das características de liderança aplicadas no terceiro setor nos âmbitos nacional e internacional (Raptopoulos; Silva, 2018). Embora não haja estudos nacionais acerca desse assunto, ainda assim podemos ter uma boa noção de quais estilos de liderança têm sido utilizados em diversas organizações do terceiro setor (Quadro 2.2):

Quadro 2.2 – Estilos de liderança aplicados em organizações do terceiro setor

Estilo de liderança	Autores dos trabalhos	Principais resultados das pesquisas
Carismática	Liu et al. (2015) Mitchell (2015) Harrison e Murray (2012) Flanigan (2010) Hoogh et al. (2005)	A internalização de motivações extrínsecas em intrínsecas influencia positivamente na performance organizacional, assim como os valores da liderança influenciam na reputação da efetividade das ações em organizações sem fins lucrativos.
Compartilhada	Uzonwanne (2015) Rowold e Rohmann (2009)	Executivos com mais de 60 anos e que atuam em liderança compartilhada tendem a tomar decisões dependentes. Além disso, líderes voluntários de instituições de arte musical compartilham a liderança com os gestores administrativos que, neste caso, são remunerados.
Estratégica/Visionária	Bilgin et al. (2017) Taylor et al. (2014) Grandy (2013) Yip et al. (2010)	Constrói cultura organizacional de compromisso com o referencial religioso, a fim de criar uma identidade que gera engajamento e alto desempenho dos colaboradores em instituições baseadas na fé. Além disso, há correlação positiva significativa entre esses estilos de liderança e a percepção sobre a eficácia de organizações sem fins lucrativos.

(continua)

(Quadro 2.2 – conclusão)

Estilo de liderança	Autores dos trabalhos	Principais resultados das pesquisas
Inspiradora	Ruvio et al. (2010) Thach e Thompson (2007) Wallis e Dollery (2005)	Inspiração é fundamental para motivar os colaboradores que estejam em contextos de incentivos financeiros mínimos ou inexistentes, mas que precisam fazer entregas com qualidade aos clientes e demais partes interessadas de organizações sem fins lucrativos.
Teoria LMX	Rowold et al. (2014) Harrisson et al. (2013) Bang (2011) Hoye (2004 e 2006)	A qualidade das relações entre líderes e seguidores afeta positivamente o desempenho da liderança executiva em organizações sem fins lucrativos. Adicionalmente, quanto melhor essa relação, maior a capacidade de retenção de colaboradores, devido ao aumento de satisfação com o trabalho.
Transformacional	Bassous (2015) Rowold et al. (2014) Felício et al. (2013) Sarros et al. (2011) Trautmann et al. (2007) Jaskyte (2004)	Atua na cultura e nos valores organizacionais a fim de aumentar a capacidade de inovação, o aprendizado organizacional e o desempenho.
Transformacional	Allen et al. (2013) McMurray et al. (2010)	Atua no clima organizacional a fim de elevar a retenção de capital intelectual e o desempenho.
Transformacional	Shiva e Suar (2012) Rowold e Rohmann (2009)	Influencia positivamente a Teoria LMX que, por sua vez, eleva o compromisso com a organização.
Transformacional	Valero et al. (2015)	Possui correlação positiva significativa com a resiliência organizacional em situações de desastres naturais.
Transformacional	Harris (2014) Chao (2011) Prouteau e Tabariés (2010)	Elevada correlação com a liderança feminina devido à capacidade de união de empatia, amor, intuição e dinamismo, como também por fugirem do modelo racional legal utilizado pelos homens; no entanto, ainda há uma discriminação muito grande no setor, principalmente naquelas instituições que movimentam grandes quantias financeiras.

Fonte: Raptopoulos; Silva, 2018, p. 128-129.

A pesquisa apontou que o estilo de liderança transformacional foi o mais utilizado nas organizações do terceiro setor analisadas. Isso porque demanda poucos recursos e quase nenhuma compensação financeira. Além disso, as organizações sem fins lucrativos tendem a depender quase totalmente de mão de obra voluntária. Raptopoulos e Silva (2018, p.131) concluem que os líderes:

> precisam motivar e inspirar seus colaboradores e seguidores ao alcance da visão e dos objetivos institucionais das organizações. E, para isso, utilizam suas habilidades de transformação, a fim de potencializarem a relação líder-seguidor e gerarem compromisso com o desempenho, o resultado, a inovação e a criatividade.

Por fim, abordaremos o **estilo de liderança servidora**, baseado nos ensinamentos bíblicos, que tem em Jesus um modelo que, com seu estilo de liderar, influenciou e ainda influencia o mundo.

James Hunter tratou dessa teoria primeiramente na obra *O monge e o executivo*. Posteriormente, na obra *Como se tornar um líder servidor*, o autor se aprofundou no tema, justificando a escolha de Jesus como liderança servidora: "Por que escolhi Jesus? Por uma questão muito pragmática. Se liderança tem a ver com influência – e sabemos que tem – desafio qualquer um a indicar um ser humano na história do mundo mais influente do que Jesus" (Hunter, 2006, p. 18).

As passagens bíblicas às quais Hunter (2006) recorreu para elaborar os princípios vinculados a essa forma de liderança são estas:

> Então, Jesus, chamando-os, disse: Sabeis que os governadores dos povos os dominam e que os maiorais exercem autoridade sobre eles. Não é assim entre vós; pelo contrário, quem quiser tornar-se grande entre vós, será esse o que vos sirva; e quem quiser ser o primeiro entre vós será vosso servo; tal como o Filho do Homem, que não veio para ser servido, mas para servir e dar a sua vida em resgate por muitos. (Bíblia Sagrada. Mateus, 1993, 20: 25-28)

> O amor é paciente, é benigno; o amor não arde em ciúmes, não se ufana, não se ensoberbece, não se conduz inconvenientemente, não procura os seus interesses, não se exaspera, não se ressente do mal; não se alegra com a injustiça, mas regozija-se com a verdade; tudo sofre, tudo crê, tudo espera, tudo suporta. (Bíblia Sagrada. 1 Coríntios, 1993, 13: 4-7)

O autor concluiu que para exercer uma liderança efetiva, é necessário fazê-lo com amor, o que se traduz nas seguintes características: caráter e integridade; altruísmo; paciência; gentileza; humildade; respeito; perdão; honestidade; e compromisso, sempre considerando o outro como realmente importante e demonstrando isso verdadeiramente no relacionamento interpessoal.

2.3 Desenvolvimento de líderes

A liderança consiste na soma entre características de personalidade, habilidades, atitudes e comportamentos que podem ser melhorados por meio de processos iniciados pela autoconsciência, bem como pela avaliação e identificação de forças e fraquezas, a fim de despender os esforços necessários para a mudança. Como mencionamos anteriormente, o líder, longe de "nascer" pronto, forma-se ao longo da vida, mediante a reunião de conhecimento e experiências. Por isso, este precisa ser o desafio de toda liderança já constituída: formar seus sucessores.

Uma das metas de maior relevância a ser adotada pelos líderes em uma organização diz respeito a estabelecer uma cultura de desenvolvimento de pessoas. Essa cultura se consolidará a partir do momento em que todos entenderem a importância de compartilhar e ensinar o que sabem, e essa prática deve estar presente em todos os níveis da empresa. Assim, inevitavelmente, potenciais líderes surgirão de modo espontâneo.

Em outras palavras, a cultura de desenvolvimento de pessoas estará implementada quando a organização for capaz de manter uma comunicação fluida entre todos e promover um ambiente de segurança, ou seja, no qual ensinar não representará ameaças ao *status quo* de alguns. Preparar a sucessão significa ter liberdade para avançar em outras atividades quando estas aparecem.

Mesmo em ambientes seculares, há problemas de sucessão de liderança que acarretam diversos malefícios às organizações. Por exemplo, quando um líder precisa se ausentar (o que pode ocorrer por diversos motivos: promoção, saúde, saída da empresa etc.), os riscos de falhas passam a assombrar a empresa. Nesse sentido, Goleman, Byatzis e McKee (2002, p. 57) afirmam que "as organizações que sobrevivem e se mantêm dinâmicas durante décadas sabem fazer emergir sucessivas gerações de líderes eficientes".

No ambiente eclesiástico, a dificuldade de desenvolver sucessores é bastante perceptível. Quando líderes de alta influência ou até mesmo de Ministérios precisam ser substituídos, em geral, é como se assistíssemos a um funeral: tudo o que foi construído, com tanto esforço, acaba por se perder, em razão da falta de preparo da sucessão.

Jesus, em seus três anos de Ministério, deixou-nos excelentes lições de sucessão, as quais poderão ser reproduzidas se entendermos a importância de usar o poder para formar outros, e como essa prática impacta o reino de Deus. É o que podemos observar nos trechos a seguir, que sintetizam alguns versículos bíblicos relacionados à sucessão:

- Ele recrutou pessoas que pareciam improváveis líderes (Bíblia Sagrada. Mateus, 1993, 4);
- Treinou-as tanto com aulas expositivas como na prática (Bíblia Sagrada. Mateus, 1993, 6-8);

- Compartilhou de sua autoridade com os seus 12 discípulos (Bíblia Sagrada. Mateus, 1993, 10: 1);
- Ensinou sobre a liderança que serve (Bíblia Sagrada. Mateus, 1993, 10: 24-25; 20: 25-28; 23: 11-12; Marcos, 1993, 10: 42-45);
- Enviou-os a anunciar as boas novas, após orientá-los (Bíblia Sagrada. Mateus, 1993, 10: 5-42; Marcos, 1993, 6: 7-13; Lucas, 1993, 10: 1-16);
- Alinhou os resultados após a atividade prática (Bíblia Sagrada. Marcos, 1993, 8: 28-29; Lucas, 1993, 10: 17-20);
- Escolheu alguns para treinamento de liderança (Bíblia Sagrada. Marcos, 1993, 14: 33; Lucas, 1993, 9: 28; 22: 32);
- Enviou-os com uma tarefa (Bíblia Sagrada. Mateus, 1993, 28: 18-20; Marcos, 1993, 16: 15);
- Distribuiu atividades conforme o talento de cada um (Bíblia Sagrada. João, 1993, 19: 27; 21: 17);
- Na sua partida, o ministério de reconciliar o mundo com Deus explodiu para todos os lugares, por meio de seus discípulos (Bíblia Sagrada. Atos, 1993, 19: 27; 21: 17).

De acordo com as passagens resumidas anteriormente, podemos perceber que Jesus foi intencional quanto ao preparo de novas lideranças. Em sua partida, deixou 12 homens que não apenas obedeceram ao chamado que receberam dele, mas também levaram adiante o treinamento de novos líderes – citados no Novo Testamento: Paulo, Barnabé, Silas, Áquila, Priscila, Timóteo, Tito, entre outros.

Tais discípulos dispunham de um forte senso de propósito e missão e estavam dispostos a dar suas vidas (o que, de fato, fizeram) para que o Evangelho fosse propagado e a ressurreição de Cristo fosse divulgada. À exceção de João, que passou boa parte da vida exilado na Ilha de Patmos, os outros 11 discípulos de Jesus foram martirizados e não negaram a ressurreição do Messias, porque eram incapazes de viver com essa mentira.

No livro *Liderança corajosa*, Bill Hybels (2002, p. 124) afirma que "sem visão, nada de importante pode ser alcançado". Dito de outra forma, é preciso que as lideranças atuais entendam a necessidade de se desenvolver e que reflitam sobre isso, a fim de criarem estratégias e de formularem uma visão em prol do desenvolvimento de novas lideranças. Obviamente, dessa forma, os gestores não serão mais escravizados pela urgência e, com efeito, não atuarão no sentido de despreparar potenciais líderes que, caso assumam posições de topo, inflijam sofrimento a si próprio e aos outros.

A falta de lideranças preparadas para ocupar novos postos e frentes de trabalho e para discipular pessoas consiste em um dos grandes fatores que limitam o crescimento pessoal, tanto para a igreja quanto para organizações do terceiro setor. Especialmente em tempos de mudanças tão radicais nos modos de vida, bem como na maneira pela qual nos comunicamos, torna-se mandatório contar com uma gama de profissionais preparados para atingir as pessoas onde quer que elas estejam.

Para os próximos anos, estima-se que haverá uma intensa ressignificação das coisas – por exemplo, o ambiente virtual tenderá a ser o novo "normal" para muitos de nós (o que, de fato, já acontece atualmente). Portanto, se quisermos ser relevantes e assertivos em nossa comunicação com esses novos sujeitos, precisaremos de líderes aptos a atuar nesse novo ambiente, o que, certamente, também demanda um devido preparo técnico para manusear as tecnologias, sem demonizá-las.

Portanto, os desafios que se apresentam são grandes, não é mesmo? Logo, mais do que nunca, é tempo de desenvolver pessoas e de acreditar nelas, de dividir o palco e suportá-las, ensiná-las e confiar-lhes certas responsabilidades.

Quando questionou um grupo de líderes sobre como eles haviam se tornado líderes, Hybels (2002) percebeu, nas variadas respostas desses líderes, a menção a "alguém", a uma terceira pessoa que se envolveu totalmente na formação deles, desde o momento em que notaram que esse homem tinha potencial para a liderança. O mentor não só os incentivou a ver isso, mas também investiu tempo, recursos, esforço e energia em sua jornada em direção à liderança, confiando-lhes responsabilidades e dizendo: *Vá*!

Sobre isso, Hybels (2002) menciona que, conforme exposto no Livro de Mateus, cap. 10, vers. 16, Jesus não minimizou os desafios que os discípulos enfrentariam enquanto os orientava para a prática:

> *"Eu os estou enviando como ovelha entre lobos". O que Jesus queria dizer? "Esse negócio é coisa séria. As apostas são altas. A possibilidade de falha é real. E não vou protegê-los de todos os riscos. Vocês terão de sair. Terão de liderar". E eles conseguiram! A questão é a seguinte: Uma vez que identificamos líderes em potencial e que também os formamos, treinamos e preparamos adequadamente devemos então confiar responsabilidades práticas a essas pessoas. Devemos passar ao líder em potencial uma relevante posição de liderança [...], algo que fará seu pulso acelerar; [...] algo que o fará cair de joelhos e clamar pela ajuda de Deus; algo que exigirá o melhor que ele tiver a oferecer.* (Hybels, 2002, p. 136)

No livro *As 17 incontestáveis leis do trabalho em equipe*, John Maxwell (2007) faz uma comparação interessante com o modo com que times esportivos preparam seus sucessores – denominado, pelo autor, *lei da reserva*. Basicamente, para entendermos de que trata essa lei, podemos supor o seguinte cenário: jogadores titulares egocêntricos consideram que quem se senta ao banco de reservas está apenas "segurando as pontas da equipe", subestimando a importância de ter profissionais bons e preparados para substituí-los. Isto é, esses titulares não compreenderam em que consiste o poder de uma equipe, tampouco reconhecem o grande valor dos reservas para que seja possível vencer uma partida.

Da mesma forma, um bom técnico precisa valorizar seus reservas e honrá-los, pois eles futuramente poderão se tornar titulares. Embora ainda estejam sendo preparados, certamente são capazes de contribuir com a equipe usando as habilidades de que já dispõem. Assim, podem ser colocados no jogo como parte de uma estratégia do treinador, bem como por conta de habilidades específicas que o titular não detém. Desse modo, os reservas podem ser acionados em momentos críticos para a equipe. Por isso, é fundamental que se sintam importantes.

2.4 Modos interativos de liderança: estratégia criativa em relações de trabalho

A crescente demanda ocasionada pelos novos modelos de negócios, o *boom* das *startups*, a corrida pela novas tecnologias de realidade virtual (por exemplo, o metaverso), o uso da inteligência artificial (por exemplo, o chatGPT), tudo isso acentuado pela crise gerada pela pandemia de covid-19 (que viu se estabelecerem práticas de trabalho a distância) foram palco para o desenvolvimento de plataformas criadas para que reuniões, aulas, vendas, consultas etc. fossem realizadas sem risco de contaminação.

Se, na última década, o modelo mecanicista de produção, as tarefas repetitivas, as regras, os métodos e os controles de padronização já vinham mostrando sinais de desuso, os anos de 2020-2022 reforçaram ainda mais essa virada de estilo, especialmente em relação aos novos modelos de negócios que surgiram sob a premissa de proporcionar ao cliente uma experiência ainda mais encantadora que a real. Nessa ótica, os desafios se espalharam como bombas para todos os lados, fato que demandou das organizações maior agilidade para se adaptar aos estilos de liderança vigentes. Isso porque oportunizar um ambiente propício para que os colaboradores possam ser criativos se tornou, da noite para o dia, condição fundamental.

No âmbito eclesiástico, as plataformas para a transmissão de cultos *on-line*, encontros de pequenos grupos, cultos em formato *drive-in* e tantas outras inovações se fizeram necessárias para reunir e apoiar pessoas que não somente tinham perdido a liberdade de se relacionar, mas, principalmente, viram-se em completo desespero frente ao desconhecido, aos desencontros de informações, às catástrofes nas contaminações e às mortes avassaladoras que dominaram países desenvolvidos, acarretando perdas e muitas dores. O sentimento de total impotência na área da saúde, o pânico, a ansiedade, o luto e o medo, de uma hora para outra, passaram a fazer parte de nossas vidas. Nesse contexto, as igrejas não poderiam se isolar, mas foi o que, infelizmente, aconteceu em algumas comunidades, que não tiveram a habilidade de se reinventar diante da crise.

Após as primeiras ondas de covid-19, percebemos que a "normalidade" da vida antes da pandemia parecia não mais ser possível de atingir. No entanto, diversos setores de trabalho descobriram nichos não explorados e novas possibilidades de negócios, até mesmo no terceiro setor. Tais organizações, em vez de despencarem seus resultados, acabaram crescendo.

Além disso, em muitas empresas, a necessidade de trabalho presencial passou a ser questionada. Ou seja, os modelos híbrido (parte em casa, parte no escritório) e *home office* se tornaram comuns. Várias igrejas adotaram o formato de transmissão de cultos *on-line*, mesmo após a possibilidade de retorno dos fiéis, porque se deram conta de que há uma grande quantidade de pessoas que prefere assistir aos cultos em suas casas, seja porque estavam fisicamente distantes de suas comunidades ou por impedimentos relacionados à mobilidade e à saúde. O novo cenário demandou uma ampliação no quadro de colaboradores dessas instituições, a fim de integrar esses novos membros virtuais.

Felizmente ou infelizmente, as grandes invenções muitas vezes nascem de necessidades iminentes. Nesses momentos, as cadeias hierárquicas se abrem, e uma espécie de sinergia grupal surge em prol de resoluções: protótipos são testados, novas propostas são experimentadas, e certa licença criativa é dada a todos. O resultado disso é a inovação.

Por outro lado, outra demanda entra cena. Para saber lidar com os novos modelos de trabalho, os gestores e líderes também precisam adequar suas relações de trabalho com os colaboradores, proporcionando-lhes ambientes que incentivem a inovação de maneira ainda mais intencional e livre, criando processos de trabalhos mais flexíveis, atribuindo responsabilidades e prazos e delegando macroprocessos em vez de tarefas isoladas – que antes "necessitavam" de supervisão constante.

Parece óbvio, mas, na prática, esse modelo de trabalho é bem escasso em muitas empresas brasileiras, nas quais a entrega de resultados é feita de modo mais padronizado e os processos ainda são rigidamente controlados, isto é, exigem pouca ou nenhuma habilidade criativa, apenas a mera repetição de movimentos e etapas, sem a oportunidade de questioná-las e aperfeiçoá-las.

Catmull (2014), cofundador da Pixel, em seu livro *Criatividade S.A.*, conta sua história de vida e as experiências que colecionou durante sua jornada de liderança. O autor observa que, em geral, as pessoas motivadas tendem a atingir resultados muito rápidos quando têm liberdade de criar. Colaboradores com esse perfil, quando são excessivamente controlados pelas organizações, chegam até mesmo a ser contraproducentes.

Ainda segundo Catmull (2014), um líder que consegue reunir diferentes espécies de pensadores, investe em ter os melhores profissionais sem ter medo da concorrência que gera para si próprio, deve incentivar a autonomia de seus liderados. Nesse caso, é importante incentivar a química do grupo, a fim de que surjam as melhores ideias possíveis. As pessoas certas e a interação entre elas são fundamentais para isso.

Os colaboradores que fazem parte de equipes conectadas se sentem à vontade para expor ideias livremente, sem correr o risco de serem ridicularizados. Esse ambiente de confiança mútua estimula a inovação, pois todos são parte do processo de construção de algo (serviço, processo, produto, etc.). Portanto, todos podem se lançar à contribuição e à colaboração, resultando em um trabalho gerado coletivamente. Cabe ao líder encorajar seus liderados à participação e à criação.

Com relação à criatividade nas organizações, é importante mencionar que todo movimento criativo e inovador pressupõe mudanças, o que muitas vezes é visto como algo negativo nas organizações. A esse respeito, Predebon (2010, p. 178) afirma que, embora a criatividade seja um diferencial competitivo considerando a intensa competitividade mundial, ela ainda passa por diversos entraves:

> *A empresa é um sistema e por isso, naturalmente, protege seu equilíbrio contra toda e qualquer anomalia, incluindo-se as inovações não previstas em sua dinâmica. Isso acontece simplesmente porque tudo o que é novo não tem o aval da experiência, tornando-se, portanto, incerto e potencialmente ameaçador para um conjunto em funcionamento, que é o sistema. Registre-se que quanto maior a empresa, enquanto sistema, maior sua defesa contra anomalias.*

Em 1979, Catmull (2014) foi contratado pela Lucasfilm com o objetivo de liderar uma equipe que desenvolveria equipamentos com tecnologia de computação gráfica, que substituiria os efeitos de animação realizados mecanicamente em filmes. Era um trabalho extremamente meticuloso e feito por diversos especialistas.

Além do desafio de criar uma nova tecnologia (o programa era tão avançado que o *hardware* necessário ao seu suporte sequer existia), ele precisava convencer pessoas que tinham passado anos trabalhando com o sistema manual e que, com efeito, não tinham interesse em mudá-lo.

Seu trabalho só foi testado após a chegada de um novo integrante na equipe, um ex-animador da Disney, que deu história e vida ao projeto. Um ano depois da conclusão do equipamento, a Lucasfilm lançou, na Conferência Anual SIGGRAPH, em Minneapolis, o primeiro curta-metragem com animação gráfica de personagens, chamado *As aventuras de André e Wally B.*, dando início à revolução da animação digital (Catmull, 2014).

Com base no exemplo trazido pelo autor, podemos concluir que fomentar um ambiente onde novas ideias sejam bem-vindas, em que seja normal testar possibilidades e no qual cada integrante pode opinar e contribuir é fundamental para as inovações. Líderes de organizações do terceiro setor e eclesiásticos precisam estar atentos a tais possibilidades, mantendo-se continuamente informados e atualizados sobre inovações que tenham o potencial de alavancar resultados, bem como acerca de tecnologias que facilitem e agilizem processos, a fim de manter um clima de melhoria contínua em seu DNA.

Madaleno (2021) comenta que, durante a pandemia, tentou organizar vários encontros por meio de aplicativos tradicionais de reuniões *on-line* (Zoom, Google Meet etc.) para reunir os adolescentes de sua igreja, mas não obteve sucesso. No entanto, um dos líderes mais novos conseguiu fazer com que esses jovens participassem de um jogo na plataforma Twitch, o qual foi transmitido pelo Discord, aplicativo que lhes permitia conversar enquanto jogavam. Depois da brincadeira, o líder e seus comandados realizavam o estudo bíblico e oravam. Assim, uma nova estratégia que se mostrou muito eficaz:

> *Se as ideias estão acabando, a razão pode ser que são as mesmas pessoas que estão sempre fazendo o trabalho. Uma das chaves da liderança criativa, ou qualquer liderança na verdade, é essa: não tenha medo de gente [...], quando o assunto é inovação, o ato de não incluir gente nova será cobrado em alta conta e o preço será a falta de novas ideias.*
> (Madaleno, 2021, p. 162)

Uma boa forma de desenvolver um ambiente de trabalho interativo se refere a promover uma consideração individualizada de seus colaboradores, vendo-os como pessoas completas, personalizando sua interação e demonstrando interesse genuíno por eles, por suas famílias e por tudo o que lhes diz respeito. Isso gera conexão e contribui para fomentar uma liderança que respeita as diferenças individuais que fornece o devido encorajamento a uns, autonomia a outros e tarefas mais estruturadas àqueles que ainda necessitam de suporte. Com esse contato pessoal, torna-se possível reconhecer os desejos e as necessidades de cada colaborador. A atitude de valorização, por parte do líder, estimula um ambiente de confiança, retira a inibição e o medo e abre portas para a criatividade e a inovação.

Finalizando o assunto, uma das melhores estratégias para incentivar a criatividade e a inovação entre os colaboradores é fazê-los ter uma boa visão de futuro. Por mais glorioso que o passado tenha sido, é preciso extrair lições dele, mas agir no presente com um olhar para o futuro.

Trata-se de deixar a equipe visualizar possibilidades de interagir com o futuro antes que ele efetivamente aconteça, para que não cause surpresas inesperadas. Assim como as organizações com fins lucrativos se preparam e se antecipam à inovação, igrejas e organizações do terceiro setor devem ser proativas e também se ajustar para o futuro, investindo em pessoas capacitadas e dando-lhes liberdade para que pensem antecipadamente em modos de comunicar o Evangelho para as próximas gerações, cujos desafios de atenção são cada vez mais evidentes.

2.5 Criatividade e inovação

Neste momento de nosso estudo, considerando pertinente conceituar criatividade e inovação. Para Chiavenato (2014, p. 361), *criatividade* significa "a aplicação da imaginação e da engenhosidade para proporcionar uma nova ideia, uma diferente abordagem ou uma nova solução para um problema". Assim, ela deve ser estimulada nas perspectivas individual e grupal, e o líder precisa ser tolerante a erros, pois, muitas vezes, esse é o caminho para acertar e desenvolver a inovação, a qual é explicada pelo autor como "o processo de criar novas ideias e colocá-las em prática" (Chiavenato, 2014, p. 361).

Segundo Madaleno (2021, p. 24), *criatividade* "é a inventividade, a inteligência e o talento, natos ou adquiridos para criar, inventar ou inovar em diferentes campos de conhecimento". Ela tem que estar alinhada à capacidade de gerar ideias originais e também apropriadas – ou seja, aplicáveis ao contexto que foram geradas. Quando essa dinâmica se faz presente, surge a inovação propriamente dita, que, nas palavras do autor, consiste em "gerar algo de valor, ou seja, um produto, serviço, processo ou algo que agrega benefícios para pessoas em alguma esfera".

Considerando a formação de pessoas com essas habilidades, a Base Nacional Comum Curricular (BNCC) – documento criado para fornecer um alinhamento dos aprendizados a que crianças e jovens brasileiros deverão ter acesso – instituiu o pensamento científico, crítico e criativo como uma habilidade a ser desenvolvida nas escolas brasileiras.

O texto da BNCC (Brasil, 2018, p. 22) assim define essa competência:

> *Exercitar a curiosidade intelectual e recorrer à abordagem própria das ciências, incluindo a investigação, a reflexão, a análise crítica, a imaginação e a criatividade, para investigar causas, elaborar e testar hipóteses, formular e resolver problemas e criar soluções (inclusive tecnológicas) com base nos conhecimentos das diferentes áreas.*

Essa inclusão nos currículos escolares vem ao encontro da necessidade premente de desenvolver pessoas que atuem com o mundo por meio de uma postura investigativa e criativa– demandada para nossos dias.

Recentes estudos na área da neurociências da cognição têm demonstrado como os processos criativos ocorrem no cérebro. Por exemplo, descobriu-se que a arte é capaz de alterar os padrões das ondas e do ritmo cerebral, influenciando e estimulando o sistema límbico nas áreas envolvidas com a criatividade e com as habilidades motoras. Os hormônios que causam as sensações de prazer e bem-estar são elevados pelo aumento nos níveis do neurotransmissor serotonina (Rabelo, 2022).

Nos Estados Unidos, os pesquisadores George Land e Beth Jarman (1995) realizaram uma pesquisa com 1.600 crianças, entre 4 e 5 anos, na qual elas foram levadas a solucionar problemas com ideias diferentes e inovadoras. Os resultados indicaram que 98% demonstraram um potencial criativo comparado ao de grandes gênios da humanidade. Depois de cinco anos, as mesmas crianças realizaram novos testes, mas, na ocasião, apenas 30% atingiram o mesmo resultado anterior. Aos 15 anos, elas novamente foram submetidas a testes, e os autores concluíram que apenas 12% delas obtiveram o mesmo resultado inicial. Os testes aplicados foram os mesmos utilizados pela Nasa para selecionar engenheiros e cientistas inovadores.

Posteriormente, Land e Jarman (1995) ampliaram a amostra para 280.000 pessoas, dessa vez, adultos maiores de 25 anos, que realizaram os testes. Os resultados apontaram que apenas 2% desses indivíduos foram capazes de explorar sua capacidade criativa. A Figura 2.2, a seguir, ilustra esse declínio da criatividade evidenciado pelos autores.

Figura 2.2 – Declínio da criatividade

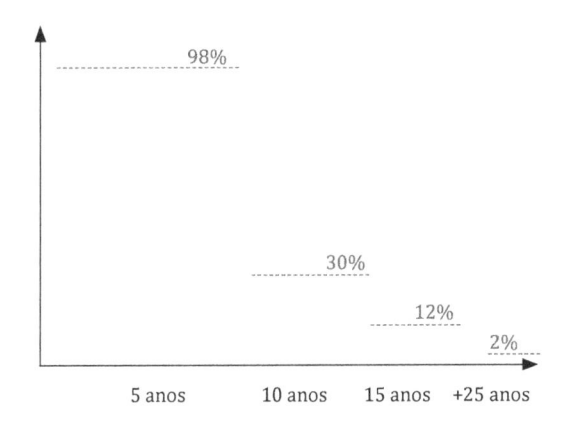

```
98%
                    30%
                            12%
                                    2%
5 anos      10 anos   15 anos  +25 anos
```

Fonte: Cavallo, 2016, p. 146.

As pesquisas revelaram que, no decorrer de nossas vidas, aprendemos a não ser mais criativos. Essa premissa não faz referência à idade, e sim aos formatos de aprendizagem que desenvolvemos com o passar dos anos. Nesse sentido, entidades como família, escola, empresas, igrejas e grupos em geral inibem o pensamento criativo.

Não é difícil entender esse cenário quando consideramos os processos históricos que analisamos no capítulo anterior, pois a educação, nas últimas décadas, voltava-se a atender às demandas da industrialização iminente, em estreita relação com a mera prática de repetição de movimentos e com o desenvolvimento de competências direcionadas à especialização.

Nesse formato de aprendizagem, as competências mais reforçadas eram as que envolviam habilidades lógico-matemáticas, científicas e linguísticas, e pouco espaço costumava ser dado à inovação ou ao desenvolvimento de um pensamento criativo ou curioso. Assim, estávamos fadados a um aprendizado robotizado, que privilegia a memória em detrimento da experiência construtiva do saber.

No entanto, graças aos recentes estudos da neurociência cognitiva, o declínio ilustrado na Figura 2.2 passou a poder ser revertido na fase adulta, por meio de estímulos intencionais e de ambientes que reforcem a elaboração do pensamento crítico, estimulando a criatividade, a autonomia e a inovação.

Nessa perspectiva, de acordo com Abraham Maslow (citado por Ramos, 2014): "O homem criativo não é o homem comum ao qual se acrescentou algo; o homem criativo é o homem comum do qual nada se tirou". Do ponto de vista bíblico, concordamos que somos a imagem e a semelhança de um Deus criativo, que fez tudo o que há no mundo (Bíblia Sagrada. Gênesis, 1993, 1) com refinados e complexos sistemas de funcionamento e que dotou o homem com as mesmas características dele. É maravilhoso acompanhar as descobertas sobre o potencial do nosso cérebro, confirmando que Deus nos fez seres capazes de criar.

Ter essa capacidade não significa que não precisamos de mais nada para "sair criando", mas sim que podemos, e devemos, estimular o cérebro à criatividade, vencer a inércia propiciada pelo que nos é conhecido e treiná-lo para viver novas experiências. Trata-se, assim, de um exercício que nos ajuda a construir novas categorias de informações e desenvolver novas habilidades. Isso só é possível porque o cérebro humano tem a capacidade de mudar sua estrutura por meio do rearranjo de redes de neurônios e de sinapses reforçadas mediante novos estímulos.

O processo criativo ocorre de duas maneiras diferentes: a primeira delas é denominada **heteropoiese**, que diz respeito à criação com base em conceitos adquiridos (sobre experiências e pessoas) que fazem parte de nosso repertório. A segunda é conhecida como **autopoiese**, que consiste no aprendizado que se efetiva a partir de conhecimentos e conteúdos que reelaboramos em nossa mente e que, com efeito, adquirem outros significados. Nessa ótica, a contemplação alimenta nossos sentidos e melhora a qualidade de nosso repertório, gerando efeitos positivos em nossa capacidade criadora. Em geral, pessoas criativas apresentam grande sensibilidade e são muito curiosas (Madaleno, 2021).

Como vimos, o processo criativo demanda certo tempo para que seja gerado mentalmente. De acordo com o que mencionamos no parágrafo anterior, tem sido cada vez mais difícil desenvolver essa aptidão, em virtude das diversas demandas a que estamos sujeitos. O número de estímulos neurais provocados pelas telas e o excesso de dopamina causado pelos muitos acessos às redes sociais também nos impedem de investir o tempo necessário para observar, estabelecer correlações e indagações e desenvolver uma inovação.

Várias empresas que necessitam de colaboradores criativos já descobriram que, para obter retornos espetaculares de inovação, é necessário promover um ambiente propício e tempo para que os profissionais se dediquem a fazer atividades livres, que estimulem a criatividade. De acordo com Chiavenato (2014), existem barreiras que impedem as organizações de serem inovadoras, a saber: isolamento da administração de topo; intolerância para as diferenças; focalizar as partes, e não o todo; encurtar os horizontes de tempo; impor o pensamento racional; incentivos inadequados; excessiva burocracia.

Muitas dessas barreiras têm impedido o desenvolvimento de soluções criativas para que igrejas e organizações do terceiro setor cumpram com seus propósitos. No âmbito eclesiástico, é necessário cautela diante da tentação de enquadrar a criatividade dentro da hierarquia, deixando de estimular o uso dos dons e das habilidades que Deus manifestou no corpo de Cristo, que é a Igreja.

Crenças limitantes com relação ao formato dos cultos, às expressões artísticas e ao uso de tecnologia muitas vezes acabam inibindo que as inovações sejam utilizadas para o benefício do Reino de Deus, com vistas a possibilitar que as pessoas compreendam o Evangelho claramente. Da mesma forma, elas dificultam que as novas gerações sejam inseridas no corpo da igreja. Nesse cenário, não podemos rotular essas pessoas, sob o risco de acabar afastando-as ainda mais do convívio da igreja. Pelo contrário, elas necessitam ser atraídas e abraçadas para experimentarem o amor que flui de um Evangelho.

A esse respeito, observe o que nos ensina o Apóstolo Paulo sobre como ele procedia na pregação das boas novas:

> *Porque, sendo livre de todos, fiz-me escravo de todos, a fim de ganhar o maior número possível. Procedi, para com os judeus, como judeu, a fim de ganhar os judeus; para os que vivem sob o regime da lei, como se eu mesmo assim vivesse, para ganhar os que vivem debaixo da lei, embora não esteja eu debaixo da lei. Aos sem lei, como se eu mesmo o fosse, não estando sem lei para com Deus, mas debaixo da lei de Cristo, para ganhar os que vivem fora do regime da lei. Fiz-me fraco para com os fracos, com o fim de ganhar os fracos. Fiz-me tudo para com todos, com o fim de, por todos os modos, salvar alguns. Tudo faço por causa do evangelho, com o fim de me tornar cooperador com ele.* (Bíblia Sagrada. 1 Coríntios, 1993, 9: 19-23)

Indicação cultural

MADALENO, M. **Criative-se**: liderança, inovação e criatividade. São José dos Campos: Inspire, 2021.

O livro *Criative-se*, de Marcos Madaleno, traz uma proposta muito atual de como implantar uma cultura de criatividade e inovação no contexto eclesial. Mediante uma abordagem extremamente prática, o leitor pode extrair sugestões valiosas para sua comunidade de fé, sendo impulsionado a agir livremente ao entender que a criatividade nos é comunicada pelo Deus criador, e que ela está acessível para ser usada em prol do reino do Senhor. Madaleno nos incentiva a buscar o inédito, a utilizar uma forma de gestão ágil, a buscar pelas melhores soluções, com abertura para viver os novos tempos sem nos desvencilharmos de nossos princípios.

2.6 O líder e seu impacto na gestão de pessoas

Provavelmente, depois de tudo que já abordamos, você se deu conta de que o trabalho de liderança é o ponto nevrálgico da gestão de pessoas, em virtude dos vários impactos causados pela forma de liderar no ambiente de trabalho. Se um líder consegue influenciar positivamente seus liderados, adapta seu estilo de liderança de acordo com a situação, age como servo, atende às necessidades dos outros, oferece suporte para que se desenvolvam, certamente sua atuação será muito positiva para a gestão de pessoas e, com efeito, para os resultados da organização. Por outro lado, se o gestor não é capaz de influenciar as pessoas e não as inspira, dificilmente bons resultados serão atingidos, a despeito de toda competência técnica dele e de sua equipe.

Em *O livro de ouro da liderança*, Maxwell (2008) dedica um capítulo inteiro para justificar a seguinte proposição: pessoas abandonam pessoas, não empresas. De fato, a maior parte das saídas voluntárias de colaboradores em uma organização ocorre por motivo de problemas que geralmente envolvem a liderança direta e, em menor proporção, os relacionamentos com os pares.

A esse respeito, em 2019, uma matéria publicada no portal de notícias G1 divulgou uma pesquisa realizada pela consultoria Michael Page, que trabalha com recrutamento e seleção de candidatos. O estudo em questão revelou que 8 em cada 10 profissionais pedem demissão por conta do chefe: "O desempenho abaixo do que se espera de um líder é o principal motivo apontado tanto por quem pede para sair da empresa como por quem está desanimado no emprego" (G1,2019).

Nas palavras de Lucas Oggiam (citado por G1, 2019), diretor da Michael Page:

> *o gestor precisa entender que o bom desempenho de uma equipe começa com uma gestão eficiente. Ser um bom gestor não significa ser o grande amigo da turma ou o linha dura da equipe. Um bom líder é aquele que consegue manter seus comandados sempre motivados e trazendo os resultados necessários.*

Maxwell (2008) lista alguns aspectos que justificam o abandono do emprego:

- as pessoas desistem de quem as desvaloriza;
- as pessoas desistem de quem não é confiável;
- as pessoas desistem de quem é incompetente;
- as pessoas desistem de quem é inseguro.

Não é tão difícil encontrar líderes que apresentam as características negativas ora citadas. Em outras palavras, um líder que não demonstra confiabilidade nunca conseguirá obter a entrega total de sua equipe.

No ambiente eclesiástico, o valor da integridade de um líder cristão é medido pela confiança que sua equipe nele deposita. Sobre isso, Lidório (2008, p. 15-16) observa:

> a integridade vai além da mera sinceridade, [...] é uma atitude transformadora e validadora. Leva-nos a uma profunda inquietação que produz transformações internas e externas. Faz-nos desejar viver de acordo com a nossa fé, nossos valores [...] com a Bíblia que lemos e o Deus que nós cremos.

Muito mais do que um discurso, a confluência entre a fala e a prática deve ser vista pela equipe, do contrário, a confiança não será conquistada.

Sabemos que o exercício da liderança é aperfeiçoado no campo da experiência, ou seja, quanto maior for o tempo de prática do gestor, maiores serão as lições aprendidas, contanto que ele realmente deseje se aprimorar. Sob essa ótica, um novo líder deve optar pela mentoria de pessoas experientes que possam ajudá-lo tanto com relação à capacidade técnica de desenvolver equipes quanto às habilidades de gerir pessoas. Caso o líder não conte com esse respaldo, a equipe liderada se sentirá desmotivada, por não ser capaz de atingir resultados e, por isso, acaba perdendo muito tempo com retrabalhos, afetando a autoestima de todos os integrantes. Isto é, um líder estagnado, que não domina o trabalho que lidera, pode se revelar uma pessoa difícil de lidar, além de ser inflexível e desatento quanto às boas ideias que seus comandados fornecem.

A insegurança de um líder normalmente advém de incapacidade ou falta de competência. Nesse cenário, suas ações são incoerentes. Ainda, é até mesmo comum que o gestor incapacitado demonstre ciúmes e um comportamento de perseguição, além de abafar as competências dos liderados e de desestabilizar as equipes. Normalmente, esse líder impede as pessoas de se desenvolver e ampliar resultados, uma vez que sentem medo de perder seus cargos ou de ter uma visibilidade maior. A esse respeito, Catmull (2014) afirma que, embora possa parecer ameaçador, o líder deve apostar nos melhores profissionais, cercar-se de pessoas competentes e dar-lhes espaço para que alcem voos altos, para que aprendam juntos. Assim, certamente a equipe será fortalecida.

A desvalorização das pessoas, além de representar uma falha moral e cristã, também pode ocorrer em razão de insegurança. Muitos líderes inseguros adotam comportamentos ofensivos, isto é, que denigrem a imagem de seus colaboradores, ressaltando as faltas e os defeitos dos outros (geralmente, a intenção é esconder os próprios desvios de caráter). Esse comportamento não somente é desanimador para um liderado, mas também expressa que o gestor ainda não compreendeu o princípio da liderança de Jesus: considerar o outro superior a si mesmo.

Sobre a importância dos relacionamentos saudáveis entre líderes e liderados, Hunter (2006, p. 16) traz um exemplo da própria vivência:

> *Acredite ou não há pessoas que costumam me perguntar: 'Tenho uma indústria de autopeças. Como um relacionamento deteriorado pode afetar minha empresa?' Qualquer que seja o produto ou serviço que sua empresa forneça, você opera no ramo de relacionamento. Já pensou a respeito? Levei vinte anos para compreender que, sem as pessoas não há mundo dos negócios.*

Em empresas que contratam colaboradores sob remuneração, é difícil reter talentos, muito por conta de dificuldades nos relacionamentos e na gestão das pessoas. Por isso mesmo, precisamos pensar que as organizações do terceiro setor e as eclesiásticas necessitam adotar maiores cuidados em relação a como tratam seus colaboradores.

Considerando o exposto, Maxwell (2008, p. 158) compartilha a seguinte experiência:

> *Tem sido um privilégio meu liderar empresas convencionais, assim como organizações filantrópicas de voluntariado. Nos dois casos, as pessoas chegam e vão embora, mas, acredite em mim, organizações de voluntários são mais difíceis de serem lideradas. As pessoas só seguem o líder se desejam de fato. Não contam com o incentivo de um contracheque para permanecer na organização ou se sujeitar à liderança de alguém. O princípio da porta vaivém é especialmente verdadeiro no trabalho com voluntários, e em algumas organizações, a porta quase não pára de ir e vir. Trabalhei por mais de 25 anos como pastor, e posso dizer que as pessoas entravam e saíam da igreja o tempo todo. Sempre que era possível, eu tentava sentar e conversar com quem estava prestes a deixar a congregação. Quando lhes perguntava por que estavam saindo, a esmagadora maioria respondia que era por causa de conflitos. Para ser sincero, às vezes o problema delas era comigo! Outras vezes, era com algum membro da diretoria ou outro voluntário. Depois de ouvir a história, eventualmente surpreendia aquelas pessoas ao exclamar: "Não culpo você por querer sair. Se eu não fosse o pastor da igreja, saía junto!".*

Você percebe a importância de uma liderança saudável para os ambientes eclesiásticos e do terceiro setor? O impacto negativo de líderes que não cumprem com seu papel segundo os parâmetros da Palavra de Deus pode impedir o desenvolvimento de pessoas, de uma comunidade inteira ou de uma organização, ainda que sua missão seja nobre.

Nessa ótica, a primeira missão de uma liderança cristã é adotar um estilo de vida e um caráter que agradem a Deus, a fim de que seja possível aplicar os ensinamentos dele em suas vidas e em seu ministério. Já a segunda missão diz respeito a exercer uma postura íntegra diante da equipe, esforçando-se para oferecer o suporte necessário a cada um, tratando-os como indivíduos inteiros, e não apenas como peças de um tabuleiro de xadrez.

Finalizaremos este capítulo com um sábio conselho para todos os líderes cristãos:

> *Se você está cercado de pessoas com um chamado de Deus, sua missão é fazê-las crescer e amadurecer a fim de que cumpram o chamado do Senhor. Não devemos usar os que estão ao nosso redor para servir-nos. Devemos entretanto, sermos usados para que cresçam e cumpram o que o Altíssimo tem para a vida delas.* (Lidório, 2008, p. 83)

Síntese

Neste capítulo, abordamos os conceitos de liderança e os diversos estilos utilizados para liderar. Verificamos que, no contexto religioso, o estilo de liderança servidora encontra respaldo na forma pela qual Jesus liderou durante seu Ministério terreno. Além disso, explicamos que contar com líderes bem preparados e que prezem pelo desenvolvimento de seus liderados é indispensável para que as organizações mantenham profissionais que trabalhem com entusiasmo e criatividade, gerando resultados inovadores em tempos de mudanças cada vez maiores.

Atividades de autoavaliação

1. (Fepese – 2023 – Epagri) Na hora que um gestor executa a função da administração denominada "organização" como forma de definir as atividades e os responsáveis de cada uma, dando assim uma estrutura funcional ao empreendimento, ele se vale de um conceito por meio do qual são desenvolvidas as habilidades sociais, se acelera o processo de alcançar os objetivos, é gerado um sentimento de pertencimento nos colaboradores, além de aumentar a motivação destes.
   Assinale a alternativa que indica **corretamente** a denominação deste conceito.
   a) Retrabalho
   b) Home Office
   c) Comissionamento
   d) Trabalho em equipe
   e) Atividades individuais

2. (FGV – 2023 – CGE-SC) A gestão do desempenho é uma responsabilidade gerencial que procura monitorar o trabalho da equipe e de cada membro e os resultados alcançados para compará-los com os resultados esperados. Preocupa-se com a eficiência e a eficácia, com a qualidade e a produtividade.
   Com relação à gestão do desempenho, assinale (V) para a afirmativa verdadeira e (F) para a falsa.
   ( ) A satisfação obtida pelo indivíduo funciona como um reforço positivo para um novo desempenho, enquanto a insatisfação ou frustração funciona como um reforço negativo.
   ( ) Pessoas livres produzem melhor do que quando estreitamente supervisionadas e controladas.
   ( ) A medição dos resultados deve ser pontual ao longo do processo.

As afirmativas são, respectivamente,
a) F, V e F.
b) F, V e V.
c) V, F e F.
d) V, V e F.
e) V, F e V.

3. (Quadrix – 2022 – Câmara de Goianésia) Os papéis interpessoais dos administradores representam as relações e as habilidades humanas que eles estabelecem com outras pessoas, incluídos seus subordinados. Nesse sentido, um dos papéis interpessoais do administrador é o de
a) disseminador.
b) porta-voz.
c) solucionador de distúrbios.
d) alocador de recursos.
e) líder.

4. (AvançaSP – 2022 – Prefeitura Municipal de Amparo) Estilo de Gestão não está ligado a aspectos do tipo:
a) Estilos de liderança.
b) Descentralização do poder.
c) Tomada de decisões.
d) Delegação.
e) Aplicação da tecnologia.

5. (AvançaSP – 2022 – Prefeitura Municipal de Amparo) Leia:
Esse estilo é vantajoso em treinamentos de colaboradores inexperientes, porque as orientações do líder _____ sobre o que será feito e como será feito são sempre bem detalhadas. Isso também é bom em trabalhos que exigem procedimentos detalhados, críticos ou inflexíveis e que não permitem improvisação. (Sebrae, 2020)

Assinale a alternativa que preenche, corretamente, a lacuna do texto:
a) autocrático.
b) democrático.
c) solidário.
d) social.
e) liberal.

Atividades de aprendizagem

Questões para reflexão

1. Leia atentamente o texto a seguir para refletir sobre as questões 1 e 2:

   Em uma organização, o papel do líder é fundamental para o alcance de objetivos e metas e para o cumprimento da missão organizacional. Afinal, é a partir da influência do gestor que os colaboradores tenderão ou não a executar suas funções satisfatoriamente. Note que o termo *influência* foi utilizado em um contexto que rompe com o antigo paradigma referente a essa habilidade: o líder que impõe aos liderados o que ele pretende que seja realizado. Em outras palavras, o modelo autocrático de liderança deu lugar a um pensamento que distancia o líder do autoritarismo anteriormente prefigurado para o exercício de sua função.

   Após a leitura do trecho anterior, reflita: De que modo o atual líder, desvinculado da figura autoritária, pode exercer influência sobre os colaboradores?

2. Faça uma breve reflexão a respeito das figuras de liderança com as quais você já teve contato, seja na vida pessoal, seja no ambiente de trabalho. Esses líderes eram autoritários ou seguiam uma conduta mais alinhada à modernidade?

Atividade aplicada: prática

1. Leia atentamente o texto a seguir:

   Os novos níveis de conectividade e colaboração do 5G ampliam e aprofundam os insights que as empresas obtêm por meio de suas tecnologias conectadas. Oportunidades de crescimento surgirão. Novos e disruptivos modelos de negócios também. [...]

   O imperativo é incluir o 5G não só nos planos tecnológicos, mas também na estratégia. Líderes precisarão fazer um balanço de seus modelos, processos e sistemas, além de avaliar como o 5G pode trazer melhorias e oportunidades, muitas ainda não vislumbradas. Eles também precisarão colaborar de perto com parceiros em uma ampla variedade de setores, como por exemplo os de Tecnologia, Varejo e Serviços Financeiros, e utilizar o 5G para potencializar outras tecnologias, como IA e IoT. (Castro et al., 2023)

   Considerando as tendências apontadas no texto citado, reflita sobre as mudanças previstas para os próximos anos e procure explicar como as organizações e suas lideranças podem se preparar para esses novos tempos. Elabore um breve texto com suas ponderações.

capítulo três

Gestão de pessoas em ambientes eclesiásticos e no terceiro setor

03

Neste capítulo, vamos pensar sobre os sistemas de gestão de pessoas adotados nos ambientes eclesiásticos e em organizações do terceiro setor. Abordaremos as estratégias que têm sido utilizadas para gerenciar pessoas e planejar as ações da área de recursos humanos, bem como a organização e os subsistemas responsáveis por monitorar, manter e desenvolver pessoas nesse contexto.

Inicialmente, analisaremos alguns conceitos-chave relacionados ao tema para, em seguida, avaliar como a gestão ocorre nos ambientes que são foco desta obra: o eclesiástico e o terceiro setor.

Assim, quando versarmos sobre o planejamento estratégico de uma organização, que é diferente do que se pratica nas organizações com fins lucrativos, perceberemos que os ambientes eclesiásticos não têm a finalidade de acumular riquezas. A base estrutural das instituições correlatas reside em valores que consistem nos pontos de partida para uma gestão que deseja alcançar bons resultados.

Entretanto, a metodologia utilizada nesses ambientes precisa obedecer aos principais valores estabelecidos para norteá-la.

3.1 Sistemas de gestão de pessoas em ambientes eclesiais e no terceiro setor

Iniciaremos esta seção apresentando algumas definições que consideramos relevantes para o entendimento geral do nosso tema:

- **Ambientes eclesiásticos:** ambientes religiosos nos quais são desenvolvidas atividades remuneradas e voluntárias para a divulgação de suas crenças e o crescimento espiritual de uma comunidade de fé. Estão incluídas na classificação de entidades sem fins lucrativos, por não terem como objetivo o lucro. Os recursos arrecadados por essas entidades se destinam à manutenção e à ampliação de seus trabalhos.
- **Organizações do terceiro setor:** entidades sem fins lucrativos que existem para satisfazer a alguma necessidade social, promover o debate, a defesa ou a propagação de temas relacionados à cidadania ou, ainda, fomentar o debate sobre algum tema específico e relevante para um grupo social. Essas organizações também permitem o emprego formal de profissionais, mas, em geral, o trabalho é realizado por voluntários. Sua atuação no Brasil e no mundo passou a ser indispensável à sociedade, o que justifica o aumento no número de instituições enquadradas nessa categoria.
- **Gestão:** área das ciências humanas que se propõe a administrar uma organização com a finalidade de torná-la efetiva em seus

propósitos e de levá-la a atingir resultados, objetivos e metas com máxima eficiência e eficácia. Para isso, um conjunto de ações é desenvolvido com o objetivo de organizar pessoas e planejar processos, estratégias e recursos.

Com relação à expressão *gestão de pessoas*, trata-se do ato de gerenciar uma mão de obra disponível para a realização de determinadas tarefas inerentes à missão da organização. Para as atividades eclesiais e do terceiro setor, há órgãos deliberativos responsáveis por regular o funcionamento das organizações sociais civis (OSCs), tais como a Diretoria Executiva, o Conselho Fiscal e a Assembleia Geral (Duarte; Frota; Cruz, 2021), cujas características estão descritas a seguir – elencamos, ainda, a Diretoria Administrativa e os voluntários, pois, na prática, tais entidades também compõem a mão de obra dessas organizações:

- **Diretoria Executiva**: composta minimamente por presidente (ou dirigente) e secretário, mas pode incluir os cargos de vice-presidente, tesoureiro, vice-tesoureiro e vice-secretário. Sua ordenação se efetiva por votação dos membros em assembleia ou pela indicação de um conselho consultivo, conforme estabelecido no estatuto.
- **Conselho Fiscal**: grupo de pessoas eleitas ou escolhidas pelos membros associados para fiscalizar periodicamente as contas e os atos administrativos das diretorias Executiva e Administrativa. Pela lei, não tem caráter obrigatório (Duarte; Frota; Cruz, 2021).
- **Assembleia Geral**: formada por pessoas que se associaram à organização, comprometendo-se a cumprir deveres e usufruir dos direitos estabelecidos no estatuto que a rege. Normalmente, elas são integradas por meio de um processo estabelecido

estatutariamente. A Assembleia Geral delibera sobre questões de interesse de todos da OSC (Duarte; Frota; Cruz, 2021).

- **Diretoria Administrativa**: constitui-se de pessoas que serão escolhidas, eleitas ou contratadas para desenvolver as atividades administrativas da organização, com a finalidade de operacionalizar a missão, a visão e os objetivos estratégicos almejados. Pela lei, não tem caráter obrigatório.
- **Voluntários**: pessoas que, por se identificarem com a missão da organização, optam por se voluntariar para realizar atividades e trabalhos não remunerados por determinado período de tempo, sem que exista uma relação de subordinação e assiduidade.

Para que você tenha uma compreensão melhor acerca do universo aqui abordado, as OSCs no Brasil (terceiro setor) são responsáveis por uma força de trabalho de quase 3 milhões de pessoas (excluindo-se os voluntários), o que corresponde a uma média de 30% da quantidade de trabalhadores empregados pela agricultura. São 820.186 organizações, sendo 208.325 religiosas e mais 5.448 classificadas como organizações para o desenvolvimento e a defesa de direitos e interesses da religião (López, 2018). Portanto, temos que reconhecer a importância de estudar modelos de gestão que fortaleçam as pessoas, que as incentivem e que contribuam para tornar o trabalho delas ainda mais gratificante em organizações dessa natureza.

As pessoas que trabalham em OSCs e ambientes religiosos, em sua maioria, não são remuneradas, ocupam posições de autoridade e detêm responsabilidades diferenciadas em sua atuação. Por isso, a gestão nessas instituições é um pouco mais complexa e não há um modelo padrão que atenda a tantas particularidades. Contudo, assim como as demais empresas, elas precisam estabelecer políticas de gestão de pessoas que estimulem e atraiam colaboradores e voluntários.

3.2 Gestão estratégica de pessoas

Segundo Chiavenato (2014, p. 13), a gestão de pessoas "consiste em atividades integradas entre si no sentido de obter efeitos sinérgicos e multiplicadores tanto para as organizações quanto para as pessoas que nelas trabalham". O cargo de gestor de pessoas normalmente é exercido por um indivíduo ou por uma equipe responsável por planejar, em conjunto com a alta administração, as melhores práticas de gestão, conforme o planejamento estratégico.

Como podemos observar na Figura 3.1, essa área tem uma função estratégica orientada pelas influências organizacionais internas e externas. Portanto, trata-se de uma espécie de consultoria interna que objetiva assegurar a efetividade das práticas de gestão em todos os níveis hierárquicos, mediante ações como:

- atrair talentos para a organização, de acordo com a necessidade a ser suprida;
- designar e coordenar programas descentralizados de treinamento e desenvolvimento de pessoas;
- promover programas de remuneração e de benefícios (quando for o caso), observando-se a legislação vigente;
- fomentar uma cultura de monitoramento de resultados, por meio de estratégias de avaliação de desempenho;
- garantir que o ambiente de trabalho seja saudável do ponto de vista físico e emocional.

A partir dessas ações, será possível alcançar os resultados esperados.

Figura 3.1 – Modelo de diagnóstico de gestão de pessoas

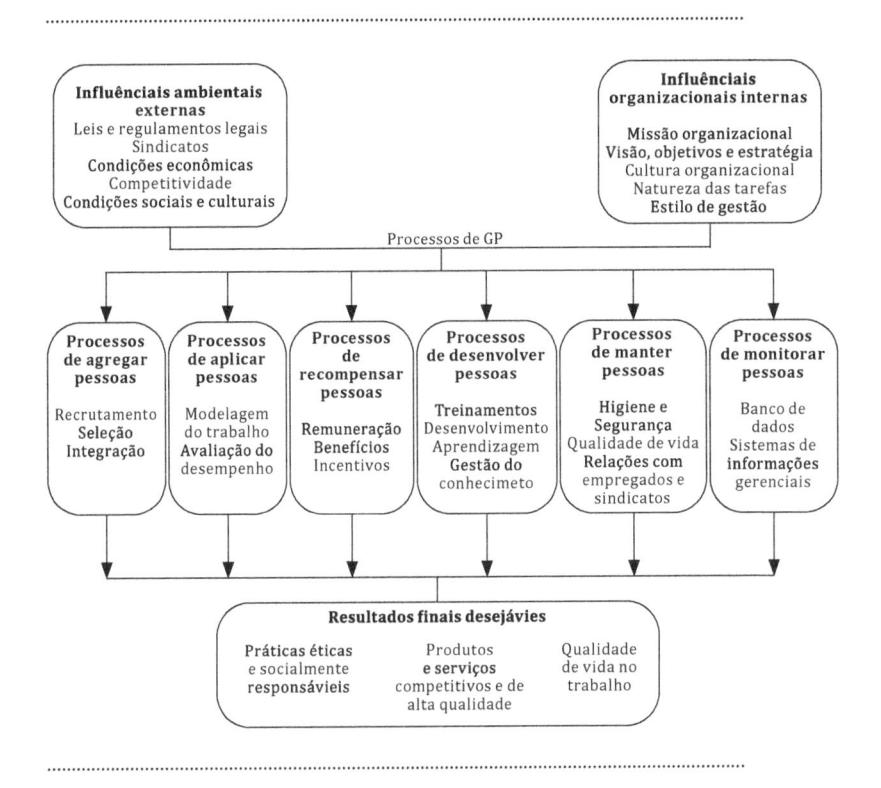

```
┌─────────────────────────────┐              ┌─────────────────────────────┐
│  Influênciais ambientais    │              │      Influênciais           │
│         externas            │              │ organizacionais internas    │
│  Leis e regulamentos legais │              │   Missão organizacional     │
│        Sindicatos           │              │ Visão, objetivos e estratégia│
│   Condições econômicas      │              │   Cultura organizacional    │
│     Competitividade         │              │   Natureza das tarefas      │
│ Condições sociais e culturais│             │      Estilo de gestão       │
└─────────────────────────────┘              └─────────────────────────────┘
                           Processos de GP
```

Processos de agregar pessoas	Processos de aplicar pessoas	Processos de recompensar pessoas	Processos de desenvolver pessoas	Processos de manter pessoas	Processos de monitorar pessoas
Recrutamento Seleção Integração	Modelagem do trabalho Avaliação do desempenho	Remuneração Benefícios Incentivos	Treinamentos Desenvolvimento Aprendizagem Gestão do conhecimeto	Higiene e Segurança Qualidade de vida Relações com empregados e sindicatos	Banco de dados Sistemas de informações gerenciais

Resultados finais desejávies

Práticas éticas e socialmente responsávieis — Produtos e serviços competitivos e de alta qualidade — Qualidade de vida no trabalho

Fonte: Chiavenato, 2014, p. 15.

Mas como assegurar o funcionamento de todo esse sistema nas OSCs? De acordo com uma pesquisa realizada pelo Instituto de Pesquisa Econômica e Aplicada (IPEA), 90% das organizações do terceiro setor contam com apenas dois funcionários registrados. A exceção fica por conta das OSCs relacionadas à área de saúde, as quais, em geral, contam com um quadro maior de funcionários registrados (López, 2018).

Essa informação nos permite concluir que a área de gestão de pessoas, na maioria das organizações sem fins lucrativos, sequer existe como um setor, tampouco há profissionais dedicados a isso. Normalmente, o cargo de gestão é ocupado pelo principal líder (diretor ou presidente), de maneira cumulativa a outras atividades.

Nas igrejas, o pastor principal é o responsável pela administração geral, que inclui a gestão de pessoas (isto é, demais pastores, líderes de grupos e ministérios, equipes de voluntários etc.). Esse contexto justifica a necessidade de investir na formação desses líderes em várias áreas diferentes para a condução da organização.

Uma vez que qualquer organização só pode funcionar pela atuação dos colaboradores envolvidos, os modelos de gestão estratégica de pessoas devem considerar a gestão individual como uma força para o cumprimento de sua missão organizacional. Dessa forma, a departamentalização de quem se responsabiliza por pessoas não cabe apenas a um líder ou a um setor. Ela deve ser disseminada em todas as áreas e níveis de liderança e precisa apontar para o cumprimento da missão. Nesse modelo, a gestão de pessoas não pode se voltar ao sucesso do trabalho do líder sem levar em conta os esforços dos demais, pois tal postura, além de não ser estratégica, em nada contribui para o sucesso, muito menos com relação a entidades cujo esteio se baseia nos valores bíblicos.

Construir essa cultura não é uma tarefa fácil, mas é possível. O primeiro passo é compreender a visão bíblica de que a igreja (ou organização) é como um corpo com muitos membros, e tudo que ocorre com um membro afeta todos os outros. Diante disso, os colaboradores envolvidos devem ter uma noção clara acerca de onde a instituição para a qual trabalham pretende chegar e por que motivos ela existe. Para isso, é fundamental haver transparência na comunicação, bem como transmitir as estratégias organizacionais como um objetivo a se alcançar e que demanda o engajamento de todos.

Esse ambiente é inicialmente promovido e respaldado pelo líder principal, para depois ser alastrado aos demais líderes e liderados. Nessa perspectiva, é necessário fomentar um ambiente que valorize e reconheça a importância de cada tipo de trabalho, a fim de que todos se sintam realizados por poderem manifestar seus dons, seus talentos e suas habilidades com o máximo potencial de entrega e excelência. Obviamente, longe de alguém ter maior ou menor relevância, todos são partes igualmente essenciais, do púlpito à recepção, da diretoria aos serviços gerais. Essa engrenagem só funcionará adequadamente se seus componentes estiverem bem encaixados.

Outra abordagem que devemos fazer se refere à condução de voluntários, especialmente nas OSCs, nas quais a legislação deve ser aplicada e respeitada. A captação de voluntários integra a maior parte do sucesso estratégico dessas instituições, o que justifica a necessidade de conferir a máxima atenção a todo o processo documental, assim como é realizado na contratação de pessoal remunerado.

É necessário que os voluntários estejam cientes da missão da organização, entendam as estratégias e se capacitem para serem representantes dela, mesmo que o tempo de trabalho ofertado seja curto. Exemplificando: se a OSC organiza um fim de semana para promover serviços sociais em uma comunidade, o modo pelo qual os voluntários prestarão o atendimento e a forma com que abordarão as pessoas expressarão o caráter da instituição, seja de maneira positiva ou negativa. Dessa forma, faz-se essencial coordenar as expectativas dos voluntários e orientá-los adequadamente, para que essa interação social expresse "a cara" da entidade.

Por fim, há um fator estratégico referente à gestão de voluntários que diz respeito ao cuidado que devemos ter com essas pessoas. Embora não sejam exatamente funcionários, é importante que sejam tratados de igual forma ou, ainda, com maior respeito, em virtude de sua disponibilidade gratuita.

Desse modo, os voluntários precisam de um ambiente de trabalho saudável, bem como necessitam suprir suas necessidades básicas (alimentação, segurança etc.) e tudo o que consta na Pirâmide de Maslow – que já estudamos. Isto é, o que aprendemos anteriormente sobre motivação deve ser implementado para que esses indivíduos se sintam respeitados e satisfeitos quanto ao senso de autorrealização por servir. Assim, é praticamente certo que os voluntários se identifiquem com a missão da organização e aumentem o "tônus muscular" dela. Quanto maior for a aderência dessas pessoas à organização, maior será a força de ação, mais repercussão positiva será gerada e, com efeito, maior será a atração de novos voluntários.

3.3 Planejamento de recursos humanos

Uma vez que a missão, os valores e a visão da organização estão estabelecidos e são compartilhados por todos que se envolvem com ela, surge a necessidade de traduzir esses conceitos em objetivos práticos, ou seja, que tornarão exequíveis tudo o que foi traçado no planejamento estratégico maior.

Segundo Chiavenato (2014, p. 72), o planejamento estratégico de recursos humanos consiste em um *processo de várias decisões convergentes a respeito dos talentos e das competências necessários para atingir os objetivos organizacionais, em determinado período. Trata-se de definir com antecipação quais são as características da força de trabalho necessárias para a realização da ação organizacional futura.*

Para planejar uma área como a de recursos humanos, é preciso "capturar" uma parte de um todo que deve estar alinhado à estratégia organizacional. Trata-se, assim, de traduzir essa estratégia nos processos de trabalho e na própria cultura da empresa. É importante abordar tais objetivos do ponto de vista holístico, visando a um resultado que atinja os níveis macro da organização, e não as atividades isoladas de um setor.

A esse respeito, Chiavenato (2014) fornece um exemplo interessante e vanguardista para a época (década de 1990) que aconteceu com a empresa Hewlett Packard (HP). O vice-presidente Pete Peterson, então diretor da área de recursos humanos, recebeu uma promoção e rapidamente reuniu sua equipe mundial e a desafiou a promover uma descentralização do RH alinhada aos objetivos organizacionais, a fim de fomentar um ambiente que proporcionasse um aumento de valor para a empresa, mediante o fornecimento de serviços de melhor qualidade para os funcionários e a utilização eficiente dos recursos humanos.

Com base nesse desafio, novas metas foram formuladas, e seus desdobramentos foram tão eficientes que rendeu à empresa o prêmio Optimas, do *Personnel Journal* – os sete critérios (indicadores) do prêmio: vantagem competitiva; impacto financeiro; perspectiva global; inovação; administração da mudança; qualidade de vida e atendimento.

Na Figura 3.2, a seguir, observe como a mudança estratégica de RH levou o setor a exercer uma função mais consultiva, compartilhando a gestão de pessoas entre as lideranças de linha.

Figura 3.2 – Aplicação dos papéis no setor da função de RH

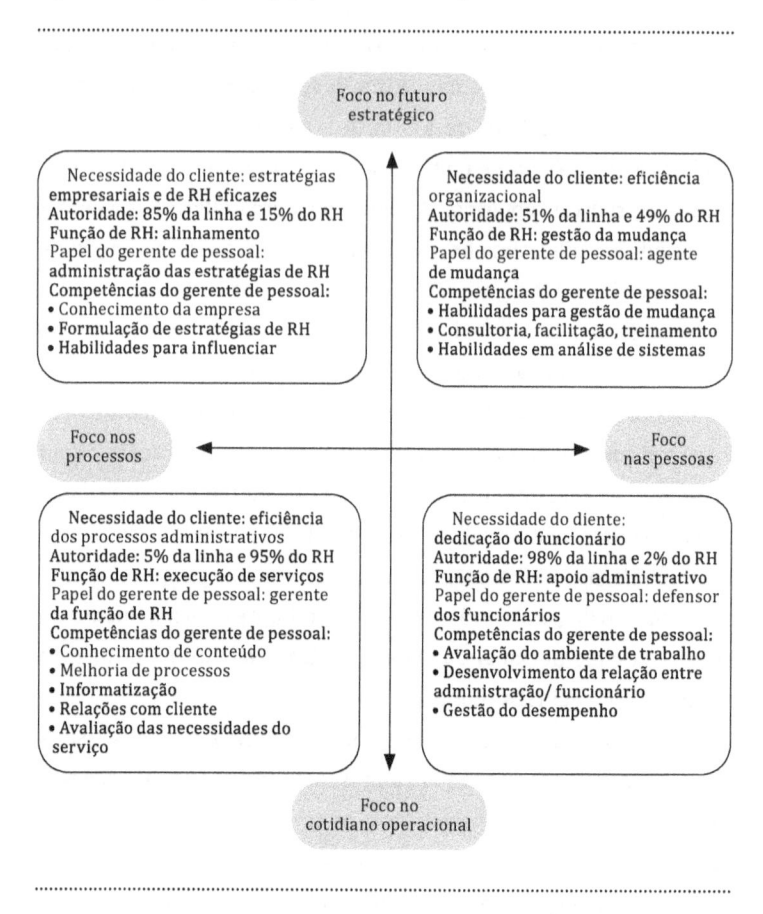

```
                         Foco no futuro
                           estratégico
                                ▲
  ┌──────────────────────────┐  │  ┌──────────────────────────┐
  │ Necessidade do cliente:  │  │  │ Necessidade do cliente:  │
  │ estratégias empresariais │  │  │ eficiência organizacional│
  │ e de RH eficazes         │  │  │ Autoridade: 51% da linha │
  │ Autoridade: 85% da linha │  │  │ e 49% do RH              │
  │ e 15% do RH              │  │  │ Função de RH: gestão da  │
  │ Função de RH: alinhamento│  │  │ mudança                  │
  │ Papel do gerente de      │  │  │ Papel do gerente de      │
  │ pessoal: administração   │  │  │ pessoal: agente de       │
  │ das estratégias de RH    │  │  │ mudança                  │
  │ Competências do gerente  │  │  │ Competências do gerente  │
  │ de pessoal:              │  │  │ de pessoal:              │
  │ • Conhecimento da empresa│  │  │ • Habilidades para gestão│
  │ • Formulação de          │  │  │   de mudança             │
  │   estratégias de RH      │  │  │ • Consultoria, facilitação,│
  │ • Habilidades para       │  │  │   treinamento            │
  │   influenciar            │  │  │ • Habilidades em análise │
  │                          │  │  │   de sistemas            │
  └──────────────────────────┘  │  └──────────────────────────┘
                                │
  Foco nos   ◄─────────────────┼─────────────────►   Foco
  processos                    │                    nas pessoas
                                │
  ┌──────────────────────────┐  │  ┌──────────────────────────┐
  │ Necessidade do cliente:  │  │  │ Necessidade do diente:   │
  │ eficiência dos processos │  │  │ dedicação do funcionário │
  │ administrativos          │  │  │ Autoridade: 98% da linha │
  │ Autoridade: 5% da linha  │  │  │ e 2% do RH               │
  │ e 95% do RH              │  │  │ Função de RH: apoio      │
  │ Função de RH: execução   │  │  │ administrativo           │
  │ de serviços              │  │  │ Papel do gerente de      │
  │ Papel do gerente de      │  │  │ pessoal: defensor dos    │
  │ pessoal: gerente da      │  │  │ funcionários             │
  │ função de RH             │  │  │ Competências do gerente  │
  │ Competências do gerente  │  │  │ de pessoal:              │
  │ de pessoal:              │  │  │ • Avaliação do ambiente  │
  │ • Conhecimento de conteúdo│ │  │   de trabalho            │
  │ • Melhoria de processos  │  │  │ • Desenvolvimento da     │
  │ • Informatização         │  │  │   relação entre          │
  │ • Relações com cliente   │  │  │   administração/         │
  │ • Avaliação das          │  │  │   funcionário            │
  │   necessidades do serviço│  │  │ • Gestão do desempenho   │
  └──────────────────────────┘  │  └──────────────────────────┘
                                ▼
                           Foco no
                       cotidiano operacional
```

Fonte: Chiavenato, 2014, p. 51.

Observe, na imagem, que a gestão de pessoas deixou o foco operacional (blocos inferiores) – na melhoria dos processos internos de RH e em uma atitude mais paternalista de defender os funcionários – para adotar uma gestão estratégica (blocos superiores) – em que a área compartilha sua autoridade com a linha, garantindo um alinhamento que contribui para a eficácia do processo. Portanto, voltando ao nosso exemplo, percebemos que, com a atuação do novo gestor, a HP alcançou enorme eficiência quando compartilhou sua autoridade e sua responsabilidade entre todos.

Agora que justificamos a importância do planejamento estratégico, você deve estar se perguntando: Por onde começar?

Um bom planejamento estratégico de RH deve começar com um diagnóstico da realidade atual da organização com relação a fatores como: o capital humano disponível; as competências exigidas *versus* o atual estado da mão de obra à disposição; o quantitativo de funcionários; o clima organizacional; o desempenho, além de outros aspectos que dizem respeito aos colaboradores.

Nesse sentido, existem diversos modelos de diagnóstico, entre os quais citamos a **Matriz SWOT**, cujo objetivo é avaliar forças, fraquezas, ameaças e oportunidades que existem em um negócio ou em parte dele. Essa análise é mais bem realizada em equipes, cujos integrantes demonstrem bons conhecimentos referentes às áreas da organização.

A Figura 3.3, em seguida, ilustra uma forma de desenhar essa matriz.

Figura 3.3 – Matriz de Análise SWOT

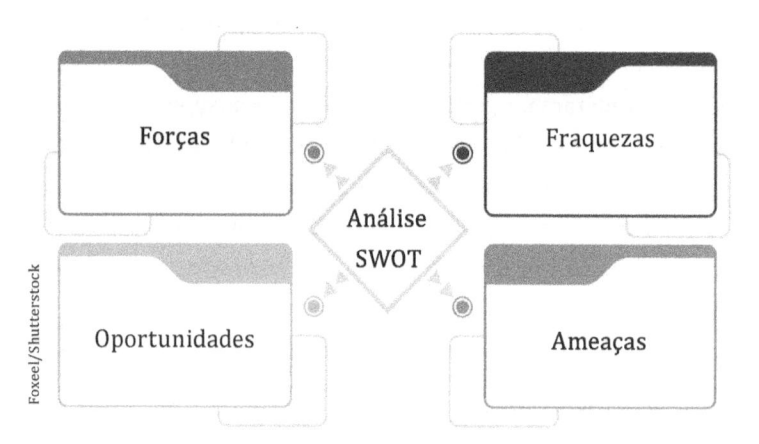

```
┌─────────────┐         ┌─────────────┐
│   Forças    │         │  Fraquezas  │
└─────────────┘   Análise  └─────────────┘
                   SWOT
┌─────────────┐         ┌─────────────┐
│Oportunidades│         │   Ameaças   │
└─────────────┘         └─────────────┘
```
Foxeel/Shutterstock

A Matriz de análise SWOT[1] é uma ferramenta de simples utilização. Consiste em realizar uma avaliação (no nosso caso, das competências de gestão de pessoas) por meio da qual são estabelecidas algumas classificações.

As **forças** dizem respeito às competências indiscutíveis, isto é, que todos reconhecem como bem estabelecidas na entidade; as **fraquezas**, pelo contrário, demandam um esforço adicional para que sejam consideradas forças. Ambas (forças e fraquezas) fazem parte da análise do **ambiente interno** da organização.

Por sua vez, as **oportunidades** e as **ameaças** se vinculam ao **ambiente externo**, do qual não temos domínio e que não podemos alterar. No entanto, conhecê-las fará com que a equipe estabeleça estratégias para potencializar seus resultados por meio das oportunidades, bem como para reagir antecipadamente às ameaças, a fim de mitigar impactos negativos na organização.

---

1 Em inglês, o acrônimo SWOT é formado pelas seguintes palavras: *strengths* (forças); *weaknesses* (fraquezas); *opportunities* (oportunidades); e *threats* (ameaças).

Embora essa ferramenta considere a concorrência como parâmetro (não é o caso do terceiro setor e da área eclesiástica), ela pode ser aplicada considerando como parâmetro alguma pesquisa sobre as melhores práticas realizadas por organizações do mesmo segmento ou, ainda, análises acerca de tendências sociais, além de outros comparativos que elevem o grau de desafio da organização, preparando-a não só para o futuro, mas também para a atualidade.

O cruzamento dessas quatro variáveis fornecerá muitas informações de valor para a elaboração de bom planejamento estratégico adequado de gestão de pessoas. Também a organização deve constantemente praticar ações adicionais, tais como:

- estudar possíveis **cenários** de mudanças, a fim de se antecipar a elas;
- identificar pontos críticos que podem prejudicar o bom funcionamento geral – por exemplo, o desligamento de um funcionário-chave;
- fornecer *insights* a respeito do desenvolvimento prévio de pessoas, prevendo possíveis substituições;
- antecipar-se a demandas futuras, considerando como base os planos da instituição, assim como as tendências relacionadas à tecnologia, à comunicação, entre outras áreas.

Além dessa análise, as organizações que recorrem à pesquisa de clima organizacional e/ou à avaliação de desempenho podem fazer uso desses recursos para obter um diagnóstico mais preciso e identificar os *gaps* (lacunas) que precisam ser melhorados.

Após o diagnóstico, o próximo passo é montar um **plano diretor** que se alinhe às estratégias da organização e atenda às demandas apontadas pelas ferramentas de diagnóstico utilizadas, identificando as áreas de atuação, os objetivos estratégicos almejados e o tempo para alcançá-los. A partir desse plano, deve ser elaborado um **plano de ação** para cada estratégia em que conste um passo a passo das atividades que precisarão ser desenvolvidas, como serão realizadas, com qual objetivo, quem serão os responsáveis, quando fazê-las e qual será o custo, para que todos os envolvidos tomem ciência dessas informações.

Depois de desenvolver o planejamento, faz-se necessário elaborar uma **estratégia de comunicação** assertiva, para que todos comunguem das mesmas ideias de aprimoramento, mudança e excelência. Uma boa participação de líderes que atuam junto às pessoas, nas etapas de diagnóstico e elaboração do plano, pode garantir menor resistência a mudanças por parte dos colaboradores envolvidos.

Monitorar os resultados dessas alterações também é importante à medida que elas forem acontecendo. É essencial verificar a efetividade das medidas, promover os **ajustes** necessários e, até mesmo, refazer o diagnóstico e recomeçar se necessário. O fundamental é sempre manter a visão de que o planejamento estratégico não é um documento estático, e sim uma ferramenta flexível que se amolda conforme os resultados são percebidos, mas que está sempre em movimento de **melhoria contínua**.

3.4 Organização de recursos humanos

A área de recursos humanos conta com diversas atribuições que contribuem para o bom andamento de uma organização. Os processos de negócios (PN) fazem parte do macroprocesso da instituição e contemplam todas as suas áreas, incluindo o RH. Costumeiramente, os subprocessos de RH se referem às atividades derivadas do processo de gestão de pessoas.

Considerando a estratégia organizacional, o RH deve definir sua missão dentro da organização, bem como seus valores, sua visão e suas políticas, que deverão nortear o modo como os subprocessos serão realizados. Para entender isso melhor, observe o Quadro 3.1, no qual o processo de planejamento está envolvendo todos os subprocessos (agregar; relações trabalhistas; educar e desenvolver; envolver; aplicar; bem-estar; relações institucionais; socioambiental).

Quadro 3.1 – Modelo de subprocessos de recursos humanos

Gerenciar recursos humanos		
PN 1 Planejar recursos humanos	PN 2 Agregar	PN 2.1 Mapeamento de competências
		PN 2.2 Recrutamento
		PN 2.3 Seleção
	PN 3 Relações trabalhistas	PN 3.1 Admissão
		PN 3.2 Recompensar
		PN 3.3 Reconhecer
	PN 4 Educar e desenvolver	PN 4.1 *Onboarding* (integração de novos colaboradores)
		PN 4.2 Treinamento
		PN 4.3 Desenvolvimento
	PN 5 Envolver	PN 5.1 Boas-vindas
		PN 5.2 *Home office*/Híbrido
		PN 5.3 Clima organizacional
	PN 6 Aplicar	PN 6.1 Cargos e salários
		PN 6.2 Avaliação de desempenho
		PN 6.3 Movimentação interna
	PN 7 Bem-estar	PN 7.1 Segurança do trabalho
		PN 7.2 Assistência à saúde
		PN 7.3 Qualidade de vida
	PN 8 Relações institucionais	PN 8.1 Relações sindicais
		PN 8.2 Comunicação institucional
	PN 9 Socioambiental	PN 9.1 Responsabilidade social
		PN 9.2 Gestão ambiental

Perceba que, dentro do sistema de gestão de pessoas, há vários subprocessos, que dão origem a outros microprocessos, por exemplo: o processo de agregar é composto pelos microprocessos mapeamento de competências, recrutamento e seleção. Cada um tem políticas e procedimentos específicos, mas todos apontam para a estratégia maior da organização.

Indicação cultural

KAPLAN, R. S.; NORTON, D. P. **Mapas estratégicos**: convertendo ativos intangíveis em resultados tangíveis – *balanced scorecard*. Rio de Janeiro: Alta Books, 2018.

Este é um livro indicado para guiar a implantação da metodologia *balanced scorecard* (BSC), ferramenta de gestão estratégica que visa traduzir em termos operacionais a estratégia definida pela organização.

Normalmente, empresas de menor porte recorrem à terceirização de vários processos, como recrutamento, seleção, folha de pagamento e alguns treinamentos especializados. Em organizações eclesiásticas e de terceiro setor que não contam com funcionários contratados, geralmente o próprio gestor principal assume a função de gerir as pessoas sob sua orientação, compartilhando essa responsabilidade com outros.

A respeito dos processos de RH, são muitos os microprocessos envolvidos. Para cada um, é importante que a organização tenha políticas e procedimentos documentados, a fim de que as pessoas se sintam orientadas e norteadas sobre como realizar suas atividades, de que forma desenvolver outras responsabilidades, quais competências precisam desenvolver e como são organizadas as relações no trabalho. Tais documentos devem ser alvo de melhoria contínua, ou seja, ser reavaliados e reescritos, para que não estagnem ou limitem a inovação e a mudança.

Em geral, o processo de **agregar pessoas** engloba variáveis que devem ser consideradas. De acordo com os objetivos estratégicos das organizações, é possível identificar que competências humanas serão necessárias para que eles sejam alcançáveis. Por exemplo: se uma igreja define que vai criar uma área específica para trabalhar com pessoas surdas a fim de incluí-las nas atividades eclesiais, será preciso dispor de pessoas aptas e capacitadas para se comunicar pela linguagem de sinais. Isso significa que elas terão que saber como alcançar esses indivíduos, que tipo de atividades eles gostam de fazer, como serão o ensino e a interação das demais pessoas com esse público, entre outros fatores. Para que essas ações aconteçam, é necessário que a instituição conte com uma ou mais pessoas capazes.

O processo de captação desse(s) profissional(is) pode ocorrer por meio de seleção externa ou da capacitação de pessoas que já fazem parte da igreja. Portanto, para cada objetivo estratégico, o maior desafio é encontrar sujeitos competentes ou dispostos a desenvolver as habilidades necessárias à realização do trabalho.

Existem muitas ferramentas que visam documentar e organizar os processos de trabalho, tornando visíveis a toda a equipe os objetivos organizacionais e a contribuição de cada área e promovendo alinhamento e sentimento de pertença. Uma dessas ferramentas é oriunda da **gestão por processos** e tem o objetivo de entender a organização como um **sistema** no qual uma sequência de ações coordenadas gera um resultado esperado.

Em linhas gerais, temos as entradas do processo (*inputs*), o processo em si e as saídas (*outputs*). O diagrama de escopo e interfaces do processo (Deip) representa os limites do processo, detalhando as informações que o integram e que contribuem para a consecução dos objetivos.

A Figura 3.4, a seguir, demonstra uma maneira de desenhar um processo de agregar pessoas por meio dessa ferramenta.

Figura 3.4 – Diagrama de escopos e interfaces do processo de agregar pessoas.

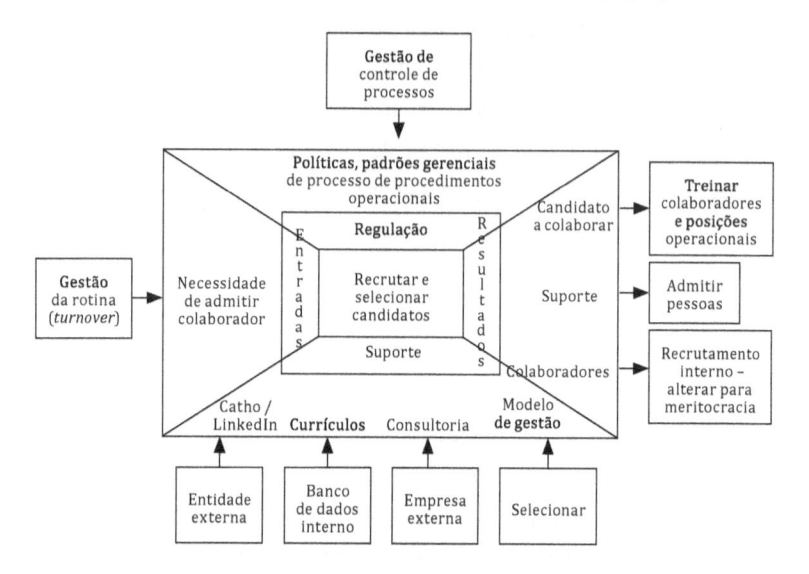

```
                        Gestão de
                        controle de
                        processos
                            │
                            ▼
    ┌───────────────────────────────────────────────┐
    │   Políticas, padrões gerenciais               │
    │   de processo de procedimentos                │      Treinar
    │            operacionais          Candidato    │   colaboradores
    │         Regulação              a colaborar    │    e posições
    │  E                       R                    │   operacionais
Gestão      Necessidade  Recrutar e                     Admitir
da rotina   de admitir   selecionar     Suporte         pessoas
(turnover)  colaborador  candidatos
    │                                               │   Recrutamento
    │            Suporte                            │   interno –
    │                                Colaboradores  │   alterar para
    └───────────────────────────────────────────────┘   meritocracia
         Catho /                      Modelo
         LinkedIn  Currículos  Consultoria  de gestão
            ▲         ▲            ▲            ▲
         Entidade   Banco       Empresa
         externa    de dados    externa     Selecionar
                    interno
```

Repare que o centro do diagrama se refere ao processo que será realizado, aos procedimentos e às políticas norteadoras. À esquerda do diagrama, consta a entrada do processo: a necessidade de contratação de um novo colaborador, e à direita, os possíveis resultados: treinar colaboradores para assumir a vaga, admitir um novo profissional ou realizar um processo seletivo interno, valorizando a promoção por meio da meritocracia.

Cada etapa desse processo pode ser mais bem detalhada pelo uso de um fluxograma, que descreve graficamente a sequência lógica das etapas. Pelo fato de ser um instrumento visual, símbolos compõem a modelagem do fluxo, o qual deve ser definido pela organização, pois não existe um único tipo de modelagem e/ou técnica para sua elaboração.

É importante frisar que todas as definições de processos, procedimentos, políticas, mapas e fluxos não podem servir para burocratizar a gestão, tampouco para enrijecê-la, mas sim para proporcionar um nivelamento das políticas e facilitar o entendimento de todas as pessoas da organização, ampliando a transparência e a confiança sobre como a empresa trabalha com seus recursos humanos.

Outro fator importante é que esses instrumentos devem ser constantemente reavaliados, ou seja, revisados, a fim de serem constantemente melhorados sempre que houver oportunidades de ampliar resultados, estimular a inovação e a inclusão de ferramentas que aumentarão a aderência dos processos.

Assim, os fluxogramas são excelentes ferramentas de gestão para verificar duplicidades de processos e identificar atividades que não agregam valor, bem como falhas e oportunidades de melhoria. Nesses casos, o processo deve ser redesenhado e compartilhado com todos que oferecem as entradas ao sistema (fornecedores internos e externos) e que recebem as saídas (consumidores externo e interno).

Observe, na Figura 3.5, um modelo de fluxograma de admissão e perceba como ele garante maior clareza ao processo de agregar pessoas.

Figura 3.5 – Fluxograma de seleção de candidatos

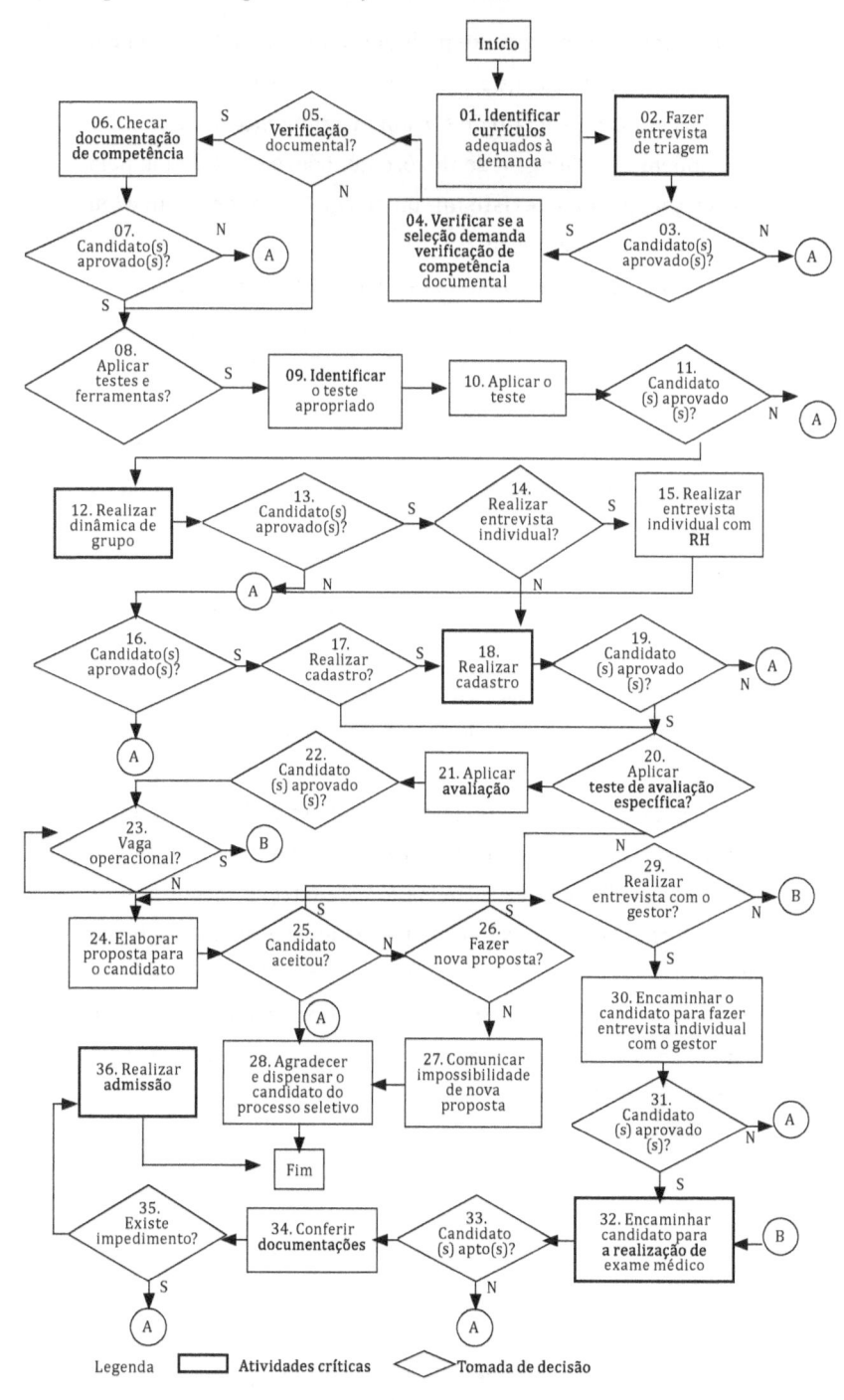

Outro aspecto importante referente à organização de recursos humanos é a definição de cargos, não só para indicar as atribuições de cada pessoa, mas também a posição na cadeia de autoridade e responsabilidade. Muitas empresas ainda operam com descrições de cargos inflexíveis, de alto teor mecanicista, em uma estrutura hierárquica rígida.

Porém, esse modelo está caindo em desuso e vem sendo substituído por modelos mais flexíveis, em um contexto de contingência, de uma liderança mais situacional, em que lidera aquele que domina a *expertise*. As definições de políticas, procedimentos e estratégias são tratadas sob o ponto de vista da equipe, em vez de serem desenhadas "de baixo para cima" (gestores pensam, colaboradores realizam). O modelo antigo deixava de lado muitas competências essenciais e contribuições importantes dos membros da equipe, ou seja, o potencial criativo, solucionador e inovador do grupo era pouco utilizado, além de não gerar empoderamento na equipe. Nessa ótica, o novo modelo valoriza a contribuição multifuncional e ampla, em que as pessoas pensam e melhoram os processos continuamente (Chiavenato, 2014).

3.5 Desenvolver, manter e monitorar pessoas

Os movimentos da globalização, no final do século XX, deram início a um processo de mudança que resultou em um realinhamento das práticas utilizadas na gestão de pessoas. Os programas que visavam estabelecer um *link* entre o desenvolvimento organizacional e planejamento estratégico trouxeram importantes avanços para a participação das pessoas na organização, por meio de trabalhos compartilhados que corroboram com os marcos estratégicos da missão, da visão, dos valores e das crenças das empresas, que precisavam responder prontamente às mudanças contextuais e de alto nível de complexidade, em virtude da abertura dos mercados e da intensificação da concorrência. Esse cenário permitiu uma melhor compreensão do negócio e abriu espaço para uma cultura mais participativa, considerando as demandas de qualidade relativas às décadas de 1980 e 1990 (Gramigna, 2007).

O século XXI tem se mostrado ainda mais desafiador, e os processos que antes ocorriam na perspectiva das empresas passaram a ser demandas pessoais, isto é, sob a perspectiva dos colaboradores. Os altos índices de rotatividade e o custo da ineficiência têm levado organizações a repensarem seus modelos de desenvolvimento de pessoas por meio de um olhar multifacetado, não apenas focado na produtividade, mas também no ambiente organizacional, em programas de mentoria e *coaching*, de avaliação de desempenho e recompensas, a fim de manter a força de trabalho capacitada, motivada e comprometida com resultados.

Para entendermos melhor esse tema, trataremos separadamente dos três processos de gestão de pessoas, os quais interagem entre si e se retroalimentam continuamente.

3.5.1 Desenvolver pessoas

De acordo com Gramigna (2007, p. 49), a palavra *desenvolvimento* vem do latim, em que *des* significa "ênfase"; *em* se refere a "dentro", "interno"; e *volvere* diz respeito a mudar de posição, de lugar; "No dito popular, desenvolvimento é fazer crescer, progredir para além do que está".

O processo de desenvolvimento de pessoas não se limita apenas ao treinamento em funções operacionais. Pelo contrário, tem um papel mais abrangente, a saber, promover um crescimento mais amplo aos colaboradores a médio e longo prazos.

Normalmente, tal processo é mediado por mentores e líderes experientes, que investem tempo para potencializar a *performance* e o potencial de seu mentoreado, trabalham em parceria com seus planos de carreiras e colaboram no desenvolvimento de habilidades pessoais e no incentivo ao autodesenvolvimento.

Nesse sentido, uma importante ferramenta que pode ser utilizada é o *feedback*,

> um processo de ajuda para mudança de comportamento; é a comunicação a uma pessoa, ou grupo, no sentido de fornecer-lhe informações sobre como a sua atuação está afetando outras pessoas. Feedback eficaz ajuda o indivíduo (ou grupo) a melhorar seu desempenho e, assim, alcançar seus objetivos. (Moscovici, 2008, p. 94)

O *feedback* pode ser positivo ou negativo, e, para ser transmitido, é necessário atentar a alguns comportamentos éticos, tais como: manter o sigilo; não expor as pessoas ou os grupos de maneira depreciativa frente aos colegas da organização; ter caráter construtivo; ser específico, dirigido; o emissor deve ter liberdade e consentimento para emiti-lo, a fim de fomentar o aprimoramento, e não sentimentos de desmotivação e frustração. Essa ferramenta, se bem utilizada, pode promover grandes avanços ao desenvolvimento de um colaborador, caso ele entenda que, por meio da crítica, tem-se o desejo genuíno de contribuir para seu amadurecimento e crescimento.

O desenvolvimento de competências individuais contribui para melhorar o desempenho geral da equipe, extraindo o melhor do potencial de cada um por meio de desafios. Além disso, as equipes passam a atuar em alta *performance* e orientadas para resultados, valorizando um ambiente de respeito mútuo e relacionamentos interpessoais saudáveis.

Existem inúmeros benefícios para que uma organização invista no treinamento e desenvolvimento dos seus colaboradores, a saber: a retenção de talentos; a melhoria na qualidade dos serviços e produtos; o aumento da motivação; a atualização da mão de obra em relação às novidades do mercado; o favorecimento de um ambiente propício a ideias e *insights*; a melhora da produtividade pessoal e grupal.

3.5.2 Manter pessoas

Até este momento, já explicamos que o trabalho faz parte da vida do homem e que sua realização tem a ver com o significado social, e não apenas com a remuneração oferecida. Um bom exemplo disso se refere à quantidade de pessoas que trabalham nas organizações sociais civis como voluntários, por conta do valor que atribuem à missão da organização, pelo senso de pertencimento a uma causa e pelo prazer que o ambiente exerce sobre eles.

Portanto, trata-se de um mito pensar que as pessoas trabalham exclusivamente por dinheiro e para satisfazer suas necessidades. Uma pesquisa realizada pela Great Place to Work (2017) revelou que as pessoas se mantêm no trabalho quando: encontram um senso de propósito compatível; fazem algo que lhes dá prazer; sentem-se úteis; o ambiente de trabalho oferece oportunidades de crescimento, qualidade de vida e confiança. No Quadro 3.2, a seguir, observe os resultados dessa pesquisa, que mostra a relação entre o fator de permanência e o índice de confiança, considerando as médias das melhores empresas para trabalhar no Brasil.

Quadro 3.2 – Fator de permanência nas empresas

Fator de permanência	Respondentes	Índice de confiança
Oportunidade de crescimento	44%	90
Qualidade de vida	24%	87
Alinhamento de valores	14%	90
Remuneração e benefícios	14%	73
Estabilidade	2%	68

Fonte: GPTW, 2017.

Também é importante mencionar que os funcionários que estão na organização pelo fato de não serem demitidos são os que mais se sentem insatisfeitos com o trabalho (GPTW, 2017).

Os indicadores de retenção apontam para uma virada de paradigmas em relação ao que vivenciávamos anos atrás. Dessa forma, as empresas que pretendem manter seus funcionários precisarão cada vez mais promover um ambiente de parceria, oferecendo um clima organizacional que motive o funcionário a querer permanecer, sentindo-se comumente desafiado a alcançar novos patamares de desenvolvimento.

3.5.3 Monitorar pessoas

Muito mais abrangente do que os controles antigos de marcação de ponto, o processo de monitorar pessoas se constitui na gestão de indicadores (coletar, medir, avaliar as medições e tomar decisões) com base em informações internas e tendências externas, com vistas a fomentar a melhoria dos processos de trabalho. Segundo Chiavenato (2014, p. 431), *monitorar* significa "acompanhar essas operações e atividades para garantir que o planejamento seja bem executado e que os objetivos sejam alcançados adequadamente".

Para tanto, várias metodologias e sistemas de gestão integrada (SIGs) foram sendo criados com a intenção de reduzir os retrabalhos, partindo de uma matriz comum. Diversos sistemas de informação foram desenvolvidos para automatizar processos (antes feitos manualmente), armazenar dados e garantir uma base única de verificação de resultados. Esses *softwares* vêm, de modo inteligente, integrando cada vez mais a organização como um todo, contribuindo para reduzir o número de erros e acelerar os processos em geral.

A gestão de pessoas se utiliza de vários cadastros de dados que podem ser compartilhados por diferentes áreas do processo. Por exemplo: os responsáveis por recrutar e selecionar pessoas cadastram os candidatos em um sistema de informações integrado, que permite identificar se eles já fizeram parte de outras seleções, bem como registrar dados de documentos pessoais. Uma vez que o profissional é aprovado, as diversas áreas da organização podem começar a atuar:

- as áreas de saúde providenciam seu encaminhamento para os exames médicos;
- as áreas de segurança fornecem os equipamentos necessários para a atividade;
- a área de administração de pessoal provê o registro dos funcionários;
- as áreas de desenvolvimento tomam ciência dos potenciais dos novos funcionários e das necessidades pontuais de treinamento e desenvolvimento.

Tudo isso partindo de uma base de dados comum, na qual se fará necessário apenas inserir dados complementares. Isto é, não há retrabalho no processo, tampouco a possibilidade de erros causados por registros duplicados.

A tecnologia vem sendo uma importante aliada para os avanços referentes ao processo de monitoramento. Os arranjos dos sistemas têm conseguido conectar indicadores de desempenho, permitindo avaliar o desenvolvimento de cada pessoa, rastrear resultados e fornecer informações preciosas sobre a evolução dos colaboradores em seus trabalhos.

Os modelos de trabalho híbrido e *home office* – respectivamente, em que os funcionários exercem sua atividade em suas casas e em que parte do trabalho é realizado em casa e parte na organização –, que já eram tendência em alguns setores, com o advento da pandemia de covid-19, em 2020 passaram a ser os preferidos por muitas empresas e profissionais.

A redução de custos para manter grandes estruturas que comportem todos os colaboradores, bem como a diminuição de despesas com transportes e infraestrutura, sem perda de produtividade, têm sido as principais causas que justificam a manutenção desses formatos. Do ponto de vista do trabalhador, os principais fatores que contribuem para a adoção desses modelos são a flexibilidade de horário, a redução de tempo gasto com transporte e, com efeito, maior disponibilidade de tempo para ficar com a família ou investir em outros projetos.

Além disso, ambas as modalidades também trouxeram alguns desafios para as organizações, tais como: adequar os programas de monitoramento ao trabalho remoto; investir em estruturas adequadas nos locais de trabalho desses colaboradores; implementar sistemas de gestão eficientes; mensurar os resultados com base no novo modelo. Muitas OSCs também conseguiram adaptar seus trabalhos ao modelo remoto, melhorando a resposta em trabalhos voluntários que não demandam deslocamento e que podem ser realizados em horários flexíveis, o que contribui para potencializar a força de trabalho dessas empresas.

O processo de monitorar pessoas traz muitos benefícios transversais mediante ações como: leitura de resultados de avaliações de desempenho; pesquisa de clima organizacional; aderência de competências, entre outras. É possível traçar planos de ação para melhorar os resultados da organização e manter colaboradores, evitando a alta rotatividade, além de desenvolver competências necessárias ao bom andamento dos negócios.

3.6 Ética na gestão de pessoas

Por conta das relações de trabalho do mundo pós-moderno, tornou-se fundamental ampliar a discussão sobre temas que anteriormente eram ignorados por conta de uma série de fatores que isentavam as organizações de discutir situações que afetavam o meio externo com a devida seriedade. Temas como responsabilidade social, meio ambiente, boas práticas de gestão de pessoas, entre outros, não ganharam espaço nem notoriedade no desenrolar no século passado.

A globalização deu visibilidade aos efeitos sociais do livre mercado, aos impactos ambientais (seja por contaminação arbitrária ao longo do processo de trabalho ou causados por acidentes marcados por forte negligência), ao descaso social, bem como a inúmeros processos trabalhistas que denunciam péssimas condições de saúde e segurança e assédio moral. Assim, o que antes acarretava impactos locais, passou a ser visto por todos, em virtude da ampliação de acesso à comunicação, movimento que, inclusive, ocasionou a perda do monopólio das grandes redes de comunicação e fez de qualquer indivíduo um potencial propagador de notícias. Nesse contexto, surgiu uma maior necessidade de as instituições terem muita atenção quanto à ética empresarial.

Atualmente, ter uma atitude ética é requisito de valorização das empresas de todo o mundo. Os novos tempos exigem práticas sustentáveis em todas as áreas de atuação, seja ambiental, social ou nas relações humanas. Nessa ótica, o que importa não são as ações que estimem resultados a curto prazo, mas sim de que modo alcançar resultados que hoje sejam efetivos e que não gerem passivos para o futuro.

A palavra *ética* deriva do grego *ethiké* (*ethos*) ou do latim *ethica* e significa "ciência relativa aos costumes e hábitos". Em um aspecto mais geral, trata-se de um conjunto de princípios e valores que orientam as condutas de seres humanos, empresas e da própria sociedade, entidades que validam tais comportamentos como certos ou errados, justos ou injustos etc. Logo, podemos assumir que todos nós devemos pautar na ética nossas ações e nossa forma de agir no mundo.

Da área de estudo da ética deriva a *deontologia*, palavra originada do grego *déon, déontos* ("dever") e *lógos* ("discurso" ou "acordo"). Assim, por exemplo, quando alguém firma um compromisso por meio de um código de ética, compromete-se a cumprir um ou mais deveres com base em determinadas normas e princípios. Portanto, a deontologia é a área da ética que se dedica ao exercício profissional.

Os códigos de ética estabelecem diretrizes que norteiam as diferenças entre certo e errado e prescrevem normas para agir eticamente. Assim, caso haja descumprimento das regras, punições e sanções poderão ser aplicadas. Nas palavras de Geisler (2006, p. 12), a *deontologia* consiste em uma "ética de princípios, que se ocupa com o dever da pessoa de fazer aquilo que é inerentemente correto à parte das consequências que se possa prever".

Por conta das exigências dos nossos tempos, muitas organizações têm adotado novas políticas com relação aos seus colaboradores, primando por uma postura ética no ambiente de trabalho e alterando os modelos de conduta social tanto entre pares quanto entre líderes e, também, entre estes e seus liderados. A intenção é a de levar os funcionários a adotarem atitudes de respeito, generosidade e solidariedade.

De acordo com Barbosa (2011), Max Weber cunhou a expressão *ética da responsabilidade*, que considera, principalmente, "as consequências previsíveis da ação para um grupo maior de pessoas, além daquelas diretamente envolvidas no momento. Ela verifica se a ação, ainda que possa ser boa para alguns em determinadas situações, não será danosa do ponto de vista coletivo" (Barbosa, 2011, p. 24).

Para essa nova etapa em que estamos vivendo, as consequências das antigas práticas passaram a refletir diretamente nos resultados. Isto é, atualmente, as empresas se veem obrigadas a prestar contas de sua imagem praticamente em tempo real, enquanto os consumidores esclarecidos e atentos se comportam como fiscais de boas práticas. Com efeito, em meio à acirrada concorrência, as empresas cujas práticas de trabalho demonstrem responsabilidade socioambiental e bons valores organizacionais acabam sendo mais cultuadas.

Nesse panorama, a opinião pública contribuiu para o surgimento de uma nova cultura de gestão empresarial, conforme se pode constatar em empresas de sucesso, que passaram a considerar não apenas a oferta de produto ou serviço em si, mas também os meios pelos quais eles são entregues à sociedade e a que custo. Para Barbosa (2011), essas organizações apresentam as seguintes características: liderança e constância de propósitos; responsabilidade social e ética; visão de futuro; foco no cliente e no mercado; decisões baseadas em fatos; valorização das pessoas; inovação; agilidade; aprendizado organizacional; visão sistêmica.

Todos esses elementos atuam em conjunto para construir a imagem organizacional e avaliar os possíveis desdobramentos que surgirão em relação à sua sobrevivência em um mercado cada vez mais exigente. Essa repercussão da ética impacta também na maneira em que os potenciais colaboradores serão atraídos para a empresa. Esse conceito de marca empregadora (*employer branding*) já faz parte de uma estratégia de *marketing* para atração dos melhores talentos para a organização, e a ética da empresa se constitui em um dos principais valores que envolvem a marca.

Referências éticas podem ser observadas por toda formação do ser humano, desde a infância. Estão presentes nos valores familiares, no ambiente de convívio e na cultura em que se vive. Pensando nisso, muitos conselhos profissionais criaram seus próprios códigos formais de ética, a fim de prever possíveis conflitos decisórios e de orientar a tomada de decisões conforme a categoria profissional.

Sob essa perspectiva, uma gestão ética de pessoas deve levar em conta diversos princípios norteadores, tais como: o respeito pelas pessoas que dividem o mesmo ambiente de trabalho; o modelo de liderança adotado; os meios de gerenciar promoções e carreiras; o modo de tratar os clientes, entre outros.

Temas como confiabilidade e sigilo devem ser abordados desde a fase de contratação de novos colaboradores. Em alguns casos, informações privilegiadas, quando usadas para benefício próprio, podem ferir a ética que se espera do profissional. Ainda, honestidade, lealdade e solidariedade constituem formas de dignificar não só o trabalho, mas, principalmente, a imagem da organização e da categoria profissional.

A capacidade de honrar com os compromissos assumidos também é uma das premissas da ética, assim como agir com responsabilidade com relação às tarefas designadas, ter humildade para assumir erros e pedir ajuda quando necessário. Por parte do gestor, é importante considerar que os erros sempre correspondem a possibilidades de melhoria e desenvolvimento profissional. Portanto, são excelentes oportunidades para treinar a equipe e agir com solidariedade, evitando exposições desnecessárias que abalem a moral. Além disso, é fundamental alinhar o que se fala ao que se faz, em uma via de mão dupla – líderes e liderados –, pois isso proporciona consistência à gestão.

Por fim, destacamos a necessidade de igualdade nas condições e oportunidades de trabalho, para que os profissionais se sintam motivados a terem *performances* cada vez melhores, uma vez que serão reconhecidos por isso, e não por outros fatores como raça, gênero ou quaisquer outros aspectos irrelevantes para o exercício do trabalho.

Síntese

Neste capítulo, explicamos como funciona a gestão de pessoas nas organizações. Ainda, conhecemos as principais ferramentas que podem ser utilizadas para operacionalizar a gestão em cada subprocesso de recursos humanos. Por fim, abordamos o valor da ética e como ela pode ser aplicada nas organizações, a fim de tornar o trabalho dignificante e prazeroso para todos.

Atividades de autoavaliação

1. (Vunesp – 2020 – Prefeitura de Ilhabela) São processos de gestão de pessoas utilizados para criar condições ambientais e psicológicas satisfatórias para a realização das atividades. Incluem administração da cultura organizacional, clima, disciplina, higiene, segurança, qualidade de vida e manutenção de relações sindicais. Trata-se dos processos de
   a) agregar pessoas.
   b) aplicar pessoas.
   c) recompensar pessoas.
   d) manter pessoas.
   e) desenvolver pessoas.

2. (Cetap – 2016 – Prefeitura de Barcarena) De acordo com a Norma ISO – Gestão da qualidade – Diretrizes para Treinamento: "A definição das demandas futuras da organização, relacionadas às suas metas estratégicas e aos objetivos da qualidade, incluindo competência requerida de seu pessoal, podem se originar de fontes internas e externas de natureza distintas". São elas:
   i) solicitações dos empregados que identifiquem oportunidades de desenvolvimento pessoal que contribuam para os objetivos da organização;
   ii) resultado de análises críticas de processo e ações corretivas originárias de reclamações de clientes ou relatórios de não conformidade;
   iii) legislação, regulamentos, normas e diretrizes que afetam à organização, suas atividades e recursos;
   iv) pesquisa de mercado que identifique novos requisitos de clientes;
   v) registros dos processos de treinamento passados e presentes.

Assinale a alternativa correta:
a) Há um item correto.
b) Há dois itens corretos.
c) Há três itens corretos.
d) Há quatro itens corretos.
e) Há cinco itens corretos.

3. (FCPC – 2019 – Unilab) A abordagem estratégica da Administração de Recursos Humanos reconhece três objetivos: 1) atrair uma força de trabalho eficaz; 2) desenvolver uma força de trabalho eficaz e 3) manter uma força de trabalho eficaz. Qual das opções diz respeito ao desenvolvimento da força de trabalho?
a) Ordenados e salários.
b) Previsão e planejamento.
c) Treinamento e planejamento.
d) Recrutamento, seleção e tarefas.
e) Treinamento, desenvolvimento e avaliação.

4. (Instituto Consulplan – 2022 – PGE-SC) Em relação ao processo de recrutamento e seleção de pessoas, quando o mercado de trabalho está, predominantemente, em situação de oferta de empregos (demanda por mão de obra maior que oferta de mão de obra), as organizações apresentam as seguintes características, EXCETO:
a) Intensificação dos investimentos em treinamentos.
b) Maior atenção para as pessoas e orientação para o seu bem-estar
c) Ênfase em políticas de fixação de pessoal e em recrutamento interno.

d) Redução ou congelamento dos investimentos em benefícios sociais e aumento das exigências aos candidatos às vagas.
e) Criatividade na adoção de políticas para reduzir a rotatividade de mão de obra e intensificação dos investimentos em recrutamento.

5. (IESES – 2022 – Secretaria de Estado da Administração Prisional e Socioeducativa) No contexto de Administração de Pessoas, a função que precede a função Seleção, é corretamente chamada de:
a) Desenvolvimento.
b) Recrutamento.
c) Treinamento.
d) Pagamento.
e) Capacitação.

Atividades de aprendizagem

Questões para reflexão

1. Leia a sentença proposta por Robbins (2005, p. 19, grifo nosso) e reflita, sob o ponto de vista da ética, a respeito das indagações por ele formuladas:

> Os membros das organizações a cada dia enfrentam mais **dilemas éticos**, situações em que precisam definir qual a conduta correta e a errada. Por exemplo, eles devem denunciar publicamente as atividades ilegais que descobrirem dentro da empresa? Devem acatar ordens com as quais não concordam? Exageram na boa avaliação de um subordinado do quem gostam para salvar-lhe o emprego? Eles se permitem fazer 'politicagem' na organização para impulsionar suas carreiras?

2. Analisando a importância do *feedback* para o desenvolvimento pessoal e profissional, reflita: Como receber um *feedback* negativo pode contribuir para seu crescimento? Quais sentimentos podem impedir esse *feedback* de ser construtivo?

Atividade aplicada: prática

1. Leia atentamente o texto a seguir:

   Tanto colaboradores como executivos têm preferência pelo regime híbrido com um ou dois dias por semana no escritório como o melhor arranjo para a empresa maximizar a produtividade de seu pessoal. Em segundo lugar na lista de preferências, os colaboradores mencionam o home office integral, enquanto os executivos são favoráveis ao regime híbrido com três ou mais dias no escritório. (Fernandes, 2023)

   Considerando o trecho citado, que versa sobre uma pesquisa realizada pelas consultoras PWC e PageGroup, reflita a respeito das potenciais mudanças que deverão ocorrer nos processos de gestão de pessoas para que as empresas consigam manter seus talentos diante das novas configurações de trabalho. Em sua opinião, que medidas as organizações precisarão tomar para se adequarem a esse cenário? Elabore um breve texto com suas considerações.

capítulo quatro

Capacitação e desenvolvimento de habilidades e competências

04

Neste capítulo, apresentaremos mais detalhes acerca da gestão estratégica de organizações eclesiásticas e do terceiro setor. Em seguida, abordaremos a gestão por competências, um modelo de gestão que prioriza as competências em atendimento aos objetivos organizacionais, traçando planos de alinhamento para que a empresa atinja seu objetivo. Depois, trataremos de alguns conceitos que auxiliarão na implantação do modelo de gestão por competências, tais como a identificação de talentos, a liderança, bem como o desenvolvimento e a avaliação de desempenho.

4.1 Gestão por competências: missão, visão e valores eclesiais aplicados ao terceiro setor

Durante muito tempo, as organizações concentraram seu valor nos ativos tangíveis, isto é, que podem ser tocados e valorados diretamente. Nesse contexto, dava-se pouca ou nenhuma atenção aos valores intangíveis, especialmente aqueles que se relacionam com as pessoas. Atualmente, porém, diante das demandas da modernidade, o capital intelectual passou a ser um diferencial competitivo, considerando que a gestão do conhecimento e o domínio de determinadas *expertises* fazem com que as empresas obtenham vantagens em relação a outras, mesmo estando em igualdade de ativos físicos.

Sobre as mudanças de paradigma que estamos vivenciando, Buccelli e Popadiuk (2007, p. 285) afirmam:

> *A globalização nas relações organizacionais (sociais, econômicas, tecnológicas e políticas e mercadológicas) trouxe para os nossos dias uma série de novos parâmetros e desafios. As organizações passaram a perceber que, por exemplo, investir em conhecimento, além de desejável, é imprescindível para o aumento do seu valor no mercado, principalmente em função da valorização do patrimônio intangível e das questões relacionadas à sustentabilidade. O valor de mercado de algumas empresas –as "organizações do conhecimento"–, segundo Sveiby (1998) supera em até três vezes o valor do seu patrimônio físico e financeiro (ativos tangíveis) acumulados. Isso acontece porque ativos intangíveis como imagem no mercado, valor da marca, competências e habilidades dos colaboradores e métodos de gestão têm sido cada vez mais valorizados pelos investidores, gerando um aumento considerável no valor das ações das empresas.*

Essa nova corrida pelo conhecimento nos remete ao que chamamos de *era do conhecimento*. As organizações capazes de integrar os conhecimentos pessoal e grupal terão em seu escopo mais força para inovação, além de maior produtividade e perenidade. Tendo isso em mente, estudaremos, a seguir, de que modo a gestão estratégica alinhada a uma gestão por competências pode melhorar os resultados das organizações.

4.1.1 Gestão estratégica organizacional

É notória a multiplicação das organizações eclesiais e de terceiro setor, especialmente as de caráter religioso, fato que gera impactos na sociedade.

Em 2021, o Datafolha e o Instituto para o Desenvolvimento do Investimento Social (IDIS) promoveram uma pesquisa com 1.546 entrevistados a fim de identificar os locais em que as pessoas mais costumam fazer trabalhos voluntários, e 47% dos respondentes afirmaram prestar esse tipo de serviço em instituições religiosas. Além disso, o estudo também revelou que as atividades voluntárias promovidas por tais instituições são tidas como as mais confiáveis (Datafolha; IDIS, 2021).

Por isso, embora ainda haja certa resistência quanto a utilizar modelos empresariais das organizações do primeiro e segundo setores, é perceptível que o terceiro setor também necessita traçar estratégias de médio e longo prazos e organizar seus recursos de modo coerente e que gere efetividade.

O próprio Jesus, ao explicar a uma multidão o que significaria ser um discípulo dele, menciona dois exemplos de planejamento futuro: um se refere a planejar recursos financeiros para uma construção; o outro diz respeito a planejar pessoas para uma guerra (Bíblia Sagrada. Lucas, 1993).

Portanto, entendemos que tanto as igrejas quanto as organizações devem pensar suas estruturas, com o intento de desenhar uma estratégia organizacional adequada à sua realidade e à sua forma de atuar na sociedade.

Chiavenato (2014, p. 56) elucida a definição de estratégia organizacional e explica que as pessoas são o centro dessa estratégia, para que as demais áreas alcancem sucesso:

> *A estratégia organizacional constitui o mecanismo pelo qual a organização interage com seu contexto ambiental para realizar sua missão.*
>
> *A estratégia define o comportamento da organização em um mundo mutável, dinâmico e competitivo. E o único integrante racional e inteligente da estratégia organizacional é o elemento humano: a cabeça e o sistema nervoso da organização. O cérebro do negócio. A inteligência que toma decisões acertadas. A estratégia é fortemente condicionada pela missão organizacional, pela visão do futuro e pelos objetivos globais da organização.*

Quando um grupo de pessoas se reúne em torno de um objetivo, elas precisam conhecê-lo profundamente e construir marcos norteadores para saberem exatamente o que fazer, como fazer e com qual finalidade. Esse alinhamento é necessário a todas as organizações, independentemente de elas visarem ao lucro ou almejarem apenas agradar o coração de Deus.

Uma pesquisa realizada por Paes (2019) revelou que poucas propostas e estudos têm sido realizados a fim de proporcionar um modelo de gestão para as organizações eclesiais.

> *Para gerir com excelência a igreja de Cristo não se pode deixar de implementar as novas metodologias, tecnologias, linguagens e ferramentas de gestão no contexto atual, sem corromper a verdade Bíblica atemporal, mesmo enfrentando extremos tanto os arcaicos (resistentes às mudanças) como os corruptíveis (afetados negativamente pela hipermodernidade).* (Paes, 2019, p. 19)

Alguns autores elaboraram modelos para instituições do terceiro setor com a finalidade de promover maior profissionalização e assertividade nas ações de organizações com fins tão nobres. É o que podemos constatar observando a Figura 4.1, a seguir.

Figura 4.1 – Modelo de planejamento estratégico proposto por Schaefer e Voors

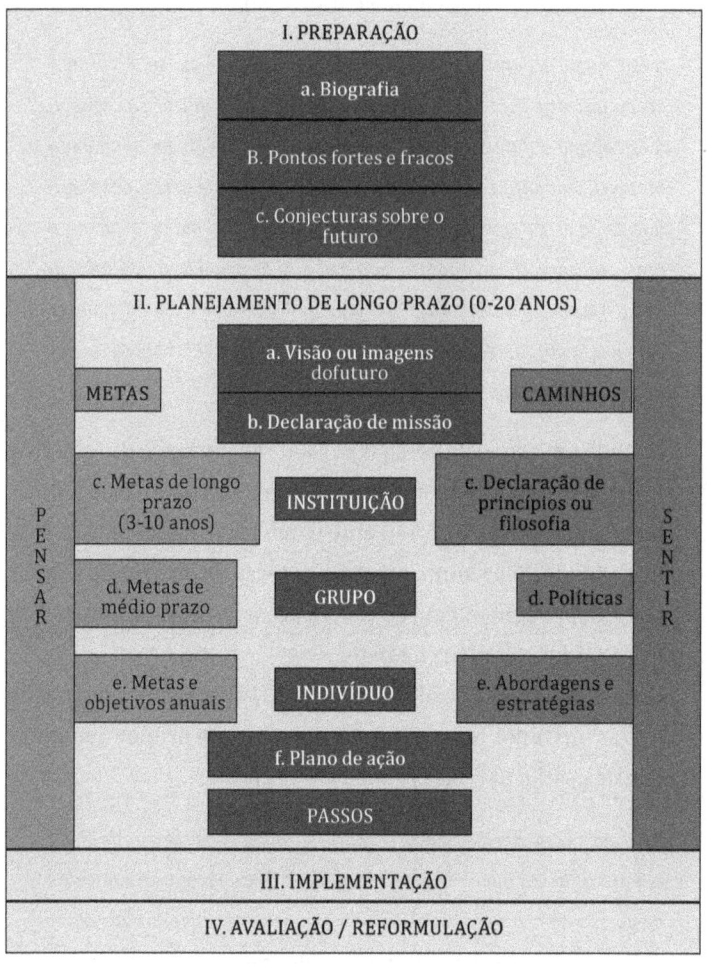

I. PREPARAÇÃO
- a. Biografia
- B. Pontos fortes e fracos
- c. Conjecturas sobre o futuro

II. PLANEJAMENTO DE LONGO PRAZO (0-20 ANOS)

METAS — CAMINHOS

- a. Visão ou imagens do futuro
- b. Declaração de missão
- c. Metas de longo prazo (3-10 anos) — INSTITUIÇÃO — c. Declaração de princípios ou filosofia
- d. Metas de médio prazo — GRUPO — d. Políticas
- e. Metas e objetivos anuais — INDIVÍDUO — e. Abordagens e estratégias
- f. Plano de ação
- PASSOS

PENSAR — SENTIR

III. IMPLEMENTAÇÃO

IV. AVALIAÇÃO / REFORMULAÇÃO

Fonte: Schaefer; Voors, 2005.

Esse primeiro modelo, proposto por Schaefer e Voors (2005), divide o processo de implementação em algumas etapas. A primeira é a de preparação, que envolve o levantamento de informações sobre a organização, a análise de forças internas e externas e a proposição de planos iniciais para o futuro. A segunda etapa diz respeito a um planejamento de longo prazo, a fim de estabelecer a visão e a missão da instituição, do grupo e do indivíduo, por meio de metas, da declaração de princípios (ou valores) e de políticas. Todas essas ações devem ser respaldadas por um plano de ação para sua efetiva implementação. Por fim, a última etapa se relaciona à avaliação e à reformulação, considerando o movimento de melhoria contínua.

Por sua vez, o segundo modelo que abordaremos, proposto por Hudson (1999), contempla etapas mais básicas do planejamento estratégico, levando em conta a avaliação do ambiente externo para a formulação da missão, dos objetivos e das estratégias, conforme exposto a seguir, na Figura 4.2.

Figura 4.2 – Modelo de planejamento estratégico

```
AMBIENTE EXTERNO
      ↓
   MISSÃO
      ↓
  OBJETIVOS  ←
      ↓
  ESTRATÉGIAS ←
      ↓
  MONITORIZAÇÃO
  DE DESEMPENHO
```

Fonte: Hudson, 1999, p. 70.

4.1.2 Gestão por competências

A base do modelo de gestão por competências parte da formulação da missão, da visão e dos valores organizacionais. Chiavenato (2014) apresenta as seguintes definições para tais conceitos:

- **Missão**: trata-se da razão de ser de uma organização. Deve ser elaborada com base na resposta às seguintes perguntas: Para que existimos? O que fazemos, como e para quem? Tais respostas constituem a essência de uma instituição.

- **Visão**: refere-se à declaração de futuro da organização, ou seja, o que ela pretende ser ou fazer por determinado período de tempo. A visão estratégica define um sonho atingível e que pode ser reavaliado sempre que alcançado.
- **Valores**: são princípios que orientam as condutas de uma organização e a tomada de decisão.

Depois de definir esses marcos, é necessário comunicá-los a todos os colaboradores, para que eles os compreendam, identifiquem-se com eles e se movam em função deles. A conscientização e a internalização dessas noções propicia a criação de uma cultura organizacional necessária para executar as estratégias.

A partir desses marcos, a visão é desdobrada em objetivos estratégicos, os quais são distribuídos em atividades a serem realizadas pelos colaboradores. Para tanto, eles precisam dispor de competências específicas, e é nesse contexto que a gestão por competências pode ser aplicada.

Levy-Leboyer (citado por Gramigna, 2007, p. 21), define *competências* como "repertórios de comportamentos e capacitações que algumas pessoas ou organizações dominam melhor que outras, tornando-as eficazes em determinada situação". As competências dividem-se em:

- **diferenciais**: oferecem vantagem competitiva;
- **essenciais**: são reconhecidas como as mais importantes para a organização atuar com sucesso;
- **básicas**: necessárias para manter a instituição em funcionamento, pois constituem o principal alicerce para criar um clima de produtividade.

Todas oferecem o suporte necessário para sustentar as demandas técnicas de cada função (Gramigna, 2007).

Para a efetiva implantação do modelo de gestão de pessoas por competências, faz-se necessário avaliar a estratégia e os objetivos traçados, mediante um levantamento das competências (essenciais e básicas) que permitirão operacionalizar os objetivos. Após essa etapa, chega o momento de iniciar a implementação desse modelo, o que pode ser feito por meio dos seguintes passos (Gramigna, 2007):

- levantamento de perfis relacionados às competências necessárias às funções;
- avaliação interna dos colaboradores, identificando suas competências;
- elaboração de um banco de talentos, por meio do qual seja possível verificar os potenciais de competência da organização;
- alinhamento de competências: por meio de um programa de capacitação adequado, a organização deve investir no desenvolvimento das competências que não foram identificadas e que são necessárias para atingir os objetivos organizacionais;
- contratação de talentos: quando não for possível desenvolver as competências no mesmo espaço de tempo em que elas se fizerem necessárias, a empresa poderá contratar talentos para compor seu quadro de funcionários;
- gestão de desempenho: mensurar os resultados é uma etapa importante para avaliar o crescimento das *performances* individuais e coletivas e retroalimentar o sistema de competências, realizando os ajustes necessários para o alcance das metas traçadas.

4.2 Identificação de talentos e inteligências múltiplas

Em 1983, Howard Gardner, um influente professor e pesquisador de Harvard, lançou um livro que revolucionou a maneira como as pessoas entendem o conceito de inteligência – até então restrito a testes de QI e às aprendizagens linguística e matemática. A obra *Frames of mind* (*Estruturas da mente*) ampliou profundamente o conceito de inteligência e deu origem ao modelo de inteligências múltiplas de acordo com o qual o homem, sendo o único animal com potencial para a inovação e criação, tem uma mente que apresenta um amplo espectro de inteligências capazes de levá-lo ao sucesso (Goleman, 2011).

Nesse modelo, Gardner reconheceu sete principais aptidões que se misturam e que, quando reunidas, fortalecem tanto o indivíduo quanto o trabalho em equipe. As descobertas do pesquisador deram origem a um movimento de identificação de talentos. Em dado momento, a equipe de Gardner já tinha conseguido elencar 20 tipos diferentes de aptidões, tamanho o universo de possibilidades de desenvolvimento humano.

Com base nos estudos de Gardner, Daniel Goleman (2011) elaborou o conceito de inteligência emocional, e Augusto Cury (2008) desenvolveu a noção de inteligência multifocal.

No Quadro 4.1, a seguir, listamos as múltiplas inteligências cunhadas por Gardner, Goleman e Cury.

Quadro 4.1 – Múltiplas inteligências

Inteligência	Característica	Predominância em
Lógico-matemática	Habilidade para o raciocínio dedutivo, o desenvolvimento de estratégias, a solução de problemas matemáticos, a análise de dados e a avaliação de planos financeiros.	Cientistas, matemáticos, contadores, estatísticos, físicos, programadores etc.
Linguística	Habilidade para a escrita e a comunicação, o domínio de idiomas e desenvoltura para explorar o universo das palavras.	Escritores, poetas, linguistas, oradores, advogados, locutores, tradutores, críticos literários etc.
Musical	Habilidade para o universo dos sons; é capaz de compor e executar padrões musicais, bem como ritmos e timbres, além da possibilidade de desenvolver a escuta atenta e de se expressar por meio da arte.	Maestros, compositores, críticos musicais, instrumentistas, intérpretes etc.
Espacial	Habilidade aguçada de compreender o que vê com precisão; transforma e modifica percepções, recriando a experiência visual; aprecia a arte visual e a beleza.	Pintores, escultores, pilotos, arquitetos, cartógrafos, engenheiros, jogadores de xadrez, decoradores etc.
Corporal-cinestésica	Habilidade de dominar o corpo e seus movimentos.	Atores, fisioterapeutas, dançarinos, esportistas etc.

(continua)

(Quadro 4.1 – conclusão)

Inteligência	Característica	Predominância em
Intrapessoal	Habilidade de se autoconhecer; tem consciência de seus talentos e de suas debilidades.	Escritores, terapeutas, filósofos, engenheiros de sistemas etc.
Interpessoal	Habilidade de se relacionar com o outro, de tratar o próximo com sensibilidade e empatia; gera influência no comportamento do outro.	Vendedores, mestres, conselheiros, religiosos, pastores, *coachs* e mentores etc.
Naturalista	Habilidade de reconhecer, classificar, compreender e organizar objetos, fenômenos e padrões da natureza.	Biólogos, geólogos, antropólogos etc.
Pictográfica	Habilidade de se expressar por meio de imagens, figuras e desenhos; facilidade com a memorização visual.	Desenhistas, designers, publicitários, escultores, publicitários etc.
Emocional	Habilidade de identificar os próprios sentimentos e os dos outros, de gerir as emoções dentro de si de modo saudável e de manter relacionamentos.	Líderes, professores, gestores etc.
Multifocal	Habilidade do "eu" – gestor – de gerenciar todas as inteligências que detém e de fazer escolhas compreendendo as implicações.	Todas as pessoas que procuram compreender a si mesmas por meio das inteligências intrapessoal e emocional.

Fonte: Elaborado com base em Gramigna, 2007; Cury, 2015; Chiavenato, 2014.

Por muito tempo, as organizações limitaram o uso das inteligências de seus colaboradores a atividades previamente determinadas, em funções mecanizadas que não agregavam valor ao trabalho. Assim, em vez de expandir as capacidades dos funcionários, estes acabavam se retraindo. Com efeito, muitos indivíduos passavam anos sendo impedidos de exercer livremente seus talentos. O resultado, óbvio, é que as empresas perdiam em potencial.

Investir na elaboração de um banco de talentos significa reconhecer o potencial humano de uma organização, em um movimento de valorização, adequação e alinhamento de profissionais que, muitas vezes, encontram-se deslocados das áreas em que poderiam ter um desempenho exponencial. A esse respeito, nas palavras de Gramigna (2007, p. 99-100): "Ao implantar um banco de talentos, o primeiro aspecto a ser considerado é o potencial das pessoas. Potencial é a qualidade de um corpo ou de um sistema qualquer de estar pronto para entrar em ação. É a capacidade de vir a desempenhar determinada complexidade de função em determinado momento".

São inúmeras as vantagens de se identificar os talentos de uma organização. Em primeiro lugar, é possível encontrar *gaps* (lacunas) referentes às competências necessárias para atingir os objetivos organizacionais que direcionarão os planos de desenvolvimento dentro de um critério de priorização adequado.

Em segundo lugar, torna-se mais fácil identificar potenciais talentos para integrar determinadas equipes ou para fazer parte de um plano de preparação de sucessão, o que contribui para evitar erros ocasionados por movimentações internas. Nesse sentido, as decisões estratégicas de RH passam a ser baseadas em indicadores mensuráveis e que atribuem maior valor à organização.

Outro benefício para os colaboradores se refere ao fato de que eles são vistos e escutados, em um contexto que promove uma cultura de engajamento e um ambiente motivador, além de favorecer a realocação com base nas competências e nas características pessoais mais adequadas para certos cargos. Isso agiliza a gestão – pois a torna mais dinâmica –, potencializa o máximo aproveitamento dos talentos dos colaboradores e, ainda, eleva a moral e a satisfação das pessoas. Dessa forma, todos ganham: organização e colaboradores (Gramigna, 2007).

As estratégias para a formação do banco de talentos são bastante diversificadas e dependerão do porte da organização, da urgência, da disponibilidade financeira (para contratação externa, quando a equipe interna não tiver capacidade técnica) e das necessidades da organização.

Para essa implementação, existem instrumentos de autoavaliação e avaliações de desempenho tradicional, além de testes para o mapeamento de potenciais, de entrevistas pessoais e de avaliações presenciais (que simulam situações reais). Logo, é possível selecionar o instrumento que melhor atenda ao tipo de competência que se quer mapear. Esses levantamentos devem ser categorizados por meio de escalas vinculadas ao atingimento de cada competência, permitindo que a visualização seja simples e auxilie na tomada de decisões rápidas e assertivas (Gramigna, 2007).

Com base no mapeamento dos perfis de competência, torna-se possível criar um balizador para a equipe de seleção, com o objetivo de identificar nos candidatos o máximo de competências necessárias para cada posição a ser preenchida, o que contribui para promover maior assertividade na contratação, além de agilidade nos resultados. A esse respeito, a entrevista por competência deve ser orientada a identificar o nível de proficiência do candidato em cada competência requerida pela função, o que abrange os conhecimentos desejados e as habilidades e atitudes esperadas. Para tanto, uma possibilidade é recorrer a ferramentas de *assessment*, tais como o DISC[1], que traça o perfil comportamental do candidato e, em alguns casos, cruza os resultados com os requisitos do cargo (Gramigna, 2007).

4.3 Liderança e desenvolvimento de equipes de trabalho

No capítulo anterior, versamos sobre a importância de desenvolver lideranças capacitadas– e firmadas na Palavra de Deus – para atuarem com base no modelo servidor de Jesus. E, nesse contexto, mencionamos uma das competências mais desafiadoras para um líder: desenvolver uma equipe que atue de modo saudável e com excelência.

Sob essa perspectiva, a seguir, verificaremos que, por meio dos estudos bíblicos e de algumas orientações práticas dadas por homens e mulheres que dedicaram suas vidas a gerir equipes de alto desempenho, é possível aprender a lidar com equipes de modo eficiente.

Em 1 Coríntios, o apóstolo Paulo mencionou à igreja em Corinto a necessidade de que todos os seus integrantes vissem a si mesmos como importantes colaboradores da obra de Cristo no mundo. Assim, cada um deveria fazer aquilo a que foi capacitado pelo Espírito Santo – nisso residiria a beleza da unidade do servir:

....
1 DISC é uma ferramenta de avaliação de perfil comportamental. A sigla é uma abreviação das seguintes palavras em inglês: *dominance* ("dominância"), *influence* ("influência"), *steadiness* ("estabilidade") e *conscientiousness* ("conformidade").

Ora, os dons são diversos, mas o Espírito é o mesmo. E também há diversidade nos serviços, mas o Senhor é o mesmo. E há diversidade nas realizações, mas o mesmo Deus é quem opera tudo em todos. A manifestação do Espírito é concedida a cada um visando a um fim proveitoso. [...] Mas um só e o mesmo Espírito realiza todas estas coisas, distribuindo-as, como lhe apraz, a cada um, individualmente. [...]

Porque, assim como o corpo é um e tem muitos membros, e todos os membros, sendo muitos, constituem um só corpo, assim também com respeito a Cristo. Pois, em um só Espírito, todos nós fomos batizados em um corpo, quer judeus, quer gregos, quer escravos, quer livres. [...] Mas Deus dispôs os membros, colocando cada um deles no corpo, como lhe aprouve. Se todos, porém, fossem um só membro, onde estaria o corpo? O certo é que há muitos membros, mas um só corpo. Não podem os olhos dizer à mão: Não precisamos de ti; nem ainda a cabeça, aos pés: Não preciso de vós. Pelo contrário, os membros do corpo que parecem ser mais fracos são necessários; e os que nos parecem menos dignos no corpo, a estes damos muito maior honra; também os que em nós não são decorosos revestimos de especial honra. Mas os nossos membros nobres não têm necessidade disso. Contudo, Deus coordenou o corpo, concedendo muito mais honra àquilo que menos tinha, para que não haja divisão no corpo; pelo contrário, cooperem os membros, com igual cuidado, em favor uns dos outros. De maneira que, se um membro sofre, todos sofrem com ele; e, se um deles é honrado, com ele todos se regozijam. Ora, vós sois corpo de Cristo; e, individualmente, membros desse corpo. (Bíblia Sagrada. 1 Coríntios, 1993, 12:4-31)

Observe, com base no trecho bíblico citado, que o líder tem a tarefa de coordenar todos os membros, sem nenhuma distinção, para que se sintam participantes do resultado da obra. No entanto, eles devem ser organizados considerando os dons e talentos que o Senhor lhes forneceu. Nessa dinâmica, não há maiores ou menores, apenas servos, isto é, pessoas chamadas para servir a um propósito comum e, com efeito, iguais em importância e valor.

David Kornfield (2021), em seu livro *Equipes de Ministério que mudam o mundo*, elencou oito características necessárias para que uma equipe obtenha alto rendimento:

1. **Orientação e unção divinas**: uma equipe que deseja avançar ministerialmente na igreja ou em uma organização religiosa precisa considerar que os propósitos de Deus são a prioridade e, por isso, devem ser buscados e descobertos por meio da oração, da capacitação divina, do poder de Deus, de suas provisões e estratégias. A vida devocional tem que ser estimulada e praticada pelo líder, de modo que Deus possa falar ao grupo através dele e dos demais integrantes.
2. **Propósito comum**: a equipe deve conhecer a missão e a visão da organização e se sentir desafiada e inspirada por tais marcos. Além disso, é importante que as estratégias traçadas pelo grupo sejam claras e destrinchadas em objetivos mensuráveis, fáceis de lembrar, com atribuições diretas e bem divididas, para criar um ambiente em que os membros ajudem uns aos outros e que, consequentemente, evite a sobrecarga. As estratégias deverão ser reavaliadas e ajustadas sempre que for necessário.
3. **Papéis claros**: cada integrante deve conhecer seu papel, e este, por sua vez, precisa estar adequado aos dons e às habilidades pessoais. Nesse sentido, a descrição de atividades pode auxiliar os membros a entender o papel de cada um e, ainda, como eles podem mutuamente se ajudar. Para além disso, todos necessitam ser desafiados a crescer e a contar com a graça e o apoio do Pai nas tarefas em aprendizado.

4. **Liderança clara e facilitadora**: uma liderança inspiradora é aquela que influencia pelo caráter, pela competência e pelo relacionamento com Deus, além de ter convicções claras sobre direção e prioridades e de facilitar a participação de todos (fomentando suas lideranças nas áreas de competência), o que favorece o desenvolvimento da criatividade e da inovação. Ainda, é fundamental adaptar o estilo de liderança de acordo com o nível de maturidade de cada pessoa.
5. **Administração eficiente**: muitos ministérios eclesiásticos vêm sucumbindo em virtude da imensa demanda de trabalhos administrativos. Logo, o líder precisa contar com o apoio da equipe na execução de tais tarefas. Assim, será possível programar os trabalhos, obter eficiência em reuniões, alinhar as agendas, entre outras ações que proporcionarão ao líder tempo e espaço para zelar por seus liderados, oferecendo-lhes suporte e condições adequadas para ouvir a Deus. Dessa forma, as atividades-chave devem ser bem definidas e divididas de modo que não gerem sobrecarga de trabalho a nenhum integrante.
6. **Treinamento formativo**: uma cultura de aprendizagem contínua deve ser cuidadosamente implementada entre os membros da equipe. No entanto, é necessário que todos tenham o desejo de aprender e crescer constantemente, seja por meio de treinamentos formais ou no próprio dia a dia. Uma equipe madura se sente confortável ao ser avaliada, pois tem ciência de que surgirão oportunidades para melhoria e, portanto, é capaz de vislumbrar novas possibilidades para si e a organização.
7. **Relacionamentos saudáveis**: cultivar relacionamentos sólidos em uma equipe não é tarefa fácil, mas certamente é uma das mais necessárias para o bom andamento de qualquer projeto ou organização. Esse contexto se torna realidade quando o amor de Deus permeia os relacionamentos, o que se traduz

em respeito, honra, bondade, valorização das diferenças e alto nível de confiança de uns para os outros. Todo esforço deve ser fomentado com o objetivo de atingir tal nível de excelência nos relacionamentos. Portanto, eventuais conflitos devem ser tratados rápida e adequadamente, à luz da cultura do perdão.

8. **Comunicação excelente**: uma boa comunicação entre os integrantes da equipe engloba todas as facetas possíveis: as comunicações verbal e não verbal (que expressamos com nosso corpo), bem como os aspectos objetivos (baseados em fatos) e os subjetivos (que envolvem os sentimentos). Um ambiente de amor e aceitação geralmente leva as pessoas a serem exatamente quem são, sem máscaras ou o uso de subterfúgios, com a máxima honestidade. Ainda, a prática de escuta ativa, o diálogo e a clareza na comunicação são importantes formas de garantir o engajamento da equipe. Mesmo em situações nas quais haja discordância de opiniões, é possível assegurar que todos tenham compreendido claramente as mensagens transmitidas, especialmente em tempos de mudanças. Essas ações certamente contribuirão para que a organização atinja ótimos resultados.

Para que uma equipe consiga realizar grandes feitos, terá que passar por um processo de desenvolvimento que demandará tempo e investimentos. Além disso, os integrantes constantemente necessitarão fazer parte de processos de melhoria contínua, pois sempre há algo que pode ser potencializado. Nesse contexto, não é raro que a equipe passe por algumas dificuldades, as quais, entretanto, não podem levá-la a desistir do propósito conferido por Deus. Portanto, os membros precisam clamar pela direção e condução do Espírito Santo para que consigam amadurecer e realizar uma *performance pessoal*, relacional e ministerial admiráveis.

Mas como fazer isso quando, na maioria das vezes, lidamos com muitas atividades e poucas pessoas envolvidas? A melhor maneira de responder a essa pergunta é reunir o grupo do qual você faz parte (ou que lidera) para, juntos, descobrirem os dons e talentos que o Senhor forneceu a cada um, compartilhando a visão de Deus para vocês, alinhando propósitos e orando para que Ele supra as necessidades, seja enviando novos colaboradores, seja capacitando aqueles que já fazem parte da equipe.

4.4 Árvore de competências: o que é e como utilizar

A árvore de competências tem sido largamente utilizada para definir o modelo de desenvolvimento individual dos profissionais. Ela enfatiza três indicadores e os compara aos elementos de uma árvore, a saber: as raízes correspondem às **atitudes**; o tronco se refere aos **conhecimentos** adquiridos; e a copa da árvore diz respeito às **habilidades** desenvolvidas. A Figura 4.3, a seguir, conceitua cada um dos três blocos de indicadores de uma competência.

Figura 4.3 – Árvore de competências

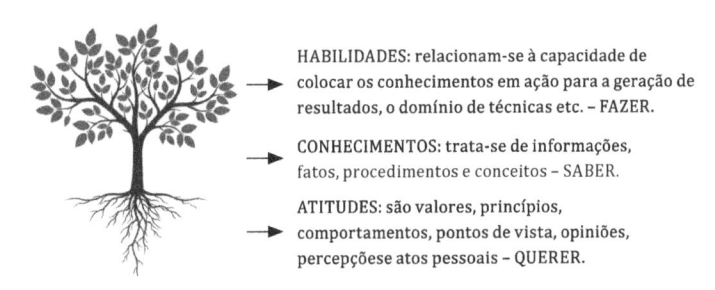

HABILIDADES: relacionam-se à capacidade de colocar os conhecimentos em ação para a geração de resultados, o domínio de técnicas etc. – FAZER.

CONHECIMENTOS: trata-se de informações, fatos, procedimentos e conceitos – SABER.

ATITUDES: são valores, princípios, comportamentos, pontos de vista, opiniões, percepçõese atos pessoais – QUERER.

rolandtopor/Shutterstock

Fonte: Elaborado com base em Gramigna, 2007.

A **raiz pode** ser associada a algo que provê os suprimentos necessários para o desenvolvimento da árvore, pois extrai do solo as vitaminas e os minerais de que esta precisa para ser forte e saudável. Além disso, ela fornece uma estabilidade que proporcionalmente acompanha a evolução da árvore. Analogamente, um indivíduo necessita do componente atitudinal para querer se desenvolver. Suas **atitudes** podem ser decisivas para absorver o conteúdo ensinado e aprimorar habilidades pela prática.

Por sua vez, o **tronco** garante o suporte adequado para galhos, folhas, flores e frutos. Assim, quanto ao comportamento humano, podemos compará-lo com a atitude de querer adquirir **conhecimentos** e sistematizá-los. Tais noções, aprendidas durante toda a vida, podem ser intencionalmente aperfeiçoadas à medida que o indivíduo tenha interesse. Quanto maior for o conhecimento, maior será o domínio sobre uma competência e, com efeito, a possibilidade de aprender uma nova habilidade, com base em uma visão mais ampla do processo correlacionado.

Por fim, a **copa** é formada por galhos que alcançam lugares distantes e flexíveis. As folhas retroalimentam a árvore mediante a absorção de calor e a realização da fotossíntese, tão necessária para sua respiração e seu crescimento. O desenvolvimento de **habilidades** tem esta característica: alimentar o conhecimento com novos saberes práticos, testados e aperfeiçoados, conferindo sentido ao saber teórico. Dessa forma, a curiosidade e a inventividade são aguçadas na medida em que o sujeito consegue dominar o ato de fazer.

Ao desdobrar as competências em atitudes, habilidades e conhecimentos, Gramigna (2007) elencou 15 competências como exemplos referentes à utilização do modelo da árvore de competências. No Quadro 4.2, apresentamos apenas uma delas, a fim de que você se identifique melhor com esse modelo.

Quadro 4.2 – Modelo de mapeamento de competências considerando a árvore de competências

Competência: capacidade empreendedora
Facilidade para identificar novas oportunidades de ação, bem como para propor e implementar soluções aos problemas e às necessidades que se apresentam, de modo assertivo e contextualizado.

Habilidades	Conhecimentos	Atitudes
• estabelecer objetivos e metas realistas e oportunas; • colocar em prática os planos elaborados (tocar o projeto); • implementar suas ideias, acompanhando as atividades e promovendo melhorias; • criar alternativas novas e eficazes para a solução dos problemas detectados; • iniciativa própria para firmar parcerias e negociações, a fim de alcançar os resultados pretendidos; • motivar-se diante de problemas, barreiras e desafios (resiliência); • agir com autonomia e responder pelos riscos assumidos, assim como pelos resultados atingidos.	• sobre informações estratégicas da empresa e/ou do negócio; • acerca de cenários e tendências de mercado; • a respeito de ferramentas de análise de problemas.	• tomar a iniciativa, ser proativo, buscar informações; • ter interesse, disponibilidade e comprometimento; • demonstrar energia e entusiasmo; • não desanimar quando algo não sai como o esperado (persistência); • gostar de vencer, de alcançar metas e de obter resultados (dinamismo); • ser persistente na implantação de soluções; • propor-se a realizar atividades desconhecidas.

Fonte: Elaborado com base em Gramigna, 2007.

A organização que adotar esse modelo deverá mapear cada uma das competências necessárias para atingir seus objetivos organizacionais e desdobrá-las em três aspectos que, no Brasil, ganharam notoriedade pela sigla CHA: conhecimentos, habilidades e atitudes, a fim de nortear a avaliação.

A segunda etapa será elaborar uma escala que permita avaliar o nível em que o profissional se encontra em relação a cada competência e a seus desdobramentos. Isso facilitará a adoção de medidas para a adequação do profissional quanto ao que se espera de sua atuação.

A avaliação pelo modelo de competências também pode ser utilizada considerando a organização como um todo ou ser aplicada a setores específicos. Esse procedimento possibilita a valoração do capital intelectual relativo a cada competência vinculada ao negócio.

4.5 Melhoria de desempenho: treinamento e desenvolvimento de pessoas

Recentemente, cada vez mais demandas têm surgido para a área de treinamento e desenvolvimento nas organizações, por conta de muitos desafios tecnológicos e mudanças que nossos tempos têm apresentado. Nas organizações, esse setor que atende ao cliente interno e interage com todos os subsistemas de RH.

Para dar continuidade aos nossos estudos, a seguir, conceituaremos a diferença entre os termos *treinamento*, *desenvolvimento* e *desenvolvimento organizacional*:

- **Treinamento**: refere-se a um processo de curto período por meio do qual o profissional será capacitado em alguma área específica. A intenção é gerar resultados rápidos, com impacto direto na função desempenhada pelo aprendente. O treinamento pode ser interno (promovido pela organização) ou externo (fornecido por uma entidade de ensino).
- **Desenvolvimento**: conjunto de capacitações de escopo mais amplo, razão pela qual se trata de um processo mais longo. Seu objetivo é desenvolver tanto habilidades técnicas quanto comportamentais. Além disso, pode envolver uma mentoria interna ou um processo individualizado de *coaching* que assessore o profissional em sua formação. É extremamente direcionado a planos de carreira.
- **Desenvolvimento organizacional**: diz respeito à cultura de desenvolvimento contínuo implantada em uma organização, criada e vivenciada tanto de modo formal quanto informal e que está consolidada nos profissionais de gestão, desde as lideranças estratégicas até as tácitas e operacionais.

Com as novas tendências referentes à área de gestão de pessoas, suas funções também ganharam um novo escopo: da esfera operacional, burocrática e centralizadora, passaram a ser aplicadas também na área consultora, de modo mais descentralizado e envolvendo diretamente os gestores de setor no treinamento e desenvolvimento de seus colaboradores.

No entanto, é importante investir adequadamente no treinamento de gestores que também sejam desenvolvedores, que tenham prazer em compartilhar seus conhecimentos e proporcionar um bom ambiente de trabalho. O processo de aprendizagem se efetiva de modos diferentes e passa por etapas distintas. Por isso, é mandatório compreender que os aprendizes têm características únicas e distintas uns dos outros, e o aprendizado precisa alcançar a todos, devendo ser transmitido de modo a despertar todos os sentidos humanos, que se constituem na porta de entrada para o aprendizado.

Segundo Fonseca (2014), a **aprendizagem** segue uma tríade funcional que contempla as funções conativas, executivas e cognitivas do ser humano:

- **Funções conativas**: constituídas de elementos como motivação para o aprendizado; temperamento; personalidade; emoções; controle; disposição para aprender. Devem ser estimuladas pelo ensinante, a fim de aguçar os sentidos de valor (por que faço) e de afetividade (como me sinto ao fazer), bem como as expectativas (o que faço com a tarefa a ser aprendida).
- **Funções executivas**: coordenam o processo de aprender (aprender a aprender), otimizam o desempenho cognitivo e controlam os processos mentais mais complexos. Tais funções são responsáveis pelos seguintes elementos: percepção; atenção; memória de trabalho; flexibilização; metacognição; planificação e antecipação; decisão e execução; controle.
- **Funções cognitivas**: dizem respeito ao processo que envolve o conhecimento, que ocorre pela interação entre as funções mentais durante o processo de aprendizado. É composta dos seguintes aspectos: independência; equifinalidade; adaptabilidade; autorregulação; intercâmbio; equilíbrio; totalidade; hierarquia. Nesse processo, a habilidade de o treinador realizar associações e estimular a ligação do conteúdo específico com o todo pode maximizar o entendimento do aprendente.

Para a neuropsicopedagogia, o aprendizado sempre leva em conta esses aspectos, os quais precisam ser assegurados pela área de treinamento e desenvolvimento. No entanto, para isso, faz-se necessário preparar seus instrutores a realizar o trabalho de modo que todas as funções mentais envolvidas sejam estimuladas, proporcionando uma absorção mais efetiva do conhecimento e, com efeito, a aquisição das competências.

Com relação à gestão por competências, o setor de treinamento e desenvolvimento deve assegurar que os *gaps* encontrados no mapeamento de competências sejam mensurados e adequadamente preenchidos por meio de estratégias realmente efetivas.

Essas estratégias deverão estar adequadas para comunicação com todas as pessoas, em todas as gerações que formam as equipes, a fim de que seus integrantes compreendam suas limitações e potencialidades, ampliando a forma pela qual o ensino será realizado. Nessa ótica, para dar corpo às intenções do desenvolvimento, um mapa de treinamento de conhecimentos e habilidades pode ser formatado, sugerindo metodologias e definindo objetivos claros para toda a organização.

O Quadro 4.3, a seguir, traz um exemplo de um programa de treinamento e desenvolvimento. Utilizamos como exemplo um programa de integração de novos colaboradores (*onboarding*), que efetivamente consiste no primeiro passo para que um novo membro seja incluído na cultura organizacional, pois ele terá a oportunidade de sanar dúvidas e remover certas barreiras, contribuindo para sua percepção de um ambiente acolhedor. A partir desse exemplo, é possível incluir todos os outros programas de treinamento da organização.

Quadro 4.3 – Mapa de desenvolvimento de conhecimentos e habilidades

Mapa de desenvolvimento de conhecimentos e habilidades						
Tipo	Nº	Nome	Objetivos	Público--alvo	Pré--requisito	Conhecimentos aplicados
Onboarding	01	Integração de Novos Colaboradores	Dar as boas-vindas; apresentar a organização e suas bases estratégicas aos novos colaboradores; fornecer informações-chave para se conduzir na empresa.	Todos os colaboradores recém--admitidos.	Nenhum	• conhecimento sobre a missão, a visão e os valores da organização e seus objetivos estratégicos; • procedimentos relativos à gestão de pessoas (pagamentos, sistema de ponto, benefícios, serviços de RH).
	02	Básico em Segurança do Trabalho	Habilitar e conscientizar sobre riscos e prevenção de acidentes e doenças ocupacionais, bem como à condução em situações de emergência.	Todos os colaboradores recém--admitidos.	Nenhum	• domínio dos procedimentos internos de saúde e segurança do trabalho; • habilidade para a sensibilização em comportamento prevencionista.
	03	Introdução ao Processo de Trabalho	Proporcionar uma visão holística do processo e dos produtos/serviços resultantes; alinhar os processos da área de trabalho.	Todos os colaboradores recém--admitidos.	Nenhum	• Procedimentos operacionais referentes à área de atuação.

Evidentemente, esse modelo não substitui um bom plano de aulas que norteará cada ação especificando os assuntos em maiores detalhes, a metodologia a ser utilizada e os recursos necessários para sua operacionalização. De toda forma, é importante que, ao final de cada ação, avaliações sejam realizadas, para que os treinandos expressem opiniões sobre o programa vivenciado, contribuindo com críticas, elogios e sugestões.

As metodologias de ensino podem ser variadas e aplicadas conforme o contexto da organização: utilização da sala de aula formal; uso de equipamentos de som e imagem; treinamento *in loco* nas áreas de trabalho; treinamento prático; *e-learning* (plataforma de aprendizagem virtual); ciclo de aprendizagem vivencial (CAV) etc.

Por conta da pandemia, outras formas de treinamento foram desenvolvidas e, com o tempo, aperfeiçoadas. Nesse sentido, elas se tornaram novas tendências, por exemplo:

- **gamificação**: utilização de jogos que promovam o aprendizado por meio de uma simulação da realidade mediada pelo componente lúdico;
- **realidade virtual**: utiliza a tecnologia para promover uma aprendizagem próxima do real, levando o aprendente a vivenciar a experiência do que foi ensinado.

Também tem ganhado espaço a personalização do aprendizado, que traz o colaborador para o centro do próprio processo, oferecendo-lhe treinamentos contextualizados com o trabalho realizado e transmitidos do modo mais adequado ao perfil de aprendizagem do funcionário.

Por fim, a área de treinamento e desenvolvimento deve procurar estabelecer indicadores de retorno sobre o investimento (ROI) acerca dos treinamentos realizados. Para tanto, deve desenvolver técnicas que avaliem a melhoria do desempenho nas áreas treinadas, bem como reduções de erros e outros indicadores que mensurem a efetividade de cada programa.

4.6 Possibilidade de desenvolvimento pessoal

A partir de agora, vamos pensar em como uma pessoa pode ser protagonista de sua vida, sua carreira e sua história. Mesmo com os muitos investimentos feitos por uma organização, é extremamente importante que o profissional, no âmbito pessoal, procure por meios de se desenvolver.

A esse respeito, é necessário que esse sujeito assuma um foco intencional no autoconhecimento e que faça um diagnóstico verdadeiro de como vê a si mesmo, isto é, quais são seus potenciais e suas debilidades, seu propósito de vida, seus valores etc. Trata-se de identificar a posição atual referente ao processo de autodesenvolvimento.

Nesse sentido, o *coaching* é uma das metodologias de desenvolvimento pessoal mais utilizadas atualmente, por promover mudanças e resultados mais rápidos para a carreira. Com o uso de ferramentas e metodologias validadas, o profissional (*coach*) conduz o cliente (*coachee*) a buscar sua melhor *performance* em determinada área, mediante um processo de reflexão e construção elaborado pelo próprio *coachee*.

Anteriormente, neste livro, abordamos a Análise SWOT, ferramenta que permite a uma organização verificar seu estado atual. No entanto, esse modelo também pode ser aplicado para avaliações pessoais, ainda que relacionadas à própria carreira, a fim de conhecer as áreas de fraqueza e as forças, bem como as oportunidades à disposição e as ameaças externas que podem estar incidindo negativamente no desenvolvimento. Além da Análise SWOT, a metodologia DISC, também mencionada, pode ser usada com o mesmo objetivo de reconhecer os *gaps* de treinamento e desenvolvimento que a pessoa deseja alcançar – **o autoconhecimento é o primeiro estágio do autodesenvolvimento.**

Quando um profissional busca se autodesenvolver, assume a responsabilidade de construir a própria carreira e, com base nisso, toma iniciativas para fechar todas as lacunas que possam impedir quaisquer chances de progredir tanto na organização quanto em seus objetivos de carreira. Mas, para obter êxito, ele precisa aceitar suas necessidades de desenvolvimento, ou seja, firmar o compromisso de dedicar tempo e energia no aprendizado contínuo. Um profissional que investe em si normalmente é visto, na empresa, como alguém comprometido, responsável e que chama a atenção para si mesmo de modo positivo (Gramigna, 2007).

A internet diariamente nos fornece uma imensa gama de informações sobre cursos *on-line* e a distância, além de materiais gratuitos, anuários de pesquisas sobre diversas áreas de atuação etc. Em meio a essa fartura, o maior desafio é selecionar adequadamente as informações a serem consumidas. Uma vez que o colaborador é capaz de se mapear e identificar as próprias lacunas, ele pode buscar pelos meios de se desenvolver sem necessariamente esperar que uma organização faça isso por ele. Saiba que, certamente, a maioria das pessoas que consegue uma promoção no trabalho se preparou antes para isso.

Sob essa ótica, o mapa de competências da organização pode ser de grande auxílio, pois propicia ao colaborador se preparar conforme o que deseja para o futuro, e esta é, sem dúvidas, uma medida importante para reconhecer a necessidade de adquirir novos conhecimentos e habilidades. A esse respeito, nas palavras de Gramigna (2007, p. 123):

> *O conhecimento é um indicador de competências que ajuda a lidar com o paradoxo da fortaleza e da flexibilidade. Quanto mais conhecimento colocamos em nossa bagagem, mas nos tornamos fortes e nos*

permitimos ser flexíveis para enfrentar as mudanças e rupturas que surgem em microintervalos de tempo.

As habilidades de um profissional vão sendo demonstradas na medida em que o conhecimento dele é posto em prática. No entanto, reiteramos a importância de buscar pela melhoria contínua, promovendo ajustes e reinícios que naturalmente fazem parte desse processo. Evidentemente, devemos ressaltar que a repetição sem correção não será capaz de promover evolução.

Por isso, o colaborador pode obter benefícios ao solicitar o auxílio de um mentor, de alguém em quem confia, que o conheça bem e possa oferecer *feedbacks* sinceros sobre sua forma de agir frente às adversidades. Tais benefícios podem incluir a adoção de atitudes saudáveis perante eventos negativos e, especialmente, o desenvolvimento (ou aprimoramento) da inteligência emocional, uma competência que tem sido cada vez mais apreciada e valorizada.

Entre os exemplos de atitudes vinculadas à inteligência emocional, citamos:

- **resiliência**: capacidade de sobreviver a tensões e pressões extremas sem desistir, de retornar ao estado de normalidade;
- **empatia**: capacidade de sentir o que o outro sente, isto é, de se colocar no lugar dele – muito encontrada em pessoas que sabem trabalhar em equipe e em funções de liderança.

Sempre que uma quantidade considerável de integrantes de uma equipe desperta para o autodesenvolvimento, esta automaticamente cresce junto. Esse impacto, que começa no âmbito pessoal, expande-se para o processo grupal. Se analisássemos essa premissa do ponto de vista da teoria dos sistemas, poderíamos afirmar que uma nova *expertise* adentra o sistema grupal e, à medida que é processada, fornece resultados de alto valor.

Uma cultura de desenvolvimento organizacional só será devidamente fundamentada depois que os membros da organização entenderem a importância de se autodesenvolverem. Porém, também é fundamental que a liderança incentive e proporcione ferramentas que permitam aos colaboradores ampliar suas competências individuais e grupais. Com essa dinâmica de troca de informações e conhecimentos, a organização adquire cada vez mais valor intangível, já que sempre se mantém fomentando o aprendizado e gerando inovação, a fim de conquistar seus objetivos com sucesso.

Mas para que a organização alcance esse patamar, seus colaboradores precisam, necessariamente, ter desenvolvido a competência de se autodesenvolver e de gerenciar os conhecimentos adquiridos. Nesse sentido, no Quadro 4.4, a seguir, apresentamos uma síntese das habilidades, dos conhecimentos e das atitudes que podem ser encontrados em um profissional que desenvolveu essa competência.

Quadro 4.4 – Habilidades, conhecimentos e atitudes de quem detém a competência de autodesenvolvimento e gestão do conhecimento

Habilidades	Conhecimentos	Atitudes
• identificar necessidades próprias; • participar de eventos de desenvolvimento; • ter o hábito de ler; • aprender coisas novas; • manter-se atualizado; • identificar ações para o desenvolvimento; • usar as críticas recebidas para se desenvolver; • perguntar o que não sabe; • conhecer seus pontos fortes e fracos.	• sobre cursos vinculados à área de atuação oferecidos pela empresa e pelo mercado; • a respeito de fontes de leitura para o autodesenvolvimento; • acerca das exigências do cargo; • referentes ao perfil de competências do cargo; • relativos às próprias necessidades de desenvolvimento.	• tomar a iniciativa; • prazer em participar de treinamentos e eventos de desenvolvimento; • gostar de ler e aprender coisas novas; • procurar conhecer seus pontos fortes e suas dificuldades; • ter humildade para reconhecer a necessidade de se desenvolver.

Fonte: Elaborado com base em Gramigna, 2007.

A matriz de competência exemplificada no Quadro 4.4 consiste em um excelente recurso para a seleção por competências, pois auxilia a estruturar uma equipe voltada para o desenvolvimento pessoal. Com efeito, a organização também será aprimorada e atingirá bons resultados com a máxima efetividade, além de sempre estar um passo à frente diante das novas possibilidades tecnológicas. Hoje em dia, para que uma empresa se mantenha competitiva no mercado, ela deve contar com colaboradores que assumam a postura de eternos aprendizes.

Indicação cultural

GRAMIGNA, M. R. **Modelo de competências e gestão dos talentos**. São Paulo: Pearson Prentice Hall, 2007.

Neste livro, Maria Rita Gramigna apresenta os conceitos referentes à gestão por competências. Nele, você encontrará um passo a passo extremamente didático, com exemplos práticos de cada etapa, formulários úteis e algumas matrizes que podem ser utilizadas como modelo para a implantação do programa de competências e gestão de talentos.

Síntese

Neste capítulo, conhecemos dois modelos de gestão estratégica aplicados ao terceiro setor. Ainda, discutimos acerca de algumas metodologias para a aplicação de um programa de gestão por competências, considerando a existência das múltiplas inteligências. Também indicamos alguns exemplos práticos de modelagem referentes a esse modelo, orientados para o desenvolvimento organizacional.

Atividades de autoavaliação

1. (Copese – 2012 – UFT) Abaixo, estão relacionados aspectos fundamentais da moderna concepção de Recursos Humanos. Complete a sequência destas noções com a expressão correspondente ao aspecto descrito.

    As pessoas como:

    I) _____, dotados de personalidade própria e profundamente diferentes entre si, com história pessoal e particular diferenciadas;

    II) _____, elementos impulsionadores da organização capazes de dotá-la de talento indispensável à sua constante renovação;

    III) _____, fazem investimentos na organização, como esforços, comprometimento na expectativa de receberem retorno destes investimentos na forma de salário, satisfação;

    IV) _____, como elementos vivos e portadores de competências essenciais ao sucesso organizacional;

    V) _____, como principal ativo organizacional que agrega inteligência ao negócios e fins organizacionais;

    Marque a sequência CORRETA:

    a) capital humano; parceiros; ativadores de recursos organizacionais; talentos fornecedores de competências; seres humanos.

    b) seres humanos; parceiros; ativadores de recursos organizacionais; talentos fornecedores de competências; capital humano.

    c) seres humanos; capital humano; ativadores de recursos organizacionais; parceiros; talentos fornecedores de competências.

d) ativadores de recursos organizacionais; parceiros; seres humanos; talentos fornecedores de competências; capital humano.

e) seres humanos; ativadores de recursos organizacionais; parceiros; talentos fornecedores de competências; capital humano.

2. (Ibade– 2021 – ISE-AC) Os trabalhadores são para as organizações o capital humano e seu talento é valioso como valor agregado e competências. De acordo com Chiavenato talento significa que um profissional consegue reunir quatro componentes básicos:

1. Conhecimento
2. Habilidades
3. Julgamento
4. Atitude

Habilidades, de acordo com a Composição do capital humano definido por Chiavenato, significa:

a) aprender a utilizar o conhecimento de maneira concreta e proveitosa. Em outras palavras, saber aplicar o conhecimento na solução dos problemas, na inovação e na contribuição ao sucesso da organização.

b) preparação contínua para receber novos conhecimentos. Isso implica em aprender a aprender, aprender a aprender mais rapidamente e melhor, aprender continuamente para que sejam fornecedoras de conhecimento e não simplesmente fornecedoras de mão de obra.

c) aprender a analisar e discernir as situações para tomar decisões a respeito de como aplicar suas habilidades, definir necessidades e prioridades a serem satisfeitas.

d) empreender, sair da zona de conforto e assumir responsabilidades e iniciativa no sentido de trabalhar como parceiro da organização e não simplesmente passivo e dependente de tarefas.
e) aprender a utilizar o conhecimento de maneira concreta e proveitosa. Em outras palavras, saber aplicar o conhecimento na solução dos problemas, na inovação e na contribuição ao sucesso pessoal.

3. (Instituto Consulplan – 2023 – Seger-ES) A gestão por competências é um modelo que abrange três conjuntos de competências: comportamentais; organizacionais; e, técnicas. Constitui-se em exemplo de competência técnica:
   a) Lidar bem com frustrações.
   b) Ter persistência e comprometimento.
   c) Possuir comunicação assertiva e articulada.
   d) Saber trabalhar com um *software* específico.
   e) Desenvolver o projeto de um produto desde sua concepção.

4. (Instituto Consulplan-2023) Leia o texto a seguir e analise a imagem apresentada:

   As competências individuais como atributos pessoais são desenvolvidas ao longo da vida pessoal e são reveladas em situações de trabalho, gerando o vínculo entre conduta individual e estratégia organizacional.

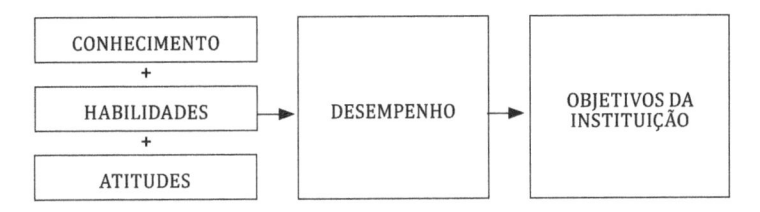

   CONHECIMENTO + HABILIDADES + ATITUDES → DESEMPENHO → OBJETIVOS DA INSTITUIÇÃO

Assinale a afirmativa que expressa corretamente a ideia contida no texto e na imagem.

a) Competência corresponde ao processo de definição de objetivos institucionais de acordo com a capacidade de desempenho dos indivíduos que se baseia em seus conhecimentos, habilidades e atitudes.

b) O desempenho individual pode ser conceituado como o atendimento de objetivos organizacionais por meio de conhecimentos, habilidades e atitudes desenvolvidas pelas pessoas somente por meio da mobilização institucional.

c) O domínio de certas competências deve ser buscado pelos indivíduos, pois estratégias organizacionais para mobilizar seus conhecimentos, habilidades e atitudes, conduzem a um desempenho menos eficiente e agregam somente valor institucional.

d) A descrição de "competência" está relacionada somente aos comportamentos que um indivíduo deve apresentar, independente do que é saber fazer ou ser capaz de fazer no seu posto de trabalho, para permitir que a instituição alcance os seus objetivos.

e) A mobilização institucional para desenvolvimento de certas competências pelos indivíduos leva a um desempenho mais eficiente e agrega valor pessoal e institucional, mas é necessário, também, observar a entrega e os resultados dessas competências para o alcance dos objetivos institucionais.

5. (Fepese – 2023 – Prefeitura de Balneário Camboriú) A seleção de pessoas é um aspecto sensível da administração de recursos humanos em uma organização. Diz-se isso pois a seleção bem-sucedida tende a colaborar com o alcance dos objetivos da organização, uma vez que as vagas disponíveis são preenchidas com candidatos que possuam as competências requeridas e o perfil desejado. A seleção malsucedida, por outro lado, pode gerar diversos problemas, como o da rotatividade.

Identifique abaixo as afirmativas verdadeiras (V) e as falsas (F) sobre a questão da rotatividade nas organizações.

( ) A rotatividade, embora seja um problema que causa transtornos diversos, não gera grandes custos financeiros para uma organização.

( ) Dentre os custos atrelados ao problema da rotatividade podem-se listar os custos de recrutamento, os custos de seleção, os custos de treinamento e os custos de desligamento.

( ) A rotatividade é influenciada apenas por variáveis internas da organização, como a política salarial, o estilo gerencial, as oportunidades de crescimento interno e as condições de trabalho.

( ) A entrevista de desligamento pode ajudar a organização a compreender melhor os fatores que influenciam a rotatividade de seu pessoal.

Assinale a alternativa que indica a sequência **correta**, de cima para baixo:

a) V, F, V, F
b) V, F, F, V
c) F, V, V, F
d) F, V, F, V
e) F, F, V, V

Atividades de aprendizagem

Questões para reflexão

1. Deepak Chora (citado por Gramigna, 2007, p. 134) afirma:

   as expressões mais poderosas que uma pessoa pode usar são o 'SIM' e o 'NÃO'. O efeito delas podem levantar fronteiras e eliminá-las. Todo aquele que acredita poder fazer, leva um 'sim' encerrado em alguma parte, geralmente pronunciado por familiares ou mestres em seu passado. Todo aquele que não crê poder fazer, leva um 'não' escondido, proveniente das mesmas fontes.

   Com base nessa afirmação, reflita: As crenças que você tem construído a seu respeito são verdadeiras? Será que você tem se limitado em seu desenvolvimento por conta delas?

2. De acordo com as reflexões realizadas na questão anterior, pense em um plano de ação cujo principal objetivo seja possibilitar que você supere as crenças limitantes que impedem seu desenvolvimento. Utilize passos práticos, estabeleça prazos de cumprimento e celebre as pequenas vitórias.

Atividade aplicada: prática

1. Leia atentamente o texto a seguir:

   é possível afirmar que o gestor de igrejas deve estar ainda mais preparado do que os gestores de empresas ao aplicar os princípios de Gestão Estratégica, pois precisa somar não só os aspectos naturais mas os sobrenaturais para determinar o Planejamento e implementá-lo, conectando movimentos internos e externos da denominação com transparência e conhecimento de causa, captando recursos (humanos, financeiros etc...), para executar os planos de ação, além de incentivar, instruir e reconhecer o esforço das pessoas envolvidas, controlar o processo, corrigir falhas, promover melhorias e tomar decisões rápidas, numa prática continuada, com foco na expansão do Reino Eterno e no cuidado de vidas, sem alterar a doutrina cristã imutável, enquanto formaliza a estrutura eclesiástica, inova e supera limites, para a glória de Deus. (Paes, 2019, p. 53)

   Nesse excerto, a autora versa sobre a possibilidade de a igreja ter um gestor que necessariamente não seja o líder eclesiástico. Com base no escopo de competências definido no trecho citado e no que estudamos neste capítulo, proponha formas de promover o alinhamento entre a igreja e a visão de gestão estratégica de Paes (2019). Elabore um breve texto com suas considerações.

capítulo cinco

Aspectos da psicologia organizacional

05

Não é de hoje que estudiosos tentam entender o comportamento humano e sua interferência no meio em que estão inseridos. Diversas correntes da psicologia avidamente trabalham para explicar certos comportamentos sob o ponto de vista do passado, das experiências, do meio, da personalidade, dos reforços ao comportamento operativo. Todas essas teorias, e tantas outras, estão longe de ser isoladamente determinantes para estabelecer algum consenso final. Elas são partes de uma rede que se conectam e contribuem para entender esse tema complexo e desafiador.

Para que você, leitor, compreenda esse universo, é importante, sim, olhar para o passado, inspirar-se com sua peculiar contribuição e vislumbrar o futuro, que nos trará muito mais evoluções tecnológicas, especialmente com relação às neurociências. É sobre isso de que trataremos neste capítulo.

5.1 Comportamento social humano

A psicologia social, a antropologia e a sociologia vêm sendo fundamentais para entendermos o comportamento humano e sua interação com outros seres humanos, considerando os movimentos feitos nos relacionamentos interpessoais e as percepções que fazemos a respeito de outras pessoas. A conclusão é de que cada lente que utilizamos para ver e compreender o outro mais têm a ver conosco do que, de fato, com o outro. Isso porque a realidade que vemos é distorcida por nossos próprios conceitos, vivências e referenciais.

Anteriormente, mencionamos que os seres humanos são seres sociais e, por isso, necessitam estar em interação com outros, por conta de suas necessidades de pertencimento grupal e, claro, de afetividade, para que se sintam confortáveis e experimentem o bem-estar. Esses sentimentos precisam ser mútuos para que gerem relacionamentos que permitam aos indivíduos se sentir seguros no meio em que a interação ocorre. O que distingue um grupo de pessoas de uma equipe é, justamente, a capacidade de os integrantes do time influenciarem os sentimentos e os comportamentos uns dos outros.

Estudos dirigidos acerca do comportamento social nas organizações já vêm sendo realizados desde a publicação dos primeiros ensaios da administração científica, principalmente com a abordagem taylorista, que basicamente procura entender como o homem que trabalha no setor industrial pode produzir mais e melhor.

No entanto, com o passar dos anos, outros cientistas passaram a desenvolver pesquisas com o objetivo de se aprofundar na dinâmica dos grupos nas organizações e verificar as melhores maneiras de liderá-los.

Assim, em 1950, Douglas McGregor (1973) propôs uma teoria que distinguia duas formas pelas quais um líder poderia considerar as pessoas que faziam parte de seu grupo de trabalho. Em ambos os casos, assumiu-se que o comportamento do líder influencia consideravelmente os resultados entregues pela equipe. A teoria elaborada por McGregor foi denominada *Teoria X e Y*, e suas premissas estão descritas no Quadro 5.1, a seguir.

Quadro 5.1 – Teoria X e Y

Teoria X	Teoria Y
I. Os funcionários não gostam de trabalhar por sua própria natureza e, por isso, sempre que possível procuram evitar o trabalho. II. Por não gostarem de trabalhar, devem ser coagidos, controlados ou ameaçados com punições, para que atinjam as metas. III. Os funcionários também evitam responsabilidades e costumam solicitar orientações formais. IV. A maioria dos trabalhadores coloca a segurança acima de todos os fatores associados ao trabalho e demonstra pouca ambição.	I. Os funcionários podem considerar o trabalho algo tão natural quanto os atos de descansar ou se divertir. II. As pessoas demonstram senso de auto-orientação e autocontrole quando estão comprometidas com objetivos. III. Uma pessoa mediana é capaz de aprender a aceitar ou, até mesmo, a buscar por responsabilidades. IV. A capacidade de tomar decisões inovadoras pode ser encontrada em qualquer pessoa. Ou seja, não se trata de um privilégio exclusivo de quem ocupa posições hierarquicamente superiores.

Fonte: Elaborado com base em Robbins, 2005.

McGregor (1973) recorreu à abordagem de Maslow, com sua pirâmide da motivação. Portanto, acreditava que o homem poderia realizar um trabalho significativo, desde que fosse corretamente estimulado e tivesse suas necessidades atendidas. Sua teoria fazia uma crítica aos líderes que operavam sob os postulados da Teoria X, isto é, lidavam com o trabalho encarando-o como forma de manipulação e coação, além de enfatizar a crença de que os indivíduos são capazes de se comprometer com o autodesenvolvimento:

> A menos que o próprio emprego seja satisfatório, a menos que se criem oportunidades na situação de trabalho, que permitam fazer dele próprio uma diversão, jamais lograremos conseguir que o pessoal dirija voluntariamente seus esforços em prol dos objetivos organizacionais. Na realidade, é o reverso que acontece. O trabalho transforma-se numa espécie de castigo ao qual os trabalhadores têm que se submeter a fim de obter aquilo de que necessitam para a satisfação de suas necessidades depois que deixam o serviço. (McGregor, citado por Bergamini, 1992, p. 119)

Para entendermos tal dinâmica na atualidade, precisamos compreender que, quando nos deparamos com esse fenômeno social na organização, temos que atentar a todas as variáveis que compõem um indivíduo, e não apenas ao modo pelo qual ele interage com os outros. Além disso, essa análise deve levar em consideração eventos que causaram enorme impacto na sociedade, tais como a crise econômica de 1929, a Segunda Guerra Mundial e o processo de globalização. Este último, inclusive, tem sido objeto de diversos estudos sociais cuja intenção é compreender os comportamentos das pessoas não somente considerando os fatores intrínsecos a cada um, mas também as influências exercidas pelos movimentos sociais e, ainda, as mudanças impostas por um mundo em frenético desenvolvimento tecnológico.

Sobre esse tema, foi estabelecida uma classificação que categoriza as pessoas pelo ano de nascimento ou, ainda, a partir do ano de ingresso no mercado profissional. A constatação é de que os indivíduos que vivem na mesma época compartilham os mesmos cenários sociais, seus valores pessoais e sistemas de crenças. Isto é, assemelham-se uns aos outros em aspectos-chave, como na priorização e na resposta aos estímulos do meio em que estão inseridos.

Atualmente, já reconhecemos a necessidade de prever as transformações que impactarão os futuros profissionais, isto é, aqueles que ainda estão em idade escolar, por conta da velocidade com que as mudanças vêm ocorrendo, além dos componentes agilidade e inovação, cada vez mais apregoados pelas empresas. Esse contexto deu origem a uma verdadeira corrida para identificar as megatendências que influenciarão o comportamento das futuras gerações não só sob o aspecto da gestão de pessoas, mas também com relação ao potencial de consumo e à absorção da comunicação mercadológica. Hoje, vivemos uma realidade completamente diferente em comparação a poucos anos atrás, quando os costumes, os hábitos e as comunicações entre as pessoas não modificavam tão rápida e drasticamente.

A classificação que mencionamos se baseia nos valores e comportamentos cultivados conforme a faixa etária. Vale ressaltar que, em geral, a literatura da área não apresenta um consenso sobre os períodos de início e término de cada geração. Por isso, escolhemos representar as diferenças entre elas depois de consultar várias fontes disponíveis.

Essa classificação se encontra no Quadro 5.2, que demonstra as principais características de cada geração e os principais motivos que as justificam. Assim, cada época gerou certos impactos no comportamento organizacional e na maneira como os profissionais entregam resultados e se sentem motivados a isso.

No entanto, não temos uma posição determinística e estanque. Queremos apenas proporcionar a você, leitor, um panorama geral a respeito dessas distintas gerações, possíveis pontos de intercessão entre as pessoas marcadas por contextos e valores semelhantes, a qual pode auxiliá-lo na gestão.

Quadro 5.2 – Características das gerações

Geração	Contexto	Valores/Comportamentos
Boosters (até 1927)	Os *boosters* vivenciaram um mundo em grandes dificuldades e, além disso, passaram pela Grande Depressão e pela Segunda Guerra Mundial.	Os *boosters* ficaram conhecidos como trabalhadores, estáveis, objetivos, perseverantes e resilientes. Em geral, essa geração deu origem a líderes fortes, autoritários e respeitados.
Baby boomers (entre 1928 e 1946)	Como resultado do trabalho de reconstrução dos pais, nasceram em uma condição de estabilidade financeira, mas experimentaram os resultados dos horrores das guerras (Vietnã, Hiroxima e o Holocausto), o que possibilitou a esses indivíduos se conscientizarem acerca do perigo de seguir cegamente a um líder.	O protesto e o questionamento foram parte dos valores dessa geração pragmática e idealista, cujos membros viveram grandes mudanças com a tecnologia nascente. Assim, tornaram-se especialistas, intolerantes a erros e com baixa lealdade institucional. É possível dizer que, quando jovens, eram rebeldes, e quando adultos, conservadores.
Busters (entre 1947 e 1964)	A geração mais mimada e menos suprida emocionalmente, em razão do aumento do número de divórcios. Os *busters* nasceram em um mundo no qual havia ameaças nucleares e, ainda, viram surgir os primeiros problemas ambientais. Os representantes dessa geração acompanharam a evolução do gênero musical *Rock and Roll*.	Os nascidos nessa geração foram as primeiras vítimas de drogas, usadas para suprir a ausência emocional, além da tendência a formar grupos e comunidades com os quais há identificação e lealdade. Racionalistas, são dados ao conhecimento e apreciam o ensino pelo exemplo. Valorizam a ascensão profissional e se mantêm em um emprego estável.

(continua)

(Quadro 5.2 – continuação)

Geração	Contexto	Valores/Comportamentos
Geração X (entre 1965 e 1980)	Os integrantes dessa geração se acostumaram com a ausência dos pais, que geralmente trabalhavam fora de casa. Tiveram acesso a novas tecnologias, como a televisão e o telefone. O período que contempla a Geração X também foi palco para o surgimento de novos processos industriais e pela forte migração rural para a vida urbana. Foram, também, os primeiros usuários de internet e e-mail.	Entre as características apresentadas pelos nascidos na Geração X, as principais são a independência e o propósito empreendedor. Além disso, não se precipitam para tomar decisões, valorizam o emprego e a estabilidade e são pouco resistentes a mudanças.
Geração Y ou *millennials* (entre 1981 e 1997)	Membros dessa geração vivenciaram a queda do Muro de Berlim e a popularização da internet. Na infância, foram excessivamente protegidos, mas com acesso facilitado a aparelhos eletrônicos e à tecnologia em geral. Por conta da globalização, foram os primeiros a acompanhar as avalanches de informação em tempo real.	Os *millenials* são individualistas, multitarefas e não se apegam a instituições e/ou líderes. Quando se sentem desconfortáveis no emprego atual, não têm problemas em procurar por novas oportunidades. Ainda, vários têm mais de uma carreira. Em geral, são ágeis e criativos e entendem mais de tecnologia do que os membros das gerações anteriores. São liderados pelo exemplo, e não por hierarquias.
Geração Z (entre 1988 e 2009)	A Geração Z nasceu em meio à Terceira Revolução Industrial (Revolução Tecnológica), marcada pela velocidade da comunicação em redes, pela chegada da internet via *mobile*, bem como por rápidas substituições de tecnologia (disquete – CD – *Blue ray* – pendrive – armazenamento em nuvem). Também foi essa a geração que acompanhou os primeiros indícios da militância terrorista que reivindicou os ataques ao *World Trade Center*.	Imediatistas, os integrantes da Geração Z expõem livremente suas ideias e têm necessidade disso. São competitivos, independentes e se preocupam muito com questões ambientais. Aprendem por diversas maneiras e conseguem lidar, ao mesmo tempo, com várias tarefas de estímulos sensoriais diferentes. Autodidatas, valorizam a diversidade e a autonomia. Vivem a explosão da era da ansiedade.

(Quadro 5.2 – conclusão)

Geração	Contexto	Valores/Comportamentos
Geração *Alpha* (a partir de 2010)	Os pais dos nascidos nessa geração vêm constituindo suas famílias cada vez mais tarde, e seus filhos têm mais recursos materiais do que seus pais tiveram. Os "nativos digitais" têm fácil entendimento das ditas realidades virtual e aumentada. Trata-se de uma geração que iniciará sua vida profissional daqui a poucos anos.	A Geração *Alpha* foi palco para o surgimento de crianças espontâneas e com bom senso de autonomia, além de sensíveis aos estímulos visuais da tecnologia. Porém, muitas apresentam sintomas da Síndrome do Pensamento Acelerado e ansiedade, especialmente por conta do excesso de estímulos e informações oriundas dos meios digitais. Mais aptas à tecnologia que as gerações anteriores, adeptas ao aprendizado gamificado, com raciocínio não linear, consideram cansativas as atividades de leitura e, não raro, revelam dificuldade de concentração.

Fonte: Elaborado com base em Taylor, 1998; Comazzetto et al., 2016; Souza; Kratz, 2018; Cury, 2021.

Com o aumento da expectativa de vida, não é mais incomum que as organizações compartilhem seus espaços com pessoas de várias gerações, o que exige uma habilidade de socialização muito maior, bem como o respeito às diferenças, além de um forte desejo de compartilhar conhecimentos e experiências uns com os outros. Essa prática, reiteramos, potencializa os resultados em direção aos objetivos comuns.

Inclusive, atualmente, uma nova categoria tem sido mencionada: a dos *perenialls*, a qual inclui pessoas que têm facilidade para se relacionar e absorver conhecimentos de diversas gerações, dialogar e aprender com pessoas de faixas etárias diferentes. Isto é, as características apresentadas pelos membros dessa nova geração são uma mistura de várias épocas (Armbrust, 2022).

Indicação cultural

O ESTAGIÁRIO. Direção: Nancy Meyers. EUA: Warner Bros. Pictures, 2015. 121 min.

Este filme narra a história de um homem que, aos 70 anos, volta ao mercado de trabalho como estagiário de uma *startup* do ramo da moda, cuja proprietária é uma jovem de 30 anos. A relação de ambos lhes proporcionam muitos aprendizados. A produção traz um importante olhar sobre a possibilidade de diferentes gerações trabalharem juntas e obterem resultados extraordinários.

5.2 Gerenciamento de pessoas: conceitos, evolução e perspectivas atuais

A área de gerenciamento de pessoas viveu uma série de mudanças no decorrer da história. Os formatos iniciais que surgiram para atender às demandas de uma crescente industrialização evoluíram para se adequarem à era das tecnologias e, mais recentemente, à revolução digital.

Os primeiros movimentos de gestão na indústria surgiram com o taylorismo, movimento desenvolvido pelo norte-americano Frederick Taylor no final do século XIX. Tratou-se da primeira expressão de uma administração científica baseada em dados, que defendia a especialização dos trabalhadores em suas funções, com o intuito de alcançar a máxima produtividade.

Em seguida, ocorreu o desenvolvimento do fordismo, que organizava os trabalhadores da indústria de montagem automobilística em esteiras móveis nas quais as peças passavam para ser montadas pelos trabalhadores em determinado tempo. Ou seja, a movimentação das esteiras ditava o ritmo de trabalho e exigia pouca ou quase nenhuma especialização.

O final do século XX, trouxe outros desafios, exigiu que a mão de obra migrasse das funções repetitivas e rotineiras passassem a realizar atividades que demandavam outras competências e habilidades. Assim, o papel da mão de obra se tornou necessário em funções que presumiam a participação ativa de todos, enfocando competências e tornando o trabalho significativo. Esse fato gerou não apenas uma transformação nas nomenclaturas, mas uma mudança de pensamento em termos de valor, bem como com relação à função estratégica desempenhada pelos funcionários nas organizações.

Para entendermos melhor essas transformações, vamos, a seguir, traçar um panorama histórico dessa área, considerando os principais eventos desde a década de 1950 até nossos dias. As atividades das áreas de gestão de pessoas serão divididas em três movimentos mais significativos (Chiavenato, 2014):

1. **Era da industrialização clássica (1900-1950)**: com a industrialização em larga escala avançando no mundo inteiro, em meados do século XX, as indústrias adotavam um sistema de gestão hierarquizado em modelo piramidal que apresentava muitas camadas de liderança. As decisões eram centralizadas no topo da pirâmide, ou seja, havia pouca ou nenhuma participação das funções de base. Nesse modelo, as diretrizes e regras eram traçadas pelas gerências, que tinham o objetivo de, quando necessário, controlar as pessoas no exercício de suas funções, por meio de ferramentas de disciplina. Os colaboradores eram vistos como recursos focados na produtividade, e o desafio envolvia a especialização, as microtarefas e a manutenção do *status quo*.

2. **Era da industrialização neoclássica (1950-1990)**: pressionadas pelos movimentos que exigiam atenção ao trabalhador e a necessidade de manter uma mão de obra com mais experiência e especialização, as indústrias sofreram alterações significativas mediante a ampliação das relações comerciais – de locais para regionais e, depois, internacionais. Nessa época, houve a adoção de marcos regulatórios de jornadas de trabalho, medidas de saúde e segurança do trabalhador e treinamentos. O modelo de gestão piramidal e burocrático aos poucos foi dando espaço para um modelo matricial, que permitia a ascensão lateral dos profissionais, de modo um pouco mais horizontalizado. Esse modelo mais estruturalista, com menos camadas, agilizava o processo decisório e abria caminho para as primeiras ideias de inovação e melhoria contínua. Ainda nesse período, os programas de qualidade total e de reengenharia movimentam o organograma, introduzindo os comitês de melhoria, os quais passaram a incluir as pessoas da base, por serem estas as executoras dos processos de produção. Foi o início do que conhecemos como *cultura participativa*.
3. **Era da informação (1990-2000)**: esta era foi marcada pela introdução da tecnologia da informação, que integrou todas as soluções de comunicação aos computadores. A chegada da internet tornou o fluxo de informações extremamente rápido, alicerçando a base da globalização da economia e o livre mercado. Assim, a competitividade passou a ser ainda mais acirrada e agressiva, frente ao mercado de ações que migrava entre os países em poucos instantes. O capital financeiro cedeu lugar ao capital intelectual. Logo, quem detinha as melhores estratégias e maior rapidez de execução conseguia obter os melhores resultados financeiros, trazendo o foco da gestão para as pessoas. De acordo com Chiavenato (2014, p. 34): "Na era da informação,

o emprego passou a migrar do setor industrial para o setor de serviços, o trabalho manual substituído pelo trabalho mental, indicando o caminho para uma era da pós-industrialização baseada no conhecimento e no setor terciário". Outro fator importante para as relações humanas foi o desenvolvimento da telefonia, da TVe das mídias sociais, democratizando o acesso à informação em tempo real, o que exigiu a criação de novas abordagens de gestão de pessoas que focassem na retenção de talentos, impulsionando a era que viria logo a seguir.

Durante todo esse processo de mudança, a área de RH, inicialmente, tinha um papel mais burocrático e centralizador (era clássica). Nesse contexto, as funções do setor estavam mais voltadas ao compromisso de cumprir com as exigências legais e com foco nas atividades de departamento pessoal, as quais envolviam admissão, anotação de pontos, pagamentos, férias, medidas disciplinares e demissões. A esse trabalho somou-se a responsabilidade de fazer negociações sindicais, que se tornavam cada vez mais corriqueiras, principalmente em decorrência das condições de trabalho inadequadas.

Posteriormente (era neoclássica), o setor de RH passou a se chamar *administração de recursos humanos* (ARH) e a integrar as tarefas de recrutamento e seleção, treinamento, avaliação e segurança do trabalho. Apesar da ênfase em administrar as pessoas, deu-se um processo de maior flexibilização, promovendo controles menos rígidos quanto aos colaboradores.

Por fim, a era da informação propiciou ao setor – agora denominado *gestão de pessoas* – um maior enfoque nas pessoas como seres humanos dotados de diversas características particulares, chamando a atenção para o potencial criativo, a inteligência e a liberdade como motivadores para melhores resultados (Chiavenato, 2014).

Desde o início desta era, a nova forma de compreender o trabalho e o potencial dos colaboradores se constituiu no capital mais importante das empresas. Com as alterações ocorridas em todo o mundo, as organizações se viram cada vez mais forçadas a ter algum diferencial competitivo, o qual só poderia ser proveniente dos próprios funcionários.

Nesse novo contexto, os programas de desenvolvimento passaram a entender seus colaboradores como as peças-chave para o sucesso. Assim, todos os colaboradores começaram a ser incluídos nos processos de melhoria e em decisões compartilhadas, além de poderem aperfeiçoar suas competências de relacionamento interpessoal e de receberem um tratamento mais digno e respeitoso, com possibilidades de crescimento. Esses fatores, atualmente, são considerados básicos para que as empresas mantenham seus funcionários.

Diante desse novo panorama, ocorreu uma espécie de "achatamento" das estruturas de hierarquia, eliminando cargos e ampliando o crescimento das carreiras laterais, com base em avaliações de desempenho e remuneração estratégica.

A esse respeito, observe a Figura 5.1, que apresenta um resumo dessas transformações.

Figura 5.1 – Gestão de pessoas em um ambiente dinâmico e competitivo

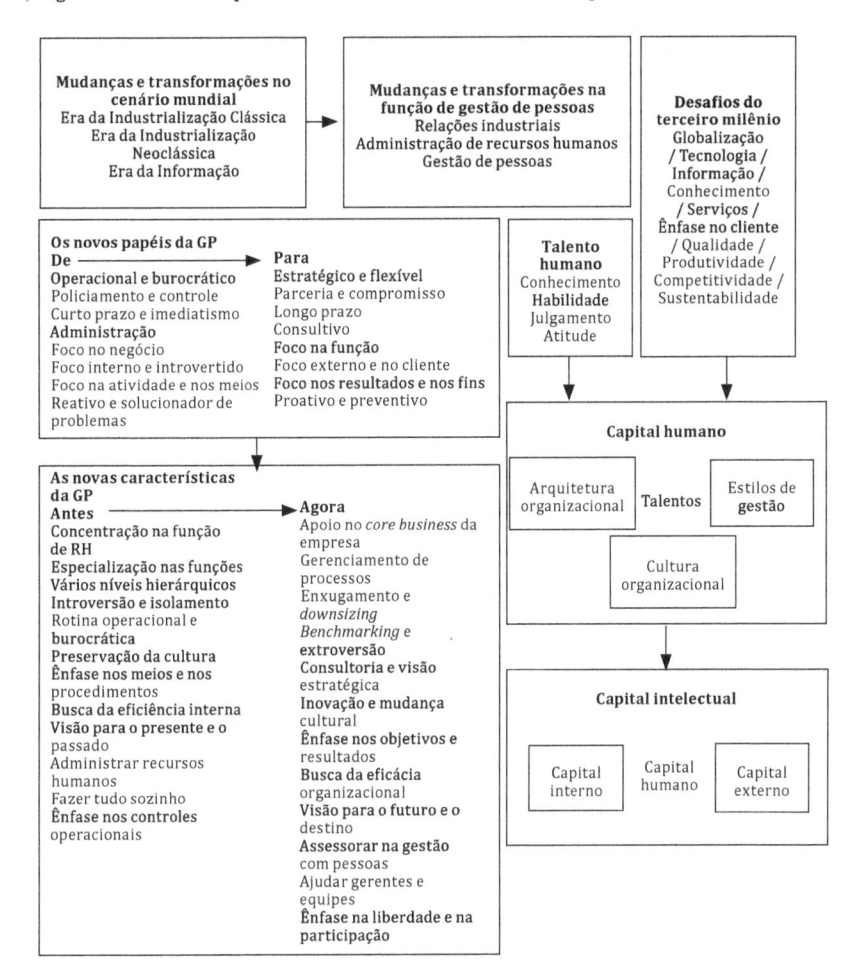

Mudanças e transformações no cenário mundial
Era da Industrialização Clássica
Era da Industrialização Neoclássica
Era da Informação

Mudanças e transformações na função de gestão de pessoas
Relações industriais
Administração de recursos humanos
Gestão de pessoas

Desafios do terceiro milênio
Globalização / Tecnologia / Informação / Conhecimento / Serviços / Ênfase no cliente / Qualidade / Produtividade / Competitividade / Sustentabilidade

Os novos papéis da GP
De
Operacional e burocrático
Policiamento e controle
Curto prazo e imediatismo
Administração
Foco no negócio
Foco interno e introvertido
Foco na atividade e nos meios
Reativo e solucionador de problemas

Para
Estratégico e flexível
Parceria e compromisso
Longo prazo
Consultivo
Foco na função
Foco externo e no cliente
Foco nos resultados e nos fins
Proativo e preventivo

Talento humano
Conhecimento
Habilidade
Julgamento
Atitude

Capital humano
Arquitetura organizacional
Talentos
Estilos de gestão
Cultura organizacional

As novas características da GP
Antes
Concentração na função de RH
Especialização nas funções
Vários níveis hierárquicos
Introversão e isolamento
Rotina operacional e burocrática
Preservação da cultura
Ênfase nos meios e nos procedimentos
Busca da eficiência interna
Visão para o presente e o passado
Administrar recursos humanos
Fazer tudo sozinho
Ênfase nos controles operacionais

Agora
Apoio no *core business* da empresa
Gerenciamento de processos
Enxugamento e *downsizing*
Benchmarking e extroversão
Consultoria e visão estratégica
Inovação e mudança cultural
Ênfase nos objetivos e resultados
Busca da eficácia organizacional
Visão para o futuro e o destino
Assessorar na gestão com pessoas
Ajudar gerentes e equipes
Ênfase na liberdade e na participação

Capital intelectual
Capital interno
Capital humano
Capital externo

Fonte: Chiavenato, 2014, p.53.

Aspectos da psicologia organizacional

Outra transformação que consideramos importante citar diz respeito à abordagem estratégica da área, que passou por um processo de descentralização de atividades, mediante a adoção de soluções integradas de tecnologia e a distribuição das tarefas de gestão entre os líderes. Nesse cenário, o setor de RH pôde participar das formulações estratégicas da organização, em vez de apenas ser informado. A área de gestão de pessoas se tornou uma área de serviços que oferece consultoria e apoio aos gestores estratégicos e de linha, trabalhando para manter uma forte cultura organizacional e possibilitar a retenção de funcionários.

Com as novas demandas aceleradas pela pandemia de covid-19, iniciada em 2020, a gestão de pessoas recebeu novos desafios, tais como o trabalho remoto e o modelo híbrido, horizontalizando as responsabilidades e reduzindo a hierarquização ainda vigente em micro e pequenas empresas. Esse contexto forçou um processo de modernização nas relações de trabalho considerando fatores como competência e desempenho e menos foco na padronização das tarefas. Tais tendências de mercado e competências estão cada vez mais voltadas às novas tecnologias, pois modificaram os escopos de trabalho e levaram à necessidade de se desenvolver uma gestão preparada para o futuro.

5.3 O que é chamado? Qual é sua fonte e como vivenciá-lo?

Durante muito tempo, o termo *chamado* foi exclusivamente atribuído a pessoas separadas para o serviço de Deus, localizadas em ambientes reclusos denominados *monastérios*, de onde deveriam exercer sua vocação.

Tal forma de conceituar o chamado surgiu no século IV, quando Ambrósio elaborou uma distinção entre as ocupações religiosa e secular – como se a vida santa e espiritual só fosse possível por meio da reclusão. Esse entendimento se estendeu até o período da Reforma Protestante, no século XVI, quando o acesso às escrituras retomou a essência do chamado e da vocação como universais a todo o cristão (Rosa, 1979).

De acordo com Buteseke (2011, p. 10), no Antigo Testamento,

a palavra hebraica para chamado é aeer:iq; (qârâ). A raiz desta palavra denota a enunciação dirigida a um receptor específico com o objetivo de receber uma resposta direta; pode-se traduzir por "apregoar", "convidar", e poucas vezes expressa um simples clamor. Essa palavra também tem a conotação de chamar alguém para uma tarefa específica.

No Novo Testamento, a definição de chamados se assemelha à de vocação. A palavra grega utilizada para designar ambos os termos é *kaleo* (um verbo), que significa "chamo", "nomeio", "convoco", e que surge 148 vezes no texto neotestamentário. Suas derivações são *klêsis* (um substantivo), cujas traduções podem ser "vocação", "chamado" e "convite", e *kletós* (um adjetivo), de "chamado", "convocado". Os três termos são muito utilizados nos escritos de Paulo (César, 1997). Para fins didáticos, adotaremos o termo *vocação* como sinônimo de *chamado*, considerando o contexto bíblico.

A esse respeito, leia a citação a seguir, que traz uma conceituação clara a respeito do que se entende por *chamado*:

Vocação é o chamado que Deus dirige ao homem a quem Ele escolheu para si e que destina a uma obra especial no seu plano de salvação e no destino do seu povo. Na origem da vocação há, portanto, uma eleição divina; no seu termo, uma vontade divina a cumprir. Não obstante, a vocação acrescenta algo à eleição e à missão: um chamado pessoal

Aspectos da psicologia organizacional

> *dirigido à consciência mais profunda do indivíduo, produzindo uma reviravolta na sua existência, não só nas suas condições exteriores, mas até no coração, fazendo dele um outro homem.* (León-Dufour, citado por César, 1997, p. 21)

Podemos explicar o que se compreende por *chamado* por meio de algumas perspectivas, as quais apresentaremos a seguir, a fim de promover um entendimento mais claro acerca do termo, mediante exemplos presentes em passagens bíblicas:

- Desde a criação, Deus convocou o primeiro casal para servi-lo dando-os a responsabilidade de cuidar do jardim e encher a terra, multiplicando-se e dominando sobre a criação.

  > *A identidade de gênero, a sexualidade, o casamento, a família, a sociedade, as nações, o cuidado com meio ambiente, o trabalho, a economia, a governança política, a cultura e a espiritualidade estão contidos na bênção-vocação comunicadas por Deus à humanidade como um todo (**mandato cultural**) e que permanece [...] inalterada desde as origens.* (Fulanetto; Dias, 2015, p. 10, grifo do original)

  Dessa forma, toda a humanidade, representada no primeiro casal, recebe conjuntamente esse chamado.

- Diz respeito ao ato de convidar pessoas para que gratuitamente recebam a **salvação** mediante o perdão de seus pecados, uma vez que o preço deles foi pago graças à obra expiatória de Jesus Cristo na Cruz. Esse chamado é feito por Jesus (Bíblia Sagrada. Gálatas, 1993, 1: 6) desde a eternidade, e por meio dessa mensagem pregada, o Espírito Santo age no coração criando a fé necessária para a salvação (Kaschel; Zimmer, 2005).

- O chamado também se refere a uma convocação específica de Deus para alguns, com vistas a um **trabalho especial** a ser realizado. Por exemplo: "Paulo, servo de Jesus Cristo, **chamado para ser apóstolo,** separado para o evangelho de Deus" (Bíblia Sagrada. Romanos, 1993, 1: 1, grifo nosso). Portanto, trata-se de uma convocação decidida por Deus antes da fundação do mundo (Bíblia Sagrada. Isaías, 1993, 49: 1-5; Jeremias 1: 5; Gálatas 1: 15).
- O chamado de Deus para o cristão tem sua fonte em Deus, ele chama. Desde a criação de tudo, fomos (e somos) chamados a glorificá-lo através do serviço e do amor. Mesmo após a queda do primeiro casal, com a interferência do pecado, Deus prometeu ao homem que Ele mesmo resolveria o problema do pecado, por meio de um descendente da mulher, em uma referência a Jesus (Bíblia Sagrada. Gênesis, 1993, 3: 15).

Posteriormente, Abraão foi chamado por Deus para constituir um povo (Bíblia Sagrada. Gênesis, 1993, 12), e esse povo tinha como tarefa precípua a de "abençoar todas as famílias da terra" (Bíblia Sagrada. Gênesis, 1993, 12: 3; 22: 18). Para manter sua aliança, Deus chamou a muitos, a exemplo de: Moisés, Josué, Samuel, Davi, Isaías, Jeremias e tantos outros. Esse chamado precedia uma escolha prévia do próprio Deus, e frequentemente o escolhido não se sentia à altura da tarefa. Sobre isso, acompanhe o relato do chamado de Jeremias:

> *A mim me veio, pois, a palavra do Senhor, dizendo: Antes que eu te formasse no ventre materno, eu te conheci, e, antes que saísses da madre, te consagrei, e te constituí profeta às nações. Então, lhe disse eu: ah! Senhor Deus! Eis que não sei falar, porque não passo de uma criança. Mas o Senhor me disse: Não digas: Não passo de uma criança; porque a todos a quem eu te enviar irás; e tudo quanto eu te mandar falarás. Não*

temas diante deles, porque eu sou contigo para te livrar, diz o Senhor. Depois, estendeu o Senhor a mão, tocou-me na boca e o Senhor me disse: Eis que ponho na tua boca as minhas palavras. Olha que hoje te constituo sobre as nações e sobre os reinos, para arrancares e derribares, para destruíres e arruinares e também para edificares e para plantares.
(Bíblia Sagrada. Jeremias, 1993, 1: 4-10)

Jeremias havia sido escolhido por Deus antes mesmo que estivesse no ventre da sua mãe, portanto, não nos resta dúvidas de que a origem do chamado vem do próprio Deus, assim como a capacitação para cumpri-lo. A nós, cabe a obediência.

Para vivenciar o chamado de Deus, em primeiro lugar, precisamos entender que, independentemente de onde estivermos, temos uma missão: "Vós, porém, sois raça eleita, sacerdócio real, nação santa, povo de propriedade exclusiva de Deus, **a fim de proclamardes** as virtudes daquele que vos chamou das trevas para a sua maravilhosa luz" (Bíblia Sagrada. 1 Pedro, 1993, 2: 9, grifo nosso).

Em segundo lugar, Deus pode nos chamar para uma função específica, como fez com Paulo. Lidório (2015) esclarece que Deus qualificou o apóstolo como **servo** de Cristo – *doulos*, que significa "escravo" (Bíblia Sagrada, 1993) – e o conclamou a um ministério específico: ser apóstolo entre os gentios.

É comum que os seres humanos interpretem seus dons e talentos como se fossem chamados de Deus. No entanto, não passam de ferramentas que nos foram dadas para o exercício desse chamado e que serão usadas em tempo oportuno.

Por fim, entendemos que o chamado de Deus é um privilégio concedido aos seus filhos, como podemos ler na seguinte passagem: "Deus estava em Cristo reconciliando consigo o mundo, não imputando aos homens as suas transgressões, e nos confiou a palavra da reconciliação" (Bíblia Sagrada. 2 Coríntios, 1993, 5: 19). Paulo disse que o Senhor "nos confiou a palavra da reconciliação" (Bíblia Sagrada. 2 Coríntios, 1993, 19: 19; 1 Tessalonicesses, 1993, 2: 4; Tito, 1993, 1: 35). Portanto, é no exercício da vocação que o homem se faz instrumento da vontade e dos propósitos divinos (Bíblia Sagrada. Salmos, 1993, 77: 20; Atos, 1993, 9: 15-16).

O cristão que deseja vivenciar o chamado de Deus deve começar agora por intermédio de uma abundante evangelização, a partir do lugar onde se está. No trabalho secular, na escola, no transporte ou em momentos de lazer, independentemente de onde estamos, somos chamados a anunciar as boas-novas. A partir do momento em que nos sentimos direcionados por Deus para realizar uma função específica, temos que procurar por alguém experiente que possa nos orientar quanto aos próximos passos.

Nesse contexto, precisaremos dedicar tempo para estudo e preparação, a menos que já contemos com as ferramentas certas. De todo modo, durante todo o processo que envolve um chamado específico, seja no ministério pastoral, seja no campo transcultural, ou em qualquer outra circunstância, é importante compartilharmos os ensinamentos adquiridos com nossos líderes e envolvermos nossas famílias nas decisões. Também é interessante buscar pela parceria de um seminário ou de uma faculdade vinculada à área de interesse. Posteriormente, caso o chamado demande uma mudança geográfica e cultural, será relevante contar com a assessoria de uma agência missionária que atue nos locais em que as funções serão desempenhadas, pois, assim, a preparação certamente será mais adequada, além de contribuir para reduzir os impactos que podem surgir em decorrência desse tipo de mudança.

5.4 Impacto das escolhas pessoais na saúde mental

Debruçar-se sobre o tema da saúde mental pode parecer dispensável quando lidamos com assuntos que envolvem complexidades administrativas e labutas religiosas que enaltecem a vocação e a fé. No entanto, a cada ano que passa, esse assunto parece se apresentar como algo mandatório a ser observado e entendido também por aqueles que trabalham em contextos religiosos. Sob essa perspectiva, trataremos dessa temática com base nos conceitos de saúde mental e em pesquisas recentes relacionadas aos transtornos que afligem aqueles que trabalham em instituições de caráter religioso.

A saúde mental é considerada um estado do indivíduo no qual, em que pesem as adversidades, ele consegue desfrutar da vida, atuando com resiliência frente aos desafios, sem parar de desenvolver suas habilidades pessoais, isto é, mantendo-se apto a se relacionar com os outros e a ser produtivo.

Sob essa ótica, há certas situações que predispõem às pessoas a desenvolver doenças mentais. Entre tais fatores, podemos citar: a convivência em ambientes tóxicos; companhias que não contribuem para o bem-estar; relacionamentos disfuncionais; ambientes de extrema pressão e estresse; constantes inseguranças etc. Mas também existem aspectos individuais que podem contribuir para isso, a exemplo de: má alimentação; falta de uma rotina saudável de sono e de exercícios físicos; excesso de trabalho etc. Todos esses fatores, sejam ambientais ou pessoais, favorecem o adoecimento mental.

O estresse é um componente que faz parte da vida cotidiana. Apesar de normalmente ser retratado sob uma perspectiva negativa, pode ser visto por um viés positivo quando motiva uma pessoa a sair da zona de conforto e a superar as crenças limitantes que a impedem de realizar seus objetivos. Isto é, nesse contexto, podemos assumir que o estresse foi o mecanismo responsável por levar o indivíduo a um novo patamar de desempenho – portanto, foi positivo.

De acordo com Robbins (2005), o estresse é causado por três fatores que atuam em conjunto: ambientais, individuais e organizacionais, conforme detalhado a seguir.

1. **Ambientais**: todas as incertezas relacionadas ao meio em que vivemos constituem fatores potenciais de estresse. Exemplos que podemos citar são questões políticas, recessões, guerras, inseguranças no ambiente de trabalho, receios tecnológicos (que podem ameaçar as habilidades já adquiridas, dificultando a realização de tarefas que, antes, eram de fácil acesso). Um bom exemplo disso foi a recente pandemia de covid-19, que promoveu um estado de luto coletivo e medo (e até pânico) do contágio.
2. **Individuais**: problemas familiares, tais como desentendimentos na família, brigas, rompimento de relacionamentos, perda de entes queridos, questões disciplinares com os filhos, falta de saúde financeira, doenças, entre outros, são exemplos que afetam o dia a dia de uma pessoa. Características de personalidade também podem levá-lo a supervalorizar as circunstâncias difíceis.
3. **Organizacionais**: são inúmeros os fatores de estresse organizacionais. Exemplos: carga excessiva de trabalho como resultado do acúmulo de funções; evoluções tecnológicas; extremas cobranças por resultados; controle rígido de trabalho; assédios moral e/ou sexual; trabalhos em condições perigosas; lideranças autocráticas com intensos períodos de tensão; medo e ansiedade; colegas desagradáveis; atividades empobrecidas, repetitivas e que não fomentam a autonomia; lugares de trabalho cheios, barulhentos e com interrupções constantes; trabalhos em culturas diferentes, que favorecem o isolamento; entre outros.

Esses três componentes, quando presentes na vida de um indivíduo, geram um efeito cumulativo que favorece o aparecimento de doenças e transtornos mentais. Em muitos casos, tais transtornos são mais observados em pessoas que percebem a realidade de um modo muito diferente do que, de fato, é, além de terem uma tendência a supervalorizar a dificuldade em vez da solução.

Já aqueles que conseguem administrar bem as próprias emoções e elaborar um diálogo interno a fim de dissolver mitos e medos infundados tendem a obter melhores resultados com relação ao gerenciamento do estresse. O mesmo ocorre com pessoas que têm uma rede de apoio social mais sólida, bem como experiência no trabalho e autoconfiança (Robbins, 2005).

Outra disfunção que frequentemente tem assombrado as organizações desde os movimentos de *downsizing* iniciados na década de 1990 (em que muitas funções foram eliminadas e agregadas a outras), além da constante exigência por uma generalização maior de competências e da acirrada competitividade, é a Síndrome de Burnout:

> *também conhecida como Síndrome da Estafa Profissional, foi cunhada pelo psiquiatra Herbet J. Freudenberger, em 1974, em seu artigo intitulado "Staff Burn-out" para descrever um sentimento de exaustão e fracasso causado por um excessivo desgaste de energia, força e recursos no ambiente laboral.* (Morilha, 2019, p. 64)

Essa síndrome se refere a um estado de esgotamento não apenas físico, mas também emocional e, muitas vezes, surge em decorrência de longas jornadas de trabalho e do sentimento de baixa realização profissional. De acordo com Pessi (2022): "Um estudo de caso realizado pela MIT Sloan School of Management entre 2010 e 2014 (em uma empresa de TI listada no ranking Fortune 500) mostrou que 41% dos funcionários e 61% dos gestores não tinham tempo suficiente para dar conta de todas as demandas laborais".

Embora possa ser difícil de acreditar, muitas pessoas envolvidas com trabalhos religiosos e do terceiro setor também têm sido vítimas de adoecimentos emocionais relacionados ao estresse no ambiente de trabalho, o que, não raro, abre caminho para o surgimento de doenças psicossomáticas.

A esse respeito, uma pesquisa realizada em 2019 (Morilha, 2019), com 327 missionários brasileiros que realizam trabalhos transculturais, apontou que muitos deles desenvolveram transtornos mentais comuns[1] (29,4% da amostra), com uma prevalência entre as mulheres (81%) e entre os missionários não ordenado pastores (84,4%) em comparação aos missionários ordenados ao ministério pastoral.

A Figura 5.2, a seguir, apresenta os sintomas identificados por meio de uma das avaliações realizadas (a SRQ-20[2]).

---

[1] Transtornos que não preenchem critérios formais para o diagnóstico de depressão e ansiedade, mas que envolvem sintomas como insônia, irritabilidade, fadiga e dificuldade de se manter em atividade laboral.

[2] "O SRQ-20 [*Self-ReportPsychiatricScreeningQuestionnaire*] foi elaborado para triar transtornos mentais em serviços de atendimento primário. Os primeiros vinte itens são planejados para detectar transtornos não psicóticos, e os restantes, para detectar transtornos psicóticos" (Morilha, 2019, p. 82).

Figura 5.2 – Escala de sofrimento psíquico dos missionários de acordo com a pesquisa de Morilha

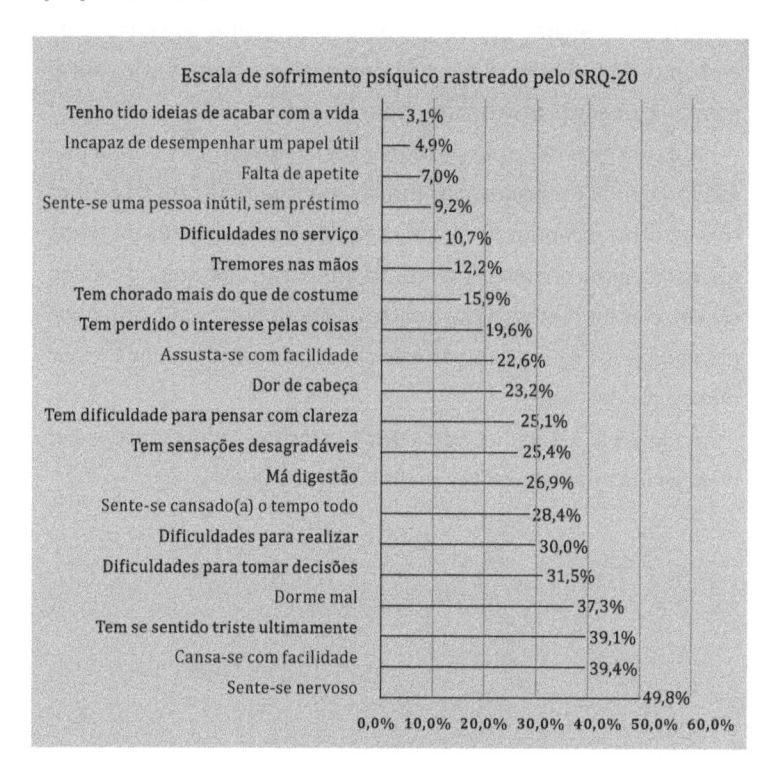

Escala de sofrimento psíquico rastreado pelo SRQ-20	
Tenho tido ideias de acabar com a vida	3,1%
Incapaz de desempenhar um papel útil	4,9%
Falta de apetite	7,0%
Sente-se uma pessoa inútil, sem préstimo	9,2%
Dificuldades no serviço	10,7%
Tremores nas mãos	12,2%
Tem chorado mais do que de costume	15,9%
Tem perdido o interesse pelas coisas	19,6%
Assusta-se com facilidade	22,6%
Dor de cabeça	23,2%
Tem dificuldade para pensar com clareza	25,1%
Tem sensações desagradáveis	25,4%
Má digestão	26,9%
Sente-se cansado(a) o tempo todo	28,4%
Dificuldades para realizar	30,0%
Dificuldades para tomar decisões	31,5%
Dorme mal	37,3%
Tem se sentido triste ultimamente	39,1%
Cansa-se com facilidade	39,4%
Sente-se nervoso	49,8%

Fonte: Morilha, 2019, p. 102.

Os resultados gerais deste estudo, que utilizou inúmeros protocolos de avaliação, foram comparados com os de outros estudos envolvendo pastores brasileiros e com o índice geral da população brasileira. Os índices obtidos com relação à prevalência de transtornos mentais comuns foram:

- 47% dos pastores brasileiros participantes da pesquisa realizada por Lotufo Neto (citado, por Morilha, 2019);

- entre 17 e 34% da população brasileira (Rocha et al.; Pinto et al., citados por Morilha, 2019)
- 29% dos missionários transculturais (Morilha, 2019).

O resultado referente ao transtorno de depressão maior foi de 10,7% entre os missionários, de 16,4% entre pastores (Lotufo Neto, citado por Morilha, 2019) e de 5,8% entre a população brasileira (WHO, 2017).

O elevado percentual de missionários com sintomas de ansiedade moderada a grave foi de 35,5%, enquanto no Brasil essa taxa é de 9,3% (WHO, 2017). Por fim, a Síndrome de Burnout foi verificada em 16,4% dos missionários pesquisados.

A citação a seguir aponta os fatores causadores mais significativos:

> *a necessidade de estar disponível 7/24, as demandas da agência missionária e/ou igreja enviadora, a cobrança por resultados (expressos em número de conversões, batismos, número de pessoas discipuladas), o sentir-se desamparado no campo, solidão, as mudanças constantes de campo, o sentimento de que não está tendo sucesso, a baixa remuneração, a falta de recursos humanos, financeiros e de equipamentos para execução de projetos, a adaptação à nova cultura (idioma, culinária e costumes), a falta de mentores, treinamento e preparo adequado, falta de habilidade para mediação de conflitos, a alternância de fortes emoções em um período curto para elaboração psíquica e emocional delas (funerais, casamentos, nascimentos, visitas a enfermos, presídios e outras).* (Morilha, 2019, p. 224)

A esta altura, você certamente já compreendeu que a atividade religiosa não isenta o corpo (físico, alma e espírito) do sofrimento humano nem do adoecimento. No entanto, é possível prevê-los e se prevenir a eles em algum grau, principalmente quando tomamos decisões de vida assertivas.

Se conhecemos os fatores que causam os transtornos, podemos traçar planos que minimizem seus impactos, adotar estilos de vida mais saudáveis, administrar melhor o tempo e saber dizer não caso as demandas ultrapassem os limites. Ou seja, devemos nos permitir ter momentos de lazer e descanso. Esses são apenas alguns exemplos de estratégias que o profissional eclesiástico ou do terceiro setor pode adotar, e as convenções denominacionais e agências missionárias enviadoras devem cumprir com o papel de cuidadoras, incentivando essas práticas e reduzindo os elementos estressores, em sua gestão com os obreiros de campo, sempre que isso esteja ao seu alcance fazê-lo.

Por fim, a habilidade de lidar com as emoções e os pensamentos também constitui uma boa competência para gerir as tensões do dia a dia. Esse será o tema da seção a seguir.

5.5 Inteligência emocional

No ano de 1990, Daniel Goleman teve conhecimento de um artigo escrito por dois psicólogos, John Mayer e Peter Salovey, que, pela primeira vez, apresentavam uma conceituação sobre inteligência emocional.

Já em 1995, Goleman compilou os conceitos referentes à inteligência emocional, os estudos sobre as inteligências múltiplas (de Garden) e os avanços nas pesquisas das neurociências afetivas. Ele os aperfeiçoou e os difundiu, em um momento social no qual se fazia necessário criar uma nova abordagem de inteligência, pois eram novos tempos.

Os estudos do autor foram a porta de entrada para uma gama de pesquisas científicas que até hoje têm exercido influência em diversas áreas, da pedagogia ao mundo dos negócios, em uma velocidade inacreditável (Goleman, 2002).

Em suas pesquisas, Goleman (2001, p. 337) definiu *inteligência emocional* como a "capacidade de identificar os nossos próprios sentimentos e os dos outros, de nos motivarmos e de gerir bem as emoções dentro de nós e nos nossos relacionamentos". O autor dividiu sua conceituação em quatro domínios interligados entre si: dois deles são aplicados ao "eu", e os outros dois, aos relacionamentos interpessoais. A partir deles, derivam 18 competências de liderança que podem ser desenvolvidas. Os domínios são:

1. **Autoconsciência**: capacidade de olhar para si, de reconhecer as próprias emoções e sentimentos e de avaliá-los a ponto de definir o que pode ser mais bem gerenciado. As competências de liderança relacionadas a esse domínio são: autoconsciência emocional, autoavaliação e autoconfiança.
2. **Autogestão**: capacidade de lidar com emoções e sentimentos de modo saudável. Isto é, em vez de sucumbir a elas, trata-se de reconhecê-las, indagando-as em uma espécie de "dança" que envolve os pensamentos e os sentimentos. As competências que podem ser construídas com base na autogestão são: autodomínio, transparência, capacidade de adaptação, capacidade de realização, iniciativa e otimismo.
3. **Consciência social**: capacidade de interagir socialmente e de saber lidar não só com as próprias emoções, mas também com as dos outros. As competências de empatia, consciência organizacional e espírito de serviço compõem o leque do domínio da consciência social.

4. **Gestão das relações**: capacidade de quem consegue administrar bem o relacionamento com diversas pessoas, respeitando as diferenças, mentoreando e levando grupos a patamares mais altos. As competências de liderança desenvolvidas neste domínio são: liderança inspiradora, influência, capacidade de desenvolver os outros, tornar-se um catalisador de mudanças, gerenciar conflitos habilmente e conseguir construir um espírito de equipe e colaboração.

Estudos a respeito dos efeitos da inteligência emocional em líderes e organizações demonstraram que os gestores que negligenciaram o cuidado com suas próprias emoções e humor, razão pela qual abordavam seus colaboradores com autoritarismo e arrogância, até obtiveram bons resultados para projetos de curto prazo, mas não foram capazes de formar equipes motivadas que trabalhassem entusiasticamente com o máximo potencial.

Em geral, ambientes organizacionais nos quais os líderes mantêm um comportamento de distanciamento emocional reduzem a qualidade de vida dos funcionários e, inclusive, chegam a provocar diversas doenças psicossomáticas. A esse respeito, Goleman, Boyatzis e McKee (2002, p. 27) menciona que "uma pessoa transmite sinais que podem alterar os níveis hormonais, a função cardiovascular, o ritmo do sono e, até a função imunitária do corpo de outra pessoa". Com base nesses fenômenos, o autor descreveu o circuito aberto do sistema límbico, para explicar que as relações com outras pessoas podem interferir na estabilidade emocional de um indivíduo.

Essa influência também pode ser observada na dinâmica de grupos de trabalho, em que cada um contribui para o ambiente emocional que será criado durante o desenvolvimento das atividades em equipe – embora a influência exercida pelo estado de humor do líder seja muito superior à do grupo em geral, pois é para o líder que todos os olhares estarão voltados. Sob essa perspectiva, as emoções positivas e negativas se espalham como vírus, ou seja, o riso e o bom humor são maximamente captados, irradiando uma onda emocional positiva (Goleman; Boyatzis; McKee, 2002).

Muitas expressões que externamos com relação às emoções são aprendidas no seio familiar e na cultura em que estamos inseridos. No entanto, podemos desconstruir, reconstruir e/ou aprimorar muitas delas. O cérebro humano tem a propriedade de neuroplasticidade, que nos permite ressignificar experiências e criar novas reações a partir da gestão do "eu", que nada mais é do que a nossa função executiva coordenando as emoções com sabedoria. Ou seja, diferentemente do quociente de inteligência (QI), o quociente emocional (QE) pode ser trabalhado e aprimorado.

Quando utilizamos a lógica e a emoção, estamos recorrendo a dois hemisférios do nosso cérebro, em um processo no qual um contribui positivamente com o outro, gerando reações mais assertivas aos estímulos externos, os quais muitas vezes tendem a nos desestruturar quando os observarmos apenas com nosso lado emocional.

Nesse sentido, os estudos relativos ao QE o entendem como uma ferramenta de equilíbrio que nos permite entrar em conexão conosco, com os outros e com Deus. Quando silenciamos nossa mente dos ruídos da alma, conseguimos estabelecer um diálogo interno, ou um diálogo com Deus, por meio da oração, e reunir forças para desenvolver nossas habilidades cognitivas com mais assiduidade, considerando o potencial que Ele nos deu.

Influenciado pelas teorias das inteligências múltiplas de Gardner, pelos constructos de Piaget e Vigotsky e pelos trabalhos de Daniel Goleman sobre a inteligência emocional, o psiquiatra brasileiro Augusto Cury (2008) criou a teoria da inteligência multifocal, que visa fornecer o suporte necessário para o entendimento da mente humana, avaliar a influência da memória na manifestação das emoções e reconhecer os códigos de inteligência emocional que podem ser desenvolvidos por meio de técnicas de gestão do "eu", a fim de transformar a forma pela qual nos relacionamos com os demais.

Compreendendo que nossas memórias são registradas e armazenadas automaticamente por meio do fenômeno RAM (registro automático da memória), Cury (2008) dividiu as memórias em três tipos:

1. **Memória *light***: responsável pelas boas memórias;
2. **memória *killer***: armazena as memórias ruins e traumáticas;
3. **memória neutra**: a memória de trabalho, isto é, que nos permite realizar atividades e encontrar destinos automaticamente, sem um gatilho emocional que a desperte.

Todas elas estão sujeitas ao fenômeno do autofluxo, que as retroalimenta e as ativa novamente sempre que um acontecimento age como gatilho mental.

Essas memórias, não raro, levam-nos a ter comportamentos indesejados ou prejudiciais tanto para nós quanto para quem convive conosco. Nesses contextos, entra em cena o "EU", que diz respeito à capacidade de ter uma consciência crítica e fazer escolhas.

Considerando isso, Cury (2008) desenvolveu um protocolo chamado DCD, sigla para os verbos *duvidar*, *criticar* e *determinar*. Um exemplo prático de aplicação desse protocolo seria o seguinte: *ao ouvir de alguém uma afirmação a meu respeito ou quando penso algo ruim sobre mim, posso estabelecer a meu favor o benefício da dúvida: Será que sou assim mesmo? O que me leva a me convencer disso?*

Desse modo, a partir de uma dúvida estabelecida, é possível fazer uma crítica realista, trazendo à memória os momentos em que o indivíduo agiu ou não de determinada maneira. Se a conclusão apontar que o sujeito está sendo enganado pela própria mente ou por alguma pessoa, ele pode determinar como ver a si mesmo a partir disso; por outro lado, caso a afirmação tenha fundamento, será possível estabelecer um plano de ação para a mudança.

Em termos práticos, trabalhar a inteligência socioemocional, conforme proposto por Cury (2008), acarreta benefícios internos e externos para o gestor e as pessoas por ele gerenciadas. A esse respeito, o autor apresenta um conjunto de competências emocionais que podem ser desenvolvidas por meio da prática intencional, as quais ele denominou *códigos da inteligência emocional*:

- **Código do eu como gestor do intelecto**: capacidade de filtrar os estímulos estressantes por meio do autodiálogo, reeditando zonas de conflitos mentais.
- **Código da autocrítica**: capacidade de se autoavaliar, de pensar nas consequências de certos comportamentos e de agir em busca de melhorar as relações com os outros. Pensar antes de agir é uma das ferramentas desse código.
- **Código da psicoadaptação ou da resiliência**: capacidade de sobreviver às intempéries da vida, ou seja, de se reerguer após uma queda, em vez de se manter no cenário de dor. Aplica-se tanto em âmbito individual quanto a grupos e organizações.
- **Código do altruísmo**: capacidade de se colocar no lugar do outro. Segundo Cury (2008, p. 84):

    é o segredo da afetividade social da capacidade de se doar, cuidar, proteger quem nos cercam. É o código que expressa a grandeza da alma, a generosidade, a bondade, a compaixão, a indulgência e o desprendimento. É o código que nos vacina contra toda forma de discriminação e contra o estrelismo, individualismo e o egocentrismo.

- **Código do debate de ideias**: capacidade de interagir com os outros expressando ideias de maneira livre e respeitosa, sem medo de se expor e de questionar o conhecimento que está recebendo.
- **Código do carisma**: capacidade de agir com amabilidade e generosidade, de influenciar por meio da diplomacia e da valorização do outro.
- **Código da criatividade**: capacidade de imaginar e de praticar a inventividade, a imaginação, sem ter medo do novo.
- **Código do eu como gestor da emoção**: capacidade de administrar sentimentos e emoções, minimizando os efeitos negativos causados por inseguranças, medos e angústias existenciais, por meio da autoconscientização sobre quem somos, onde estamos e onde queremos chegar e do estabelecimento de metas, a fim de assumir o controle da própria vida.

Apesar de muitos teólogos tecerem críticas à aplicação prática das literaturas de autoajuda, devemos reconhecer que os achados referentes à influência da inteligência emocional nos ambientes sociais, além de todas as pesquisas realizadas pelas neurociências, contribuíram positivamente para novas descobertas acerca da anatomia do cérebro humano – criado por Deus, que fez o humano dotado de emoções e de consciência, ferramentas capazes de promover as transformações pessoais e grupais tão essenciais e exemplificadas nas escrituras.

Embora entendamos que o componente espiritual na vida do cristão o leva para muito além das óbvias reações vinculadas a frustrações, hoje em dia sabemos que, quando ele ora, seu sistema límbico entra em ebulição, e sua fé, posta em prática, torna-o incrivelmente modificado. Com base nisso, cremos que Deus nos dotou de inteligência para que não nos tornássemos reféns de emoções que possam magoar o próximo. Em outras palavras, Ele deseja que nós vivamos a verdade em amor.

Portanto, percebemos que, mesmo em ambientes religiosos e do terceiro setor, são necessárias ações para o desenvolvimento de espaços de trabalho emocionalmente saudáveis.

5.6 Qualidade de vida e bem-estar no trabalho

Até este momento, observamos alguns dos aspectos psicológicos que podem ser afetados por um ambiente de trabalho com elevados fatores causadores de estresse, além das sobrecargas física e emocional e de transtornos e doenças mentais. Então, discutiremos aqui a qualidade de vida e o bem-estar no trabalho sob o ponto de vista que considera o homem como um todo, isto é, como um ser físico, social e emocional.

A Organização Mundial de Saúde (OMS) define *qualidade de vida* como "a percepção do indivíduo de sua inserção na vida, no contexto da cultura e sistemas de valores nos quais ele vive e em relação aos seus objetivos, expectativas, padrões e preocupações" (WHOQOL, 1995, p. 1.405, tradução nossa). Essa conceituação é extremamente abrangente e envolve dimensões referentes a aspectos como saúde, cultura, crenças, valores, sociedade etc. Por sua vez, a qualidade de vida no trabalho (QVT) aborda as ações adotadas pelas empresas com a finalidade de proporcionar um local de trabalho salubre de acordo com elementos físicos, ambientais e psicológicos.

A necessidade de proporcionar esse ambiente nos remete às pesquisas sobre a motivação humana (Capítulo 1), especialmente em relação aspectos relacionados por Maslow (fisiológicos, segurança, sociais, de estima e de realização pessoal). Assim, podemos afirmar que um ambiente de trabalho que permite aos funcionários satisfazerem suas próprias necessidades oferece qualidade de vida no trabalho.

Sob essa ótica, de acordo com Chiavenato (2014, p. 419):

> No fundo, a QVT busca uma visão integral e ética do ser humano em seu relacionamento com as organizações. Tem sido utilizada como indicadora das experiências humanas no local de trabalho e o grau de satisfação das pessoas que desempenham o trabalho. O conceito de QVT implica profundo respeito pelas pessoas.

Para que esse discurso possa efetivamente ser aplicado, vamos analisar, a seguir, alguns aspectos práticos que devem ser observados nos ambientes de trabalho:

- **Ambiente físico**: o local de trabalho deve apresentar condições sanitárias adequadas para a permanência das pessoas, ou seja, satisfazer às necessidades fisiológicas, com higiene, alimentação e água potável. Ainda, tem que impedir os funcionários a serem expostos a contaminantes químicos, biológicos ou radiológicos sem que estejam devidamente protegidos, tampouco oferecer riscos físicos, como ruído, calor ou frio extremos, riscos ergonômicos, a exemplo de locais de trabalho com baixa iluminação e equipamentos e postos de trabalho com dimensões inadequadas ao biotipo do usuário. Além disso, é fundamental que o ambiente seja livre de riscos de acidentes e que assegure medidas preventivas e protetivas para os colaboradores.
- **Ambiente social**: a organização deve proporcionar um ambiente amistoso no local de trabalho, sempre fomentando e incentivando as atividades em equipe, além de oportunizar momentos de descontração que propiciem o estabelecimento

de vínculos entre as pessoas. Os líderes devem fomentar a criação de relacionamentos amistosos, bem humorados e um clima de respeito mútuo. Tais condições abrem caminho para o surgimento de uma cultura de engajamento, o que comprovadamente aumenta a produtividade e a vontade de permanecer no ambiente de trabalho, reduzindo o absenteísmo (ausência por doenças) e a rotatividade de funcionários, além de incentivar atitudes criativas e inovadoras.

- **Ambiente organizacional**: o modo como o trabalho está organizado consiste em um fator preponderante para a satisfação dos funcionários. Nesse sentido, a macroergonomia propõe a realização de trabalhos nos quais seja possível desenvolver vários aspectos cognitivos, e não somente físicos – como ocorre em atividades repetitivas. Atribuir responsabilidades e autonomia costuma elevar a autoestima e desafiar o funcionário a construir novas competências. Ainda, o arranjo físico do local deve ser organizado com o objetivo de não reforçar a hierarquização, mas sim de permitir que todos os envolvidos se sintam livres para contribuir e aplicar seus talentos, assumindo a liderança de acordo com sua competência.

Em organizações com fins lucrativos, é interessante implementar um bom sistema de recompensas e benefícios, bem como oportunidades de crescimento, pois tais fatores promovem uma adequada qualidade de vida no trabalho.

Considerando os ambientes eclesiásticos e do terceiro setor, as remunerações ou os recursos para o desenvolvimento do trabalho devem proporcionar bem-estar ao colaborador e à sua família (pastores, missionários etc.).

Quanto ao trabalho voluntário, os motivadores são essencialmente sociais, mas é inegável que um ambiente físico apropriado e uma organização de trabalho eficiente constituem aspectos fundamentais para que o voluntário permaneça atuando na organização.

Além disso, um programa eficaz de avaliação do clima organizacional pode ajudar a mensurar em que nível a organização se encontra com relação a propiciar qualidade de vida e bem-estar no ambiente laboral, bem como a subsidiar informações para a elaboração de um plano de ação que contemple contramedidas efetivas com vistas a tornar o ambiente confortável.

Desse modo, com a intenção de construir um ambiente salutar, várias organizações têm investido em programas que contribuam para o bem-estar dos colaboradores, cujas medidas são, entre outras:

- a adoção de hábitos saudáveis;
- a promoção de ações educacionais vinculadas à prevenção de doenças (diabetes, hipertensão, obesidade etc.);
- a implementação de programas de ginástica laboral;
- o oferecimento de cardápios saudáveis nos refeitórios internos;
- a promoção da saúde no ambiente externo à organização, por meio de convênios com academias, clubes de lazer etc.

Na obra *Criatividade S.A.*, Catmull (2014) menciona o desafio de realizar o filme *ToyStory 2* mantendo um alto nível de qualidade em pouco tempo, o que levou sua equipe ao limite. A partir dessa experiência, a Pixar (empresa responsável, na qual Catmull trabalhava) passou a considerar como valor o seu quadro de funcionários. Ou seja, as necessidades de trabalho nunca mais poderiam sobrepujar as necessidades das pessoas e seu bem-estar.

O relato que citamos a seguir ilustra a importância atrelada a esse compromisso e os riscos de relegar o conforto das pessoas, algo que pode, inclusive, marcar negativamente a vida dos colaboradores:

Nos seis meses subsequentes, nossos funcionários raramente viram suas famílias. Eles trabalhavam até tarde da noite, sete dias por semana. A despeito de dois filmes de sucesso, estávamos conscientes da necessidade de provar para nós mesmos e para os outros, e todos deram tudo de si. Faltando ainda vários meses, o pessoal estava exausto e começando a fraquejar. Certa manhã, em junho, um artista esgotado saiu para o trabalho com seu filho bebê preso no banquinho para crianças, pretendendo deixá-lo na creche no caminho do escritório. Algumas horas depois, sua mulher (também funcionária da Pixar) perguntou-lhe como tinha sido a entrega na creche – foi quando ele se deu conta de que havia deixado o filho no carro, no estacionamento da Pixar, quente como uma estufa. Eles correram até o carro e o bebê estava inconsciente. Jogaram sobre ele um pouco de água fria e, graças a Deus, a criança ficou bem, mas o trauma daquele momento ficou profundamente gravado em meu cérebro. Estávamos pedindo demais dos nossos funcionários. Eu havia esperado que o caminho fosse difícil, mas tive de admitir que estávamos caindo aos pedaços. Quando o filme foi terminado, um terço da equipe havia sofrido algum tipo de estresse repetitivo. (Catmull, 2014, p. 90-91)

Apesar de estar imensamente orgulhoso da nossa realização, jurei que nunca mais faríamos um filme daquela maneira. Era função da gerência enxergar no longo prazo para intervir e proteger nossos funcionários da sua disposição para buscar a excelência a qualquer custo. Não fazê-lo seria uma irresponsabilidade. (Catmull, 2014, p. 94)

A pesquisa realizada por Morilha (2019) com missionários transculturais brasileiros também abordou oito domínios que quando não estão bem podem indicar problemas na qualidade de vida: capacidade funcional; limitação por aspectos físicos; dor; saúde geral; vitalidade; aspectos sociais; aspectos emocionais; e saúde mental.

Entre as pessoas pesquisadas, as que tiveram problemas significativos em alguns desses aspectos, em sua maioria, foram: missionários da faixa etária de 31 a 40 anos de idade; os que estavam entre 21 e 30 anos no campo missionário; os missionários que atuam no continente africano; e os missionários sedentários, que não praticam nenhuma atividade física.

A Figura 5.3, a seguir, apresenta um gráfico que mostra os percentuais de pessoas que responderam "ruim"/"razoável" nos oito domínios.

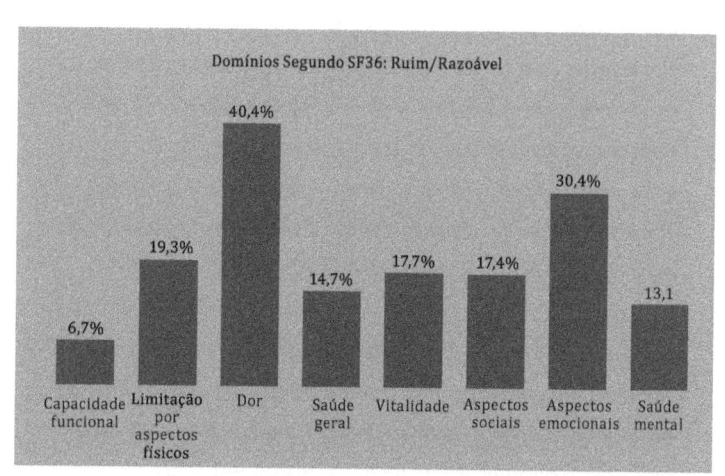

Figura 5.3 – Avaliação global dos oito domínios referentes à qualidade de vida

Domínios Segundo SF36: Ruim/Razoável

- Capacidade funcional: 6,7%
- Limitação por aspectos físicos: 19,3%
- Dor: 40,4%
- Saúde geral: 14,7%
- Vitalidade: 17,7%
- Aspectos sociais: 17,4%
- Aspectos emocionais: 30,4%
- Saúde mental: 13,1

Fonte: Morilha, 2019, p. 168.

Como podemos perceber, há muito para ser feito no sentido de desmistificar os cuidados com a saúde e promover a qualidade de vida nos obreiros eclesiásticos e voluntários. Como bem ressalta Catmull (2014), tais limites e cuidados devem ser objeto de trabalho daqueles que estão a cargo desses colaboradores, incentivando-os a serem efetivos em sua atuação, priorizando o bem-estar deles e adotando práticas saudáveis que, a longo prazo, formarão a base para que produzam ainda mais frutos para o Reino de Deus, reduzindo o retorno prematuro do campo transcultural, aposentadorias precoces e mudanças de área de trabalho, resultando em perdas de competências que poderiam ser mantidas se geridas de modo mais eficiente.

Síntese

Neste capítulo, observamos que o momento atual pede um olhar diferenciado com relação à interação entre as gerações, pois inevitavelmente elas dividirão o mesmo espaço de trabalho. Além disso, explicamos a importância de compreender e praticar as competências referentes à inteligência emocional para que possamos nutrir relacionamentos saudáveis, prezando pela qualidade de vida das pessoas. Por fim, discutimos que reconhecer o chamado de Deus e Sua presença conosco no desenvolvimento de nossa vocação é indispensável para que nossa colaboração seja efetiva.

Atividades de autoavaliação

1. (FGV-2021 - Funsaúde) A técnica utilizada para o desenvolvimento da carreira de um funcionário, em uma perspectiva de longo prazo, quando um executivo mais experiente oferece assistência para o alcance de objetivo, é chamada de
   a) *Counseling.*
   b) *Mentoring.*
   c) *Coaching.*
   d) *Jobbing.*
   e) *Workshop.*

2. (FCC - 2019 - Prefeitura de São José do Rio Preto) Uma das metodologias consagradas para o aprimoramento da gestão de recursos humanos no âmbito de organizações públicas e privadas é a denominada Gestão por Competências, a qual apresenta, como etapa indispensável para sua aplicação, a
   a) identificação da lacuna existente entre as competências requeridas para os cargos da organização e aquelas efetivamente disponíveis, considerando as características de seus colaboradores.
   b) definição da missão da organização, representando a forma como a mesma pretende ser reconhecida por seu público interno e externo e o alinhamento com os treinamentos aplicados.
   c) análise das forças e fraquezas da organização e dos desafios e oportunidades, mediante o mapeamento, por profissionais de reconhecida competência no setor analisado, de cenários potenciais.

d) classificação dos colaboradores da organização de acordo com uma escala de competências fixada com base em padrões internacionais e o desligamento daqueles que não atinjam o nível mínimo estabelecido.

e) utilização de remuneração baseada exclusivamente em resultados, de acordo com metas e indicadores estabelecidos no planejamento estratégico da organização, conjugados com avaliações individuais de performance.

3. (PUCPR – 2017 – TJ-MS) Em atividades de *Coaching*, algumas das responsabilidades do *Coach* podem ser relacionadas, como descobrir, esclarecer e alinhar-se ao que o cliente quer atingir; incentivar a autodescoberta do cliente; provocar soluções e estratégias geradas pelos clientes; responsabilizar o cliente pelos compromissos assumidos. Considerando o *Coaching*, avalie as seguintes afirmações.

I) Um dos benefícios da aplicação de *Coaching* nas organizações é o aspecto da Liderança: o *coaching* como forma de potencializar o desempenho e o desenvolvimento de habilidades técnicas, de gestão de conflitos, de planos sucessórios entre outros efeitos. Outros benefícios são aspectos de Desempenho Superior, Cultura Organizacional, Aprendizagem Organizacional, Carreira, Empreendedorismo e Desenvolvimento Organizacional.

II) O *Rapport* é uma relação mútua de confiança, e compreensão entre as pessoas envolvidas no processo de Coaching, que envolve empatia e confiança de tal forma que o emparelhamento facial e corporal são dispensáveis.

III) As atividades de *Coaching* seguem um processo interativo, em que as atividades de mapeamento do Estado Atual, projeção do Estado Desejado e construção do Plano de Ação ocorrem de forma recursiva, promovendo ajustes no plano de ação a cada sessão conforme a evolução na fase de projeção do Estado Desejado. A fase de acessar o Estado Original deve ser executada no início do processo de *Coaching*.

É **CORRETO** apenas o que se afirma em

a) III.
b) I.
c) I, II e III.
d) II e III.
e) II.

4. (FCM – 2022 – Fames) O estresse no trabalho tornou-se uma preocupação real entre os gestores de organizações em todo o mundo. Uma das principais formas de gerenciar esse fenômeno consiste na identificação dos seus fatores causadores, ou seja, das suas fontes potenciais.

Sobre os fatores causadores de estresse, associe corretamente as fontes às suas respectivas categorias.

CATEGORIAS

1. Fatores individuais
2. Fatores ambientais
3. Fatores organizacionais

FONTES POTENCIAIS

( ) Personalidade
( ) Incerteza política
( ) Demandas de tarefas
( ) Mudança tecnológica
( ) Problemas familiares

A sequência correta dessa associação é
a) 1, 2, 3, 2, 1.
b) 1, 3, 2, 3, 1.
c) 2, 1, 1, 3, 2.
d) 3, 2, 2, 1, 3.
e) 3, 1, 3, 2, 1.

5. (Instituto Consulplan – 2023 – Seger-ES) A pandemia Covid-19 reforçou a importância da saúde e a segurança no trabalho. Inspirado também nesse contexto, o Programa Trabalho Seguro da Justiça do Trabalho elegeu, para o biênio 2020-2022, o tema "Construção do trabalho seguro e decente em tempos de crise: prevenção de acidentes e de doenças ocupacionais". Entre as propostas desse programa está o investimento em saúde mental mediante estimativa da (OMS) Organização Mundial da Saúde para transtornos mentais como ansiedade e depressão que, possivelmente, afetem 264 milhões de pessoas no mundo, com impacto econômico significativo dado o custo à economia global estimado em US$ 1 trilhão por ano em perda de produtividade. Logo, o cuidado com a saúde mental do trabalhador além de urgente tem o objetivo de
a) reconhecer o trabalho realizado e as possibilidades de crescimento profissional.
b) estimular práticas organizacionais que promovam um equilíbrio saudável entre trabalho e vida pessoal.
c) estimular o bem-estar físico e mental, com orientação para exercício físico, ginástica residencial e laboral.
d) reduzir jornadas exaustivas e atividades relaxantes, eventos traumáticos, discriminação e satisfação da chefia.
e) reduzir os índices de absenteísmo, aumentar a produtividade, colher benefícios econômicos com promoção e proteção da saúde, da segurança e do bem-estar de todos.

Atividades de aprendizagem

Questões para reflexão

1. Como você tem se relacionado com pessoas de gerações que não são da sua?

2. Considerando as organizações eclesiásticas e do terceiro setor, em sua opinião, quais serão os benefícios sentidos por essas instituições caso elas dialoguem com suas equipes (e, também, com os voluntários) no sentido de valorizar o que há de melhor quanto às características de cada geração?

Atividade aplicada: prática

1. Leia atentamente o texto a seguir (já mencionado anteriormente neste capítulo), que conta um pouco da história por trás da produção do filme *Toy Story 2*, criado pela Pixar:

   Nos seis meses subsequentes, nossos funcionários raramente viram suas famílias. Eles trabalhavam até tarde da noite, sete dias por semana. A despeito de dois filmes de sucesso, estávamos conscientes da necessidade de provar para nós mesmos e para os outros, e todos deram tudo de si. Faltando ainda vários meses, o pessoal estava exausto e começando a fraquejar. Certa manhã, em junho, um artista esgotado saiu para o trabalho com seu filho bebê preso no banquinho para crianças, pretendendo deixá-lo na creche no caminho do escritório. Algumas horas depois, sua mulher (também funcionária da Pixar) perguntou-lhe como tinha sido a entrega na creche – foi quando ele se deu conta de que havia deixado o filho no carro, no estacionamento da Pixar, quente como uma estufa. Eles correram até o carro e o bebê estava inconsciente. Jogaram sobre ele um pouco de água fria e, graças a Deus, a criança ficou bem, mas o trauma daquele momento ficou profundamente gravado em meu cérebro.

Estávamos pedindo demais dos nossos funcionários. Eu havia esperado que o caminho fosse difícil, mas tive de admitir que estávamos caindo aos pedaços. Quando o filme foi terminado, um terço da equipe havia sofrido algum tipo de estresse repetitivo. [...] Apesar de estar imensamente orgulhoso da nossa realização, jurei que nunca mais faríamos um filme daquela maneira. Era função da gerência enxergar no longo prazo para intervir e proteger nossos funcionários da sua disposição para buscar a excelência a qualquer custo. Não fazê-lo seria uma irresponsabilidade.
(Catmull, 2014, p. 90-91; 94)

Depois de ler novamente o excerto, pense como tem sido seu ritmo de trabalho, bem como o das pessoas com as quais convive e que atuam no ambiente eclesial e do terceiro setor. Elabore ações práticas para que a qualidade de vida no trabalho seja uma realidade tanto em sua vida quanto na das pessoas sob a sua liderança. Elabore um texto com suas considerações.

capítulo seis

Gestão de conflitos

06

Neste capítulo, estudaremos a administração de conflitos. Portanto, apresentaremos sua definição e explicaremos de que modo eles se formam e quais processos os tornam benéficos ou prejudiciais para uma equipe. Além disso, apresentaremos algumas estratégias e métodos para resolvê-los nos âmbito pessoal e organizacional. Esperamos que esse assunto provoque em você uma autorreflexão e que o auxilie a desenvolver a competência de lidar com eles de modo positivo.

6.1 O conflito e sua administração

A pós-modernidade trouxe consigo inúmeras facilidades tecnológicas, reduziu barreiras, conectou pessoas e culturas e ampliou o acesso à comunicação de uma maneira revolucionária. A vida globalizada colocou profissionais e empresas em contato com pessoas de países, línguas e culturas diferentes. Com isso, as relações interpessoais, que sempre foram desafiadoras, passaram a incluir mais variáveis. Em razão desse panorama, o entendimento entre as pessoas se tornou uma questão a ser administrada e facilitada sempre que possível.

A diversidade inerente à raça humana sempre esteve atrelada à possibilidade de conflitos, afinal, ninguém é uma folha em branco, certo? Cada um de nós tem experiências prévias e aprendizados, códigos próprios de valores pessoais, familiares e religiosos, bem como metas, anseios e pontos de vista distintos. Além de essa miscigenação ser extremamente bela, ela carrega o potencial dos conflitos, dos quais ninguém está a salvo. Em resumo: onde há pessoas, há conflitos.

Os conflitos ocorrem em todas as esferas da vida, seja nos relacionamentos entre pais e filhos, seja entre cônjuges, irmãos, amigos, colegas de trabalho ou com a liderança. A lista de possibilidades é enorme simplesmente porque eles são parte da natureza das relações. Portanto, se não é possível escapar deles, faz-se necessário entendê-los e nos apropriarmos desse conhecimento mediante a adoção de posturas que visem administrá-los positivamente no âmbito das relações pessoais e organizacionais.

A palavra *conflito* vem do latim *conflictus* e efetivamente significa "enfrentamento", "choque", "embate", "divergência", "desacordo". A seguir, apresentamos algumas definições para esse termo de acordo com alguns autores.

Para Chiavenato (2014, p. 389), trata-se de uma "interferência ativa ou passiva, mas deliberada para impor um bloqueio sobre a tentativa de outra parte de alcançar seus objetivos".

Por sua vez, de acordo com Figueiredo (2012, p. 28):

> *o conflito surge quando existe necessidade de escolha entre situações que podem ser incompatíveis. Todas as situações de conflito são antagônicas e perturbam a ação ou a tomada de decisão por parte da pessoa ou de grupos. É um fenómeno subjectivo, muitas vezes inconsciente ou de difícil percepção.*

Por fim, nas palavras de Robbins (2005, p. 326), é um "processo que tem início quando uma das partes percebe que a outra parte afeta, ou pode afetar, negativamente alguma coisa que a primeira considera importante".

Ou seja, sempre que as pessoas se desentendem sobre um tema de interesse comum ou caso exista um sentimento de não igualdade de necessidades e pontos de vista, tem-se um conflito a ser resolvido.

Há diferentes origens para os conflitos. Eles podem ser ordem interna (**intrapessoais**), que se relaciona aos desconfortos pessoais, ou externa (**interpessoais**), os quais se vinculam ao âmbito interno de grupos ou organizações e, até mesmo, entre organizações (Chiavenato, 2014).

Da mesma forma, segundo Mayer (2000), eles surgem por diferentes fatores, com início na **percepção** que temos a respeito de determinado acontecimento que vivenciamos ou que ouvimos a respeito de algo que tem relação conosco. Essa dimensão está associada ao nosso território mental (aquilo que conhecemos), e não ao mapa mental, ou seja, ao todo existente.

A esse respeito, observe as Figuras 6.1 e 6.2, a seguir.

Figura 6.1 – Diferentes percepções de um mesmo objeto

Kraphix/Shutterstock

Figura 6.2 – Percepções distorcidas da realidade

Lightspring/Shutterstock

Na Figura 6.1, perceba que cada pessoa consegue observar um mesmo objeto e chegar a conclusões distintas. Quando ambos não estão dispostos a analisar algo sob várias perspectivas, surge um conflito. Agora, na Figura 6.2, os dois insetos lidam com conflitos internos (medo), mas apenas um consegue enxergar a realidade do perigo.

Quando nos deparamos com determinada situação, nossos **sentimentos e emoções** entram em ação, gerando uma reação ao que foi percebido. Assim, raiva, frustração, temor, ansiedade, inferioridade e decepção são sensações que podemos sentir e que desestabilizam as emoções.

Nossas **reações**, **ações** ou **comportamentos** face a percepção e os sentimentos tenderão a originar um conflito se agirmos a partir de um impulso gerado por sentimentos negativos. Quando optamos por não expressar os sentimentos e as emoções, muitas vezes o conflito se estabelece de modo intrapessoal, e se agimos impulsivamente, o conflito se amplia para o meio externo.

No âmbito organizacional, um conflito pode ser antecedido por situações que o favorecem. Isso ocorre quando as instituições mantêm situações que tendem a gerar percepções distintas entre pessoas ou grupos (Chiavenato, 2014). Tais condições estão expressas na Figura 6.3, a seguir.

Figura 6.3 – Condições antecedentes do conflito e percepções resultantes

Condições antecedentes	Processos de conflito		Resultado
		Feedback	
Ambiguidade de papel Objetivos concorrentes Resultados compartilhados Interdependência das atividades	Percepção da incompatibilidade de objetivos	Conflito	Resultado
	Percepção da oportunidade de interferência		
		Feedback	

Fonte: Chiavenato, 2014, p. 390.

Quando há incertezas e papéis pouco claros entre as atividades e as pessoas que as desenvolvem na organização, elas sentem como se estivessem trabalhando para propósitos diferentes. Essa ambiguidade de papéis pode ser percebida em situações nas quais ocorrem ingerências entre as áreas, isto é, os mesmos colaboradores realizando os mesmos serviços, sem atividades estabelecidas ou equipes responsáveis.

Em empresas nas quais há maior quantidade de setores e equipes já estruturadas, é possível ter a impressão de que estão competindo entre si, com focos específicos e missões departamentalizadas, esquecendo-se dos objetivos estratégicos da organização como um todo.

Essa diferenciação gera incongruências e um sentimento de incompatibilidade entre os setores, como se tivessem objetivos concorrentes. Também por esse motivo, as equipes tendem a entrar em conflito com relação à divisão dos recursos da organização e trabalham sem a interdependência necessária, o que muitas vezes acaba prejudicando o trabalho dos outros (Chiavenato, 2014).

6.2 Estágios, espirais e processos construtivos e destrutivos do conflito

Alguns modelos têm sido desenvolvidos com a finalidade de entender o processo que leva ao desenvolvimento de um conflito. Para Rubin e Kriesberg (citados por Azevedo, 2016), os conflitos se desenvolvem de maneira progressiva, em uma escalada que gradualmente se torna mais severa na medida em que avança. Esse modelo é conhecido como **espiral do conflito**, e seu conceito estabelece que

> *cada reação torna-se mais severa do que a ação que a precedeu e cria uma nova questão ou ponto de disputa.[...] as suas causas originárias progressivamente tornam-se secundárias a partir do momento em que os envolvidos mostram-se mais preocupados em responder a uma ação que imediatamente antecedeu sua reação.* (Azevedo, 2016, p. 54)

Nesse modelo, ocorre um agravamento das condutas conflituosas, como se fosse uma espiral progredindo gradativamente e se distanciando das causas originais. Fazendo um paralelo com o quadrilátero do fogo, teríamos os três elementos originários (calor, oxigênio e combustível) e o quarto elemento como derivado. Na medida em que a queima acontece, os gases provenientes dela, alimentam ainda mais o fogo. Esse elemento é denominado *reação em cadeia*; nas situações de conflito, ele alimenta o processo de ação e reação, que se torna mais severo quanto mais o confronto se estende.

Os **estágios de um conflito** representam a maneira como ele se desenvolve e podem se referir a gravidades diferenciadas, a depender de como o conflito é ou não manifestado. Segundo Chiavenato (2014), são três os níveis de gravidade:

1. quando as partes envolvidas já perceberam que existem posicionamentos diferentes sobre determinada situação, os quais podem, de alguma maneira, interferir na ação do outro. Nesse cenário, há um conflito latente, um **conflito percebido**;
2. quando a divergência já provocou sentimentos e emoções, conforme citamos anteriormente, trata-se de um **conflito experienciado**, mas ainda não manifestado;
3. quando uma das partes interfere ativa ou passivamente, expressando-se abertamente sobre a divergência, sem mais nenhuma dissimulação, trata-se de um **conflito manifestado**.

Para Robbins (2005), o conflito se divide em três tipos: de **tarefa** (objetivo e conteúdo do trabalho); de **relacionamento** interpessoal; e de **processo** (o modo como o trabalho é realizado). O conflito ocorre em um processo que passa por cinco estágios distintos, conforme ilustrado na Figura 6.4, a seguir.

Figura 6.4 – O processo do conflito

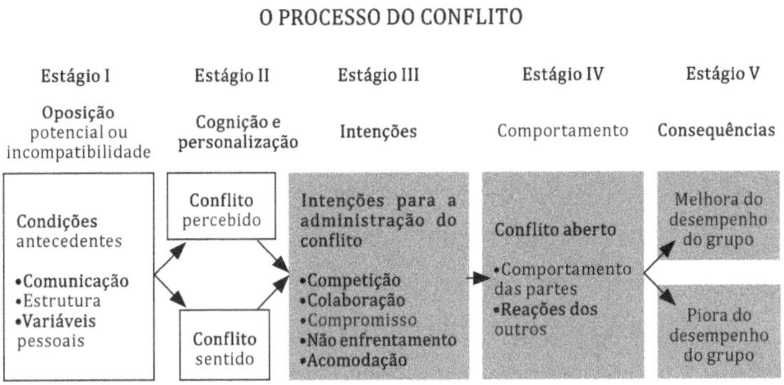

O PROCESSO DO CONFLITO

Estágio I	Estágio II	Estágio III	Estágio IV	Estágio V
Oposição potencial ou incompatibilidade	Cognição e personalização	Intenções	Comportamento	Consequências

Condições antecedentes
- Comunicação
- Estrutura
- Variáveis pessoais

Conflito percebido

Conflito sentido

Intenções para a administração do conflito
- Competição
- Colaboração
- Compromisso
- Não enfrentamento
- Acomodação

Conflito aberto
- Comportamento das partes
- Reações dos outros

Melhora do desempenho do grupo

Piora do desempenho do grupo

Fonte: Robbins, 2005, p. 328.

O **primeiro estágio**, denominado *oposição potencial* ou *incompatibilidade*, é dividido em três categorias: comunicação, estrutura e variáveis pessoais. Nesse estágio, ainda não existe um conflito, mas sim situações que favorecem sua ocorrência. Na primeira categoria, a **comunicação** é evidenciada em ambientes que apresentam as seguintes características:

- pouca comunicação, levando as pessoas a uma interpretação subjetiva dos fatos e daquilo que escutam;
- excesso de comunicação; quando há muitas informações, cada pessoa pode focar em uma parte (a que mais as interessa) e ignorar elementos, o que facilita desentendimentos;

- comunicação pouco clara, com dificuldades semânticas, termos conotativos, diferenças culturais, jargões, gerações diferentes em um mesmo ambiente etc.;
- o canal de comunicação escolhido dificulta a manutenção do objetivo inicial da comunicação (quando a informação vai passando de pessoa a pessoa).

A segunda categoria diz respeito à **estrutura**, especificamente às estruturas organizacionais adotadas pela gestão. Quando as metas pessoais ou por departamento são divergentes, elas passam a ser concorrentes, isto é, não apontam para um objetivo comum.

A terceira categoria se refere às **variáveis pessoais**, ou seja, ao respeito aos sistemas de valores das pessoas e às características de personalidade. Pessoas com autoestima baixa e líderes autoritários tendem a causar mais conflitos (Robbins, 2005).

No **segundo estágio**, o conflito começa a ser percebido e **sentido** de modo semelhante ao que descrito nas etapas I e II dos níveis de gravidade elencados por Chiavenato (2014). Esse estágio é crucial, especialmente quando envolve sentimentos, e tem forte poder para determinar os resultados do conflito, conforme exposto por Robbins (2005, p. 330):

> As emoções têm um papel preponderante na configuração das percepções. Por exemplo, descobriu-se que emoções negativas produzem um excesso de simplificações das questões, diminuição da confiança, interpretações negativas do comportamento do outro. Em vez disso, os sentimentos positivos aumentam a tendência a enxergar o potencial de relações entre os elementos de um problema, a ter uma visão mais ampla da situação e a desenvolver soluções mais inovadoras.

O **terceiro estágio**, também denominado **intenção**, define como a pessoa decidiu agir diante da situação sentida e percebida.

Quando o sujeito decide satisfazer seus próprios interesses, pode fazer isso de modo competitivo ou colaborativo. Se o faz de maneira colaborativa, também leva em conta o interesse do outro, em uma relação de "ganha-ganha"; do contrário, em um cenário de competição, essa relação passa a ser de "ganha-perde". Se o indivíduo envolvido no conflito não preza nem pelos próprios interesses nem pelos do outro, pode fazê-lo por meio da abstenção, ignorando o conflito e evitando os envolvidos, em um resultado de "perde-perde". Ao se acomodar à situação, uma das partes pode ceder na tentativa de apaziguar o conflito, colocando o objetivo ou a opinião do outro acima da sua, em um resultado de "perde-ganha". Por fim, a intenção de concessão faz com que ambas as partes participem da resolução do conflito, rompendo com o objetivo divergente e levando ao aceite das partes, em que a solução satisfaz ambos, ao menos parcialmente – "ganha-ganha".

Na maioria dos casos, as pessoas têm um modo mais ou menos fixo de resolver os conflitos. Isso significa que são poucas as situações em que elas agem de maneira diferente: "isso quer dizer que, quando confrontadas com uma situação de conflito, algumas pessoas sempre querem ganhar a qualquer preço, outras procuram uma solução ótima, algumas tentam fugir do conflito, outras tentam se acomodar e há as que procuram 'repartir a diferença'" (Robbins, 2005, p. 331).

O **quarto estágio – comportamento** – seria o conflito em ação, isto é, quando os indivíduos se expressam e têm reações a fim de implementar as intenções formuladas no estágio anterior. Naturalmente, há uma diferença peculiar entre as intenções e os comportamentos vistos na prática, uma vez que não há como prever as reações do outro frente aos confrontos. Por isso, trata-se de um processo dinâmico que pode elevar ou mitigar a intensidade do conflito (Robbins, 2005).

O **quinto estágio – consequências** – corresponde ao resultado do embate entre ação e reação proporcionado pelo estágio anterior e envolve a manifestação de comportamentos conflitantes, como: desacordos ou leves mal-entendidos; questionamentos explícitos ou desafios; ataques verbais; ameaças e ultimatos; agressão física; esforços explícitos para destruir a outra parte.

As consequências do conflito podem ser funcionais ou disfuncionais (Robbins, 2005):

- **Consequências funcionais (ou construtivas)**: no caso de um conflito de níveis baixos ou medianos, existe a possibilidade de que ele atue para melhorar o desempenho das equipes. Normalmente, essa consequência é oriunda de conflitos envolvendo processos ou tarefas, e não relacionamentos. Quando há um embate no processo decisório, também se apresenta um desafio ao *status quo* do grupo, desafiando-o a obter soluções inovadoras e criativas que permitam a reavaliação do processo, a fim de gerar novas soluções e impulsionar as mudanças necessárias (Robbins, 2005). Muitos dos conflitos causados pelas novas visões das gerações mais jovens (Y e Z), se bem conduzidos, terão o potencial de acarretar bons resultados. Portanto, os indivíduos dessas gerações costumam questionar o que sempre funcionou. Em razão de questionarem o que sempre deu certo e de adaptarem situações a um futuro que eles já enxergam, pode agregar vantagem competitiva ou valor à organização. É necessário entender o diálogo com as gerações anteriores como uma oportunidade.
- **Consequências disfuncionais (ou destrutivas)**: quando um conflito atinge uma equipe e os comportamentos divergentes são muito intensos, há poder suficiente para destruir grupos e, até mesmo, organizações inteiras. Equipes envolvidas em constantes disputas tendem a tirar o foco do objetivo organizacional

e da missão estratégica, gastando sua energia em disputas internas. O ambiente disfuncional gera pessoas ansiosas e que bloqueiam seu potencial criativo diante da constante pressão, o que afeta consideravelmente o resultado e a produtividade. Normalmente, conflitos dessa natureza surgem em decorrência de disputa de vaidades, da manutenção do *status quo* ou do próprio egoísmo, acabando com a coesão grupal e a possibilidade de realização.

Como comentamos anteriormente, todas as pessoas da organização que lidam com outras devem abordar o conflito de modo a incentivar as consequências construtivas, contribuindo para uma cultura de diálogo e respeito e incentivando que os conflitos de natureza funcional sejam valorizados. Além disso, esforços têm que ser direcionados para mitigar cenários que poderão incorrer em consequências disfuncionais.

Na sequência deste capítulo, apresentaremos os meios que podem ser utilizados para administrar conflitos e as habilidades e competências necessárias para gerenciá-los de maneira inteligente.

6.3 Formas de administração do conflito

Sabemos que os conflitos são inevitáveis e inerentes às relações humanas, e que existem conflitos construtivos para as organizações (quando eles ocorrem no âmbito dos processos e das tarefas). Agora, precisamos entender algumas das possíveis **formas de abordar um conflito** quando ele surgir. Para a gestão de pessoas, o modo adotado pelo gestor para abordar o conflito é preponderante para sua solução.

Chiavenato (2014) propôs três formas básicas para abordagem de conflitos:

- **Abordagem estrutural:** está intimamente vinculada às condições organizacionais que predispõem ao conflito. Portanto, as ações devem ser conduzidas a fim de eliminá-las, o que pode ocorrer mediante a redução da diferenciação dos grupos, por meio de ações que também premiem o desempenho grupal e que contribuam para diminuir a independência entre os grupos.
- **Abordagem por processo:** ocorre uma interferência durante o processo do conflito, a qual pode partir de alguém que não pertence ao grupo ou de alguma das partes envolvidas. Essa abordagem busca desativar o conflito por meio da cooperação de uma das partes, que atua no sentido de encorajar um comportamento menos conflitante. Quando isso não se torna viável, há a possibilidade de recorrer a uma terceira parte para participar de uma reunião de confrontação em que, por meio do diálogo, chegue-se a um acordo de "ganha-ganha". Em última instância, a colaboração levará as partes a trabalharem juntas para solucionar o problema, buscando soluções integrativas que atinjam o objetivo de ambos.
- **Abordagem mista:** refere-se à utilização da abordagem estrutural na criação de regras para a resolução de conflitos, bem como de elementos da abordagem por processos, a fim de criar pontes de comunicação que possibilite firmar um acordo.

Em todas as situações de conflito, é importante perceber fatores como a intensidade do conflito e o que está em jogo, antes de decidir por uma ou outra abordagem ou estilo de administração de conflitos.

A esse respeito, Thomas (1976) propôs um modelo que considera cinco estilos que podem ser adotados para a resolução de conflitos (Quadro 6.1):

Quadro 6.1 – Estilos de resolução de conflitos

Estilo de resolução de conflitos	Características
Evasão ou abstenção	Esse estilo se caracteriza pela fuga, ou seja, pela opção por se distanciar do problema, negando-o. É usado quando se pretende aliviar a tensão por um tempo, a fim de abordar a situação negativa *a posteriori*.
Acomodação	Esse estilo procura resolver os conflitos menores para promover a harmonia entre as partes, ao passo que os cenários mais críticos são deixados para outro momento. É adotado em situações nas quais manter a harmonia é mais importante do que resolver todo o problema e suas causas.
Competição	Também conhecido como *comando autoritário*, esse estilo é utilizado quando uma parte detém a autoridade e tem urgência para resolver o problema, lançando mão de decisões impopulares e centradas no eu. Assim, não há oportunidades para discutir o conflito e, com efeito, sua resolução se efetiva pela imposição autoritária.
Transigência	Estilo é aplicado quando as partes têm igual poder e desejam resolver os problemas, reduzindo as diferenças. Geralmente, é aplicado por pessoas focadas em manter grupos e resultados.
Colaboração	O estilo colaborativo é usado em contextos nos quais ambas as partes desejam chegar a um consenso e estão dispostas a colaborar, considerando os pontos de vistas de ambos, isto é, quando é possível entrar em negociação.

Fonte: Elaborado com base em Thomas, 1976.

Todas essas abordagens englobam possíveis resultados que devem ser considerados. Por exemplo: no estilo evasivo, as pessoas tendem a não resolver o problema, e, embora pareçam ter evitado o conflito, ele se mantém internamente presente, até que em determinado momento volte à tona. Portanto, em que pese ser prudente não abordar o conflito imediatamente, isso não significa que ele deva ser ignorado, mas sim retomado em momento oportuno, para uma resolução definitiva.

Um exemplo de conflito que ocorre entre os ministros religiosos diz respeito a administrar o tempo entre o ministério e a família. Muitas vezes, eles até percebem que um conflito familiar está para irromper, mas se abstêm, evitando o diálogo aberto e a redução do ritmo de trabalho. Isso porque compreendem se tratar de um trabalho de Deus e, com efeito, a cobrança familiar não pode ser aceita. Tal postura faz com que o conflito adquira contornos maiores e, não raro, gere resultados irreparáveis.

Por seu turno, em relação ao estilo competitivo/autoritário, por mais que a urgência demande uma rápida decisão, conflitos de ideias e resoluções arbitrárias que ocorrem repetidas vezes contribuem para um ambiente que não valoriza as diferenças, tampouco a criatividade e a inventividade. Logo, torna-se pouco provável que a organização consiga manter os talentos que trabalham de maneira autônoma, especialmente os mais jovens. Além disso, a acomodação também acarreta efeitos indesejáveis. Embora o princípio de manter a unidade seja genuíno, ele não retira os verdadeiros problemas causadores do conflito, ou seja, este pode emergir novamente e com altos níveis de ressentimento, desafiando ainda mais que as partes cheguem a um consenso resolutivo.

Diante do exposto, a abordagem colaborativa é a mais indicada para a resolução de conflitos a fim de obter bons resultados. Mas, para isso, ela deve ser ensinada a todos os níveis da organização, para que colaboradores e líderes aprendam a lidar de modo saudável com a situação e reconheçam as consequências que podem surgir caso ajam de maneira diferente. Isto é, se todos compreenderem que um bom ambiente de trabalho depende disso e que abrir portas para o diálogo automaticamente gera o senso colaboração, a organização estará caminhando no mesmo sentido rumo a uma solução que atenda aos anseios gerais.

Em sua Palavra, Jesus nos ensinou que, em momentos de conflitos entre irmãos, é preciso se dirigir ao autor da ofensa e resolver o assunto (Bíblia Sagrada. Mateus, 1993, 18: 15; Lucas, 1993, 17: 13). O Apóstolo João, em sua primeira epístola, fala sobre a importância de amarmos os nossos irmãos: "Aquele que diz estar na luz e odeia a seu irmão, até agora, está nas trevas. Aquele que ama a seu irmão permanece na luz, e nele não há nenhum tropeço" (Bíblia Sagrada. 1 João, 1993, 2: 9-10). O amor não pressupõe a inexistência de conflitos, mas sim que sempre devemos estar dispostos a resolvê-los, à luz da Palavra de Deus.

6.4 Métodos de resolução de conflitos

Quando um conflito se mostra disfuncional, é provável que os reais motivos que o causaram já tenham se perdido. Consequentemente, nenhuma das partes envolvidas terá ganhos significativos. Nessa ótica, o gestor de pessoas tem a importante função de trabalhar para administrar essas situações negativas, atuando no sentido de controlar os níveis de intensidade e de provocar a resolução dos problemas.

6.4.1 Administração de conflitos

Em determinadas situações, o líder poderá até mesmo originar conflitos funcionais, a fim de estimular a inventividade e a criatividade da equipe, sempre que sentir uma estagnação latente. A esse respeito, apresentamos, no Quadro 6.2, algumas técnicas de administração de conflitos, divididas em resolução e criação, com o objetivo de proporcionar que a equipe lide com processos construtivos após a solução dos problemas (Robbins, 2005).

Quadro 6.2 – Técnicas de administração de conflitos

TÉCNICAS DE ADMINISTRAÇÃO DO CONFLITO	
Técnicas de Resolução de conflito	
Resolução de Problemas	Encontro entre as partes conflitantes com o propósito de identificar o problema e resolvê-lo por meio de uma discussão aberta.
Metas superordenadas	Criação de uma meta compartilhada que não possa ser atingida sem a cooperação entre as partes conflitantes.
Expansão de Recursos	Quando o conflito é causado pela escassez de um recurso – digamos: dinheiro, oportunidades de promoção ou espaço físico de trabalho – a expansão desse recurso pode criar uma solução "ganha-ganha".
Não enfrentamento	Suprimir o conflito e evadir-se dele.
Suavização	Minimizar as diferenças entre as partes conflitantes, ao enfatizar seus interesses comuns.
Concessão	Cada uma das partes abre mão de algo valioso.

(continua)

(Quadro 6.2 – conclusão)

Técnicas de Resolução de conflito	
Comando Autoritário	A administração usa sua autoridade formal para resolver o conflito e depois comunica seu desejo às partes envolvidas.
Alteração de Variáveis Humanas	Utilização de técnicas de mudança comportamental, como treinamento em relações humanas, para alterar atitudes e comportamentos que causam conflitos.
Alteração de variáveis Estruturais	Mudanças na estrutura formal da organização e nos padrões de interação entre as partes conflitantes, através de redesenho de atribuições, transferências, através de posições coordenadas etc.
Técnicas de Estimulação do Conflito	
Comunicação	Utilização de mensagens ambíguas ou ameaçadoras para aumentar os níveis de conflito.
Inclusão de Estranhos	Incluir nos grupos de trabalhos, funcionários com históricos, valores, atitudes ou estilos gerenciais diferentes daqueles dos seus membros.
Reestruturação da Organização	Realinhamento dos grupos de trabalho, alterações de regras e regulamentos, aumento da interdependência e outras mudanças estruturais similares que rompam o *status quo*.
Nomeação de um "advogado do diabo"	Designação de um crítico que discuta, propositalmente, as posições defendidas pela maioria do grupo.

Fonte: Robbins, 2005, p. 333.

Orr (2001) orienta que os líderes não devem interferir precipitadamente no conflito entre duas pessoas. Em vez disso, sua postura deve ser a de manter a situação sob controle, estimulando que as partes cheguem a um ponto de acordo do tipo "ganha-ganha".

A menos que o problema seja muito grave, o gestor tem que evitar de ser excessivamente precipitado, tampouco pode ignorar ou evitar os embates em sua equipe.

6.4.2 Negociação

A negociação faz parte da vida de todos nós. Desde o momento em que começamos a interagir, na infância, começamos a negociar: o que assistir na televisão, onde passar as férias, que roupas vestir etc. Naturalmente, como não há preparo anterior, isso é feito intuitivamente.

Nos ambientes organizacionais, a negociação é uma ferramenta valiosa se desejamos ter sucesso no trabalho e nos relacionamentos interpessoais. A função do líder traz em si a prerrogativa da competência para negociar e administrar conflitos. Nesse contexto, temos que nos aprofundar nas várias formas de negociar, a fim de obter resultados efetivos e que garantam a satisfação dos envolvidos.

Fischer et al. (2005) propõem duas teorias da negociação para resolver conflitos, as quais são divididas em:

- **negociação posicional**: os indivíduos tendem a se firmar na atual posição, buscando não perder absolutamente nada;
- **negociação por princípios**: procura-se atingir resultados justos, do tipo "ganha-ganha", por meio de uma postura sensata, preservando os relacionamentos entre as partes e abordando seus reais interesses, em vez de focar nos efeitos paralelos. Esse estilo de negociação se baseia em quatro pontos fundamentais:
    - separar as pessoas do problema: nesse enfoque, a argumentação, em vez de ter o objetivo de ferir, deve focar no real problema. Por exemplo, se um funcionário não organiza os materiais de trabalho e gera, com efeito,

perda de produtividade, o foco da argumentação não deve estar na pessoa ser desorganizada, mas sim na necessidade de organização no ambiente de trabalho;
- focar nos interesses, e não nas posições: esse aspecto envolve exercitar a criatividade livremente a fim de encontrar alternativas para o problema, em vez de esperar que ele seja resolvido de alguma forma específica. Por exemplo: um gestor pode exigir que a mesa de trabalho do colaborador esteja vazia e que todo o material seja colocado em gavetas; ou pode, simplesmente, perguntar ao funcionário como ele (o gestor) poderia auxiliá-lo para que os materiais sejam adequadamente ordenados (adquirindo organizadores, em gaveteiros, por exemplo). Também seria possível solicitar ao colaborador que pense em soluções para deixar a bancada devidamente limpa – nesse caso, o próprio funcionário chegaria a alguma resolução;
- dar opções de ganhos mútuos: consiste em tomar o tempo necessário para elaborar o conflito e suas possibilidades de resolução, em vez de gastar energia no calor da emoção, ou seja, quando a mente não consegue processar adequadamente um número razoável de possibilidades;
- utilizar critérios objetivos: essa técnica elimina o fator de personalização do conflito, pois recorre a dados estatísticos de produtividadee, até mesmo, a referenciais teóricos acerca da importância de manter um ambiente organizado, com o objetivo de reduzir erros e aumentar a produtividade e a autoestima de todos.

6.4.3 Líder negociador

Conforme exposto por Gramigna (2007, p. 230), "um líder obtém maiores resultados quando adquire habilidade para lidar com equipes em conflito". Como já comentamos várias vezes, os conflitos sempre surgem em ambientes organizacionais. Por isso, o líder deve ter habilidade de administrá-los, para alinhar a equipe e manter a missão da organização no centro das decisões.

Nesse contexto (ambientes eclesiásticos e do terceiro setor), estamos nos referindo a instituições que atuam por princípios e valores. Portanto, o gestor religioso deve atuar de modo ético, honesto e desarraigado dos interesses financeiros.

No entanto, a habilidade de negociar e administrar conflitos, muitas vezes, demanda muita prática para ser desenvolvida. Ainda que o ambiente seja religioso ou de altruísmo, ele não está isento de problemas, sejam de processos, tarefas ou relacionais.

A esse respeito, elencamos, na sequência, algumas características de um líder negociador, isto é, capaz de realizar uma boa mediação de conflitos:

- **Planejamento**: quando o líder percebe há algo de errado no clima organizacional, ele precisa investigar as causas e a intensidade do conflito, para depois estabelecer a abordagem necessária. Como ele precisa mediar a solução entre as partes, será importante planejar os resultados que se espera atingir e outras possíveis resoluções, a fim de se preparar para outros cenários. Nesse caso, você, como gestor, pode orar pedindo a Deus que o conduza em todo esse processo dando-lhe o discernimento espiritual para usar palavras de conhecimento e sabedoria, conforme escrito em 1 Coríntios, cap. 12, vers. 8 (Bíblia Sagrada, 1993).

- **Empatia**: a habilidade de se colocar no lugar das pessoas envolvidas no conflito ajudará o gestor a se sair bem em todas as etapas da negociação – lembrando que sempre devemos atuar de modo a possibilitar que todas as partes sejam satisfeitas (pessoas, equipes e organização).
- **Domínio emocional**: geralmente, situações de conflito tendem a estar envoltas em sentimentos, emoções, estresse, alta tensão e afinidades. Logo, o líder necessita manter o controle de suas sensações, para que sua percepção não seja prejudicada e acarrete erros de mediação. Assim, ficar calmo e observar atentamente as falas e as expressões dos outros certamente ajudará o gestor a ser assertivo na condução da situação. Nosso conselho é que, em um cenário como esse, você peça ao Espírito Santo que ilumine tudo o que você está vendo e ouvindo, para que consiga raciocinar adequadamente e propor medidas sábias.
- **Comunicação fluida**: é fundamental estar presente de corpo e mente nos momentos de mediação e negociação. Por isso, o líder deve desenvolver uma escuta ativa, em vez de se manter conjecturando o que dizer em seguida. Portanto, como gestor, você deve se expressar com palavras claras, para evitar de causar mal-entendidos ou intepretações distorcidas. Comunique com graça e seja instrumento de Deus para dissolver os conflitos.
- **Criatividade**: permita-se questionar o *status quo* da situação e utilizar a criatividade para encontrar possíveis soluções. Muitas vezes, no ápice das emoções, torna-se muito difícil chegar a um consenso que integre as diferentes perspectivas.

- **Versatilidade:** o líder tem que avaliar a sociedade atual sob várias lentes. Portanto, é possível que uma estratégia que tenha sido eficaz anteriormente não funcione mais. Por isso, o gestor precisa ouvir tanto os colaboradores mais jovens quanto os mais velhos, além de manter seus princípios e valores intactos, a fim de negociar os métodos com versatilidade e de promover as mudanças necessárias à organização.

6.5 Conceito de comunicação e comunicação não violenta

Normalmente, quando procuramos saber quais são as fontes que originam um conflito, percebemos que muitas delas estão extremamente vinculadas a distorções de comunicação. Por isso, precisamos nos aprofundar na habilidade de nos comunicar de modo compreensível, a fim de evitar mal-entendidos que possam ocasionar problemas entre as pessoas.

6.5.1 O que é comunicação

Orr (2001, p. 301) define *comunicação* como "a transferência de informação e a compressão de seu significado". Robbins (2005) afirma que a compreensão errônea de uma mensagem pode representar a diferença entre a vida e a morte. Isso porque falhas na transmissão de uma mensagem podem ser fatais para os objetivos de uma organização. Portanto, entender como se efetiva a comunicação e quais são os elementos que a compõem será de grande valia para estabelecer uma via efetiva de troca de informações.

Considerando o exposto, apresentamos, na Figura 6.5, os elementos que fazem parte da comunicação.

Figura 6.5 – Elementos da comunicação

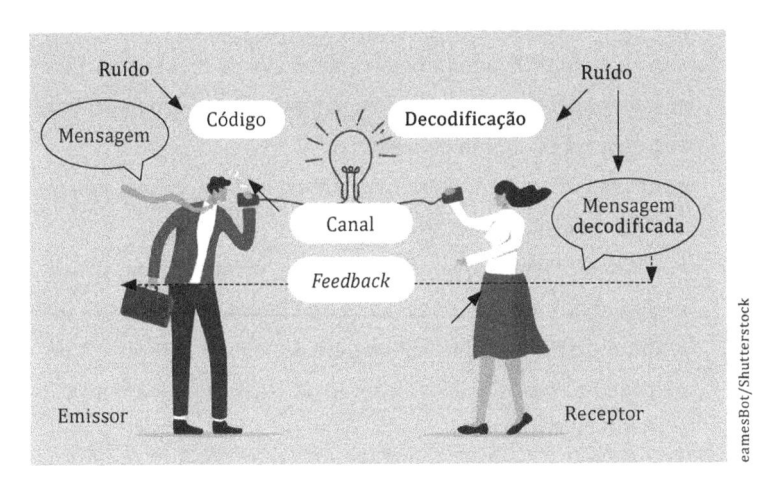

Como você pode observar, na comunicação estão presentes diversos elementos que farão parte do processo de comunicar. Se forem atentamente observados, poderão poupar desentendimentos, contribuindo para atingir o propósito previamente definido.

Acompanhe, a seguir, uma descrição relativa a cada elemento que faz parte da comunicação:

- **emissor**: é a fonte da comunicação, na qual o processo de comunicação se inicia por meio da codificação de um pensamento e de sua expressão;
- **receptor**: quem recebe a mensagem do emissor;
- **mensagem**: conteúdo transmitido por meio de códigos.
- **código**: maneira de comunicar uma mensagem. Pode se referir a um grupo de sinais que podem ser escritos, verbalizados ou não, símbolos, formas artísticas etc. É extremamente importante

considerá-lo, pois ele inclui variáveis como idioma, linguagem, aspectos culturais e expressões corporais (gestos, movimentos do corpo, expressões faciais, timbres de voz etc.)e que envolvem forma e conteúdo. Tais variáveis estão intrinsecamente presentes em nós;
- **canal**: meio utilizado para a transmissão da mensagem. Pode ser um papel ou uma mídia (como telefone, rede social, e-mail, voz etc.) e é escolhido pelo emissor;
- **contexto**: diz respeito às circunstâncias do momento em que a mensagem é transmitida;
- **ruídos**: elementos que constituem barreiras à comunicação. Podem estar vinculados a sons de elementos culturais que tenham distintos significados para emissor e receptor, à predisposição emocional para a recepção da mensagem, a percepções diferentes etc.;
- **mensagem decodificada**: trata-se da mensagem considerando o modo como foi entendida pelo receptor. Os símbolos utilizados na mensagem emitida são "traduzidos" pelo receptor graças a seu arcabouço de informações;
- *feedback*: também chamado de *retroalimentação da mensagem*, consiste no retorno do receptor ao emissor, em que aquele transmite a forma pela qual percebeu e compreendeu a mensagem inicial.

Embora pareça simples, a comunicação pode ser extremamente distorcida quando um dos elementos não é compreendido corretamente. Nas relações humanas, infelizmente isso é muito comum, pois são inúmeras as variáveis que podem atuar no sentido de gerar ruídos.

6.5.2 Comunicação não violenta

Na década de 1960, o psicólogo norte-americano Marshall Rosenberg (1934-2015) cunhou o conceito de comunicação não violenta (CNV). De origem judaica, o autor viveu os anos de perseguição nazista e a ameaça do holocausto. Baseado nas observações de pensadores e líderes ativistas, como Gandhi, Rosenberg compreendeu como a comunicação sem o atributo da violência poderia transformar a vida de pessoas e organizações.

Seu primeiro livro, *Comunicação não violenta: técnicas para aprimorar relacionamentos pessoais e profissionais*, lançado em 1999 e publicado no Brasil em 2006, ganhou enorme repercussão e transformou o modo de as pessoas se comunicarem, por meio de passos simples e, ao mesmo tempo, profundos.

A Associação Brasileira de Comunicação Empresarial (Aberje, 2020) realizou uma pesquisa com 327 profissionais de organizações de pequeno, médio e grande portes das cinco regiões do Brasil, a fim de descobrir os principais sentimentos demonstrados por eles considerando quatro níveis diferentes, a saber: nas equipes; entre os pares; na liderança; e na empresa, representada pelo líder máximo.

Embora o estudo tenha apontado que a maior parte dos entrevistados reconhece a importância de desenvolver a CNV, os sentimentos experimentados no trabalho resultam de ambientes nos quais essa comunicação não é praticada, como podemos depreender da Figura 6.6, a seguir.

Figura 6.6 – Sentimentos mais frequentes no trabalho

- Orgulhosa(o) 24%
- Apreensiva(o) 26%
- Desanimada(o) 23%
- 22%
- Frustrada(o) 21%
- 18% Entusiasmada(o)
- 28% Determinada(o)
- 32% Confiante
- 47% Grata(o)
- Cansada(o)
- 52% Ansiosa(o)

MAIS FREQUENTES

Enquanto trabalhando em minha atual empresa, sinto com **mais frequência** as seguintes emoções ou estados emocionais:

SENTIMENTOS

Fonte: Aberje, 2020, p. 54.

Conceito de comunicação não violenta

A CNV diz respeito à habilidade de se comunicar com os outros de modo compassivo, isto é, estabelecendo uma conexão genuína de tal forma a evitar a geração de mágoas por conta de uma linguagem que cause dor. Portanto, trata-se de utilizar uma linguagem humana, mesmo quando as situações adversas induzirem a fazer o contrário. Naturalmente, em determinados cenários, agimos com um padrão de defesa diante de julgamentos e ataques. Assim, a CNV procura abordar uma nova forma de nos expressarmos e ouvirmos o outro, escutando também nossas próprias necessidades interiores e avaliando a nossa comunicação (Rosenberg, 2006).

Dessa maneira, consiste em abandonar o padrão reativo de fornecer respostas automáticas e adotar a postura de agir com consciência, respeito e empatia, levando em conta:

- **a nossa percepção**: vinculada ao que sentimos e desejamos, a fim de identificar o que nos afeta e nos leva a comunicar reativamente, com uma postura defensiva e reações violentas;
- **a percepção do outro**: nosso foco deve residir na capacidade de nos concentrarmos para compreender os sentimentos das outras pessoas, ou seja, como elas nos observam e o que de fato precisam receber de nós– compaixão e respeito, em vez de julgamentos e ataque. Isso demanda uma entrega genuína a esse propósito, pois, sem isso, não será possível praticar a CNV (Rosenberg, 2006).

Processo da comunicação não violenta

Os conflitos de comunicação tendem a surgir sempre que as pessoas se sentem acuadas, ameaçadas ou inseridas em uma luta pelo poder. Considerando essa realidade, Rosenberg (2006) elencou quatro componentes primordiais para a prática da CNV, cuja premissa básica é se comunicar tendo em vista as necessidades de todos, e não uma disputa que resultará em vencedor/perdedor. Os elementos para a prática da CNV, de acordo com o autor, são os seguintes: observação; sentimento; necessidade; pedido.

A seguir, para facilitar sua compreensão, apresentaremos um exemplo prático considerando a seguinte situação hipotética: na empresa em que você trabalha, um colega se aproxima de você e afirma: *o modo como eu faço isso que você está fazendo é melhor.*

- **Observação**: na primeira etapa, é necessário analisar a situação "de fora", avaliando se o modo como você realiza o trabalho é satisfatório e efetivo ou se o colega em questão realmente tem algo a lhe ensinar. Caso você constate que a primeira opção é a válida, passe para o próximo nível.

- **Sentimento**: você poderia se perguntar o que tal interferência causa em você (aborrecimento, insegurança, perda de concentração etc.) e quais são os sentimentos de seu colega ao se comparar (desejo genuíno de ajudar, autopromoção, necessidade de entrar em conflito etc.).
- **Necessidade**: em seguida, identifique o que você precisa que aconteça (por exemplo: não ser interrompido).
- **Pedido**: algumas opções de solicitações que você fazer a esse colega: *Fulano, agradeço a sua disponibilidade em ajudar, mas realmente gosto da maneira com que realizo o meu trabalho e respeito a sua forma de fazer. Por isso, sinto-me aborrecido quando me interrompe. Você me permitiria fazer do modo como me sinto melhor?* A esse respeito, uma maneira de não usar a CNV poderia ser esta: *Fulano, você se acha mesmo melhor do que eu, sempre me interrompe, isso me irrita e acabo errando tudo. Você não poderia guardar suas ideias pra si mesmo?* Consegue perceber a diferença?

Observe a Figura 6.7, a seguir, e compreenda melhor os passos recém-elencados para praticar a CNV.

Figura 6.7 – Quatro passos para realizar uma comunicação não violenta

- **OBSERVAÇÃO**: Observar com o intuito de avaliar uma situação é diferente de fazer julgamentos, interpretações ou generalizações..
- **SENTIMENTO**: Reconhecer e nomear o que está sentindo sob a própria própria, em vez de atribuir responsabilidade ao outro
- **NECESSIDADE**: Habilidade de entender as próprias necessidades e de sentir empatia com as do outro.
- **PEDIDO**: Fazer pedidos que supram as nossas necessidades de modo claro, positivo e por meio de ações concretas.

Fonte: Elaborada com base em Rosenberg, 2006.

Não é possível aprender a CNV da noite para o dia. Portanto, é preciso fazer um esforço constante para reconfigurar o modo como nos relacionamos com os outros. No entanto, a energia gasta para isso certamente valerá a pena, pois, assim, conseguiremos construir um mundo no qual as pessoas se respeitam e se comunicam umas com as outras amistosamente.

Indicação cultural

ROSENBERG, M. **Vivendo a comunicação não violenta**: como estabelecer conexões sinceras e resolver conflitos de forma pacífica e eficaz. Rio de Janeiro: Sextante, 2018.

A leitura deste livro possibilitará que você se aprofunde na temática sobre a CNV. Além de introduzir o tema, a obra apresenta algumas sugestões práticas para uma pacífica resolução de conflitos – sem que seja necessário abrir mão de quaisquer valores.

6.6 Comunicação organizacional e gestão de crises

A comunicação organizacional tem sido entendida com maior importância a cada dia. Parece controverso que à medida que os meios de comunicação ganham espaço e diversificação, facilitando a rapidez de transmissão de informações, mais difícil se torna o entendimento das pessoas.

Porém, a falta de confiança nos meios de comunicação em massa e em suas reais intenções, bem como a influência das mídias sociais, entre outros fatores, proporcionaram ao indivíduo comum o poder de comunicar e de ser ouvido por milhares de pessoas. Esse fenômeno social acarretou prós e contras e interferiu também no modo pelo qual as empresas se posicionam. Atualmente, não só temos a possibilidade de supervisioná-las, mas também a repercussão das ações adotadas pelas organizações atinge patamares nunca antes vistos.

Em virtude desse novo cenário, as instituições se viram obrigadas a adequar rapidamente suas formas de se comunicar e de agir, visando não serem alvos de críticas massivas e de crises oriundas da divulgação de fatos.

Saímos de um cenário no qual havia pouca necessidade de prestação de contas à sociedade para outro em que não basta apenas agir responsavelmente. Isto é, as instituições precisam contar com a gratidão orgânica (não paga) dos consumidores e críticos que se expressam por meio das mídias sociais, podendo trazer (ou não) a aceitação e a elevação do valor de marca e da confiabilidade no mercado. Quando nos referimos a organizações sem fins lucrativos que dependem da confiança das pessoas para receberem investimentos, essa atitude responsável se torna ainda mais importante.

Partindo desses pressupostos, vamos analisar, a seguir, de que forma uma organização pode reduzir as barreiras de comunicação interna e externa e como gerenciar crises por meio de uma comunicação clara e assertiva.

6.6.1 Comunicação organizacional

A comunicação organizacional se realiza no âmbito da instituição e tem algumas funções básicas, a saber: **controle**, **motivação**, **expressão emocional** e **informação**.

Sempre que a troca de informações se apoia no sistema hierárquico da empresa e ocorre por meio de orientações formais, a função aplicada é a de **controle**. A comunicação informal entre os funcionários também pode ter esse papel. Em um cenário no qual uns pressionam os outros a seguirem determinações grupais, a equipe está exercendo controle sobre o comportamento de todos. Por sua vez, o estabelecimento de metas e dos requisitos de trabalho, o *feedback* acerca dos resultados obtidos, bem como reforços positivos a respeito dos comportamentos esperados, podem atuar como **motivadores**. Ainda, em grupos nos quais há confiança, os membros podem **expressar suas emoções**, ou seja, o que sentem, independentemente de ser decepção ou satisfação. Por fim, a função **informativa** é utilizada sempre que os requisitos e as orientações são transmitidos com a intenção de orientar a tomada de decisão do grupo. Todas essas funções são igualmente importantes e surgem no ambiente organizacional (Robbins, 2005).

No entanto, é necessário remover as **barreiras** que impedem tais funções de serem aplicadas, uma vez que tais ruídos afetam significativamente a eficácia da comunicação. As barreiras podem ser **internas** (como percepção, sexo, idade e cultura) ou provocadas pelo ambiente **externo** (ruídos, arranjo do ambiente, posicionamento etc.).

Para compreender melhor, acompanhe o trecho citado a seguir, que exemplifica como o arranjo físico de uma sala pode representar uma barreira à comunicação:

> *Durante 13 anos, tivemos uma mesa na grande sala de reuniões da Pixar. Embora fosse bonita, passei a detestá-la. Ela era longa e estreita [...], fazíamos reuniões regulares a respeito de nossos filmes em torno daquela mesa. [...] Para os infelizes sentados nos extremos, as ideias não fluíam porque era quase impossível fazer contato visual sem esticar o pescoço. Além disso, como era importante que o diretor e o produtor do filme em questão conseguissem ouvir o que todos estavam dizendo, eles tinham de ficar no centro da mesa. O mesmo se dava com os líderes criativos da Pixar: John Lasseter, diretor criativo, e eu, além de um punhado de nossos mais experientes diretores, produtores e escritores. Para garantir que essas pessoas sempre ficassem juntas, alguém começou a colocar cartões na mesa. Parecia que estávamos em um jantar formal. Para mim, quando o assunto é inspiração criativa, cargos e hierarquia perdem o significado. Porém, involuntariamente estávamos permitindo que aquela mesa – e o resultante ritual dos cartões – transmitisse uma mensagem diferente. Quanto mais perto do centro da mesa você estivesse sentado, mais importante devia ser. [...] Sem querer, havíamos criado um obstáculo que desencorajava a participação das pessoas.* (Catmull, 2014, p. 17-18)

Inúmeras são as variáveis que atuam na comunicação. Portanto, se uma instituição deseja que ela ocorra adequadamente, deve atentar aos detalhes que facilitam a fluidez e o entendimento das pessoas envolvidas.

Além dos componentes recém-citados, as organizações costumam criar redes pelas quais a comunicação é transmitida para e entre as pessoas. A esse respeito, veja a Figura 6.8, em seguida, que ilustra três tipos de redes exemplificadas por um pequeno grupo de cinco pessoas.

Figura 6.8 – Três tipos comuns de redes em pequenos grupos

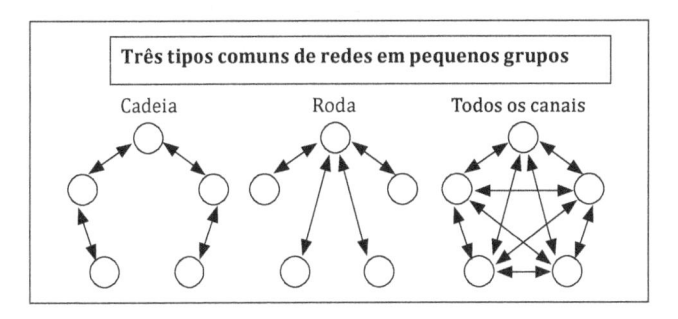

Três tipos comuns de redes em pequenos grupos
Cadeia   Roda   Todos os canais

Fonte: Robbins, 2005, p. 238.

O primeiro tipo de rede formal – denominada **rede em cadeia** – diz respeito a uma comunicação que acompanha os níveis hierárquicos. Assim, os colaboradores se comunicam com o chefe imediato; este, por sua vez, tem contato com seu líder, e assim por diante, independentemente da quantidade de níveis presentes em uma empresa. Portanto, não há comunicação entre a base e o topo da pirâmide hierárquica. Além disso, nesse modelo, a velocidade na transmissão de mensagens é moderada, assim como a satisfação dos membros, e o nível de exatidão costuma ser alto.

O segundo tipo de rede formal se refere à **comunicação em roda**, a qual normalmente envolve um líder de forte influência, com o qual todos se comunicam. Esse estilo é funcional para equipes autogerenciáveis. A comunicação se efeitva com bastante agilidade e exatidão, mas a satisfação dos membros costuma ser baixa.

Por fim, o terceiro tipo corresponde à **rede de todos os canais**, em que todos se comunicam e contribuem com todos. Nesse modelo, as equipes são autogerenciáveis e ninguém assume o papel de líder. Também, a comunicação é rápida, os membros apresentam altos níveis de satisfação, mas a exatidão é moderada. Uma organização pode adotar vários desses modelos em situações diferentes (Robbins, 2005).

Além das redes formais, todas as organizações contam com uma **rede de rumores**, a qual é inevitável, informal e muito ágil. Essa rede costuma ser a responsável por levar aos funcionários determinadas informações antes que estas sejam transmitidas de outra forma. Além disso, não é controlada pela direção, e, em geral, os funcionários confiam mais nela do que nas fontes formais. Nas palavras de Robbins (2005, p. 239): "os rumores emergem como reação a situações importantes para as pessoas, quando há ambiguidade, e sob condições que despertam ansiedade [...], como nomeação de novos chefes, a redistribuição das salas ou o realinhamento das atribuições de tarefas".

Para desfazer os rumores, é necessário informar as pessoas acerca do assunto em questão, acalmando as expectativas e reduzindo a ansiedade geral. Nessa direção, adotar fluxos de comunicação mais abertos, fornecer informações a respeito de mudanças importantes (com datas programadas) e conversar sobre os piores cenários com a equipe são ações que tendem a reduzir possíveis efeitos negativos gerados pelos rumores (Robbins, 2005).

Além disso, é fundamental fazer boas escolhas de canais de comunicação. Ainda que, atualmente, exista um leque cada dia mais amplo de possibilidades de transmitir mensagens, os canais de comunicação presencial (face a face), videoconferências, discursos ao vivo e conversas ao telefone proporcionam os melhores resultados, uma vez que ampliam as possíveis percepções do receptor da mensagem e reduzem ambiguidades e mal-entendidos.

Logo, uma boa comunicação face a face deve ser permeada de atenção, escuta ativa, perguntas claras e linguagem simples e inteligível (isto é, que possa ser facilmente compreendida pelo outro), além de um *feedback* sobre o que foi entendido. A intenção não pode ser apenas a de ser compreendido, mas também a de compreender.

6.6.2 Gestão de crises

Estabelecer uma imagem institucional saudável costuma ser um trabalho que demanda bastante tempo e esforço. O comportamento da instituição interfere diretamente na imagem que será projetada para o público em geral, formado por colaboradores, fornecedores, comunidade e imprensa, e são essas entidades as principais promotoras da imagem da organização, que também recebe a influência da mídia, dos canais de comunicação e *marketing* e, atualmente, das redes sociais.

Nesse sentido, uma organização deve primar pela transparência, por boas práticas de responsabilidade social e ambiental, a fim de gerar credibilidade e simpatia no público em que se espera atingir. Com essa forma de trabalho, a intenção é criar alicerces positivos para que, em tempos nos quais a crise seja inevitável, a empresa tenha a confiança do público, assim como em sua capacidade de administrar os problemas.

Desse modo, muitas organizações têm trabalhado para se antecipar a situações inesperadas, implantando um programa de gestão de crises que possa ser aplicado rapidamente diante de algum desgaste que manche a reputação. Nessa ótica, a transparência, o profissionalismo e a ética são palavras-chave no combate à crise.

A esse respeito, um bom programa de enfrentamento de crise deve apresentar os seguintes elementos:

- **Diagnóstico**: é necessário fazer um levantamento de todas as reclamações que podem ter sido feitas sobre a organização – independentemente de terem ou não ido a público. Parte-se da premissa de que surgem sinais gradativos que apontam para a possibilidade de uma crise. Portanto, estar atento a eles pode contribuir para mitigar ou evitar seus efeitos. Além disso, promover pesquisas sobre crises que atingiram organizações

da mesma área também pode representar uma boa fonte de informações.
- **Plano de ação:** trata-se de estabelecer um plano de ação para implantar contramedidas que visem sanar todos os motivos que podem dar origem a crises – essa é a melhor forma de prevenção.
- **Comitê de crise:** é importante criar um comitê de crises cujos integrantes representem as áreas-chave da organização, tenham poder de decisão e possam colaborar para solucionar eventuais problemas, atuando como porta-vozes junto à imprensa e definindo estratégias e táticas para conter a crise.
- **Manual de enfrentamento de crises:** um documento escrito deve ser elaborado a fim de orientar e facilitar a tomada de decisões em situações de crise, mediante a descrição de passos que promovam a melhor forma de atuação. Ainda, nesse manual, é preciso incluir dados acerca do que não fazer em cenários conflituosos, bem como dicas de comunicação, exemplos de discursos à imprensa e demais informações que possam ser necessárias.
- **Porta-voz:** em um momento de crise, é importante que uma pessoa da comissão seja nomeada como porta-voz, a fim de conceder esclarecimentos à imprensa. Esse profissional precisa ter a habilidade de se comunicar claramente e ter inteligência emocional para lidar com situações de tensão. Designar um colaborador para cumprir com esse papel contribuirá para evitar que informações desencontradas atrapalhem a condução do processo e afetem negativamente a organização. Portanto, diante de um cenário como esse, todos os membros da empresa devem ser orientados a encaminhar educadamente para o comitê de crise e seu porta-voz qualquer representante da mídia que realizarem abordagem de maneira extraoficial.

As informações que a organização transmitirá à mídia devem ser verdadeiras claras e com boa demonstração de boa-fé, sempre com a intenção de propor soluções para os problemas advindos da crise. Para finalizar o assunto, observe as palavras de Souza (2006, p. 28):

> *A credibilidade é um fator que colabora para uma volta por cima no pós crise. Uma empresa ou personalidade atingida pela crise e que não possua credibilidade, tem mais dificuldade de sair da crise com uma boa imagem. A manutenção da imagem está diretamente ligada à credibilidade construída.*

Síntese

Neste capítulo, estudamos as origens dos conflitos, os tipos de conflito e as possíveis formas de abordá-lo no contexto da liderança e das organizações. A competência de resolver esses problemas precisa ser desenvolvida para que seja possível sanar qualquer possibilidade de disrupção. Além disso, evidenciamos que um conflito pode, sim, ser construtivo, quando motiva a equipe a ter novas ideias e a inovar. Entendemos que a comunicação não violenta consiste em uma poderosa arma para evitar tais situações e explicamos, de maneira prática, como adotá-la no dia a dia. Por fim, abordamos um passo a passo que pode ser utilizado em uma organização para a elaboração de um programa de enfrentamento de crises.

Atividades de autoavaliação

1. (FCC – 2015 – CNMP) Em uma instituição, a comunicação exerce um papel fundamental no gerenciamento de situações de crise que podem trazer problemas não só para a instituição como também atingir terceiros ou a coletividade. Nesses casos, a empresa ou instituição envolvida, juntamente com sua assessoria de comunicação, devem atuar para dar as respostas impostas pela situação. Entre as possíveis causas de situações de crise descritas acima, **NÃO** se inclui
   a) a concentração de mercado com a fusão de duas empresas.
   b) o vazamento de produtos químicos em um rio de uma cidade pequena.
   c) o sequestro do CEO ou de outro dirigente da empresa.
   d) a adulteração de produtos produzidos pela empresa.
   e) a política de preços mais altos que os da concorrência.

2. (Quadrix – 2016 – CRA-GO) Para a Teoria das Relações Humanas, comunicação é a troca de informações entre indivíduos. Significa tornar comum uma mensagem ou informação. Constitui um dos processos fundamentais da experiência humana e da organização social. Analise os itens a seguir.
   I) A Teoria das Relações Humanas enfatiza os grupos e não o comportamento individual. A comunicação é tratada como fenômeno social.
   II) A análise das redes de comunicação ajuda a determinar a maneira mais indicada de se comunicar em cada situação.
   III) A comunicação proporciona oportunidades de participação das pessoas nos assuntos e nas decisões e o comprometimento com relação à empresa.

Pode-se afirmar que:
a) todos os itens estão corretos.
b) apenas um item está correto.
c) apenas dois itens estão corretos, sendo um deles o item I.
d) apenas os itens II e III estão corretos.
e) nenhum item está correto.

3. (Instituto Consulplan – 2023 – Seger-ES) A comunicação é necessária nas organizações e, sem a interação entre as pessoas e uma prática comunicativa, não há organização. Para minimizar e/ou evitar os conflitos no ambiente organizacional, entender os processos da comunicação e aplicá-la com excelência torna-se fator decisivo. Para isso, a comunicação efetiva e a escuta ativa são essenciais e algumas ações e práticas se fazem necessárias no dia a dia. Considera-se a relevância do *feedback* nesse processo, tanto para quem comunica quanto para quem escuta as mensagens que vão sendo transmitidas durante a comunicação organizacional. Sobre as informações dadas e, ainda, o *feedback* na comunicação e interação grupal, NÃO está correto o que se afirma em:

a) O *feedback* de nós mesmos e dos outros é vital para a melhora do aprendizado e da performance. Ele precisa abranger tanto os resultados de ação quanto o processo em si.
b) A maior parte das pessoas tem dificuldade em dar e receber *feedback*, por causa de sua inexperiência, relutância, inquietação e medos associados aos processos de dar e receber informações.
c) O *feedback* recebido pode propiciar algumas oportunidades como aumentar a autoconsciência, determinar consequências do nosso próprio comportamento e, ainda, modificar ou alterar o nosso comportamento.

d) Em todos os processos organizacionais é necessário pedir e fornecer o *feedback*, que deve ser sempre transmitido através de elogios, preterindo as críticas, sempre mantendo as boas práticas de comunicação e com o foco no objetivo organizacional.

e) A utilização dessa prática traz benefícios ao clima da organização, o que é percebido através dos bons resultados obtidos, pois, quando a comunicação é eficaz, o ambiente se torna mais produtivo e o comprometimento dos funcionários com a organização aumenta.

4. (INCP – 2019 – Confere) Julgue se as afirmações abaixo são verdadeiras e em seguida assinale a opção CORRETA:

   I) O relacionamento entre as pessoas se refere a relações humanas, sendo que nessa interação há influências mútuas, que podem ser positivas ou negativas, mas nunca neutras.

   II) A proximidade física entre as pessoas pressupõe a interação social, que prescinde da troca de influências entre as pessoas.

   III) A maneira pela qual um conflito é resolvido influencia os resultados que ele produz e os futuros episódios de conflitos.

   a) Somente as afirmações I e II são verdadeiras.
   b) Somente as afirmações I e III são verdadeiras.
   c) Somente as afirmações II e III são verdadeiras.
   d) As afirmações I, II e III são verdadeiras.
   e) As afirmações I, II e III não são verdadeiras.

5. (INCP – 2019 – Confere) Existem várias maneiras de abordar e administrar conflitos. Uma das mais eficazes é denominada de "Estilos de Administração de Conflitos". Qual destes estilos caracteriza-se por uma atitude inassertiva, cooperativa e autossacrificante, e é o oposto de competir?
   a) Afastamento
   b) Acomodação
   c) Acordo
   d) Colaboração
   e) Compromisso

Atividades de aprendizagem

Questões para reflexão

1. Analisando as premissas para adotar uma comunicação não violenta, reflita sobre a maneira como você tem se expressado em seus relacionamentos interpessoais e de que modo os preceitos da CNV podem auxiliá-lo a melhorar sua forma de comunicação.

2. A respeito das abordagens em situações de conflito, reflita: Que tipo de abordagem você tem aplicado comumente quando surgem conflitos? De que maneira sua forma de encará-los pode ser aperfeiçoada?

Atividade aplicada: prática

1. Leia atentamente o texto a seguir:

   Um ingrediente comum nas organizações que têm sucesso em criar conflitos funcionais é que elas recompensam os divergentes e punem aqueles que evitam o conflito. O verdadeiro desafio para os executivos é ouvir notícias que eles não querem escutar. As notícias podem fazer seu sangue ferver ou arruinar suas esperanças, mas eles não podem demonstrar isso. Precisam aprender a receber notícias ruins sem vacilar. Sem discursos, sem sarcasmos, sem olhos virados nem ranger de dentes. Os executivos devem propor calmamente questões equilibradas: "você poderia me explicar melhor o que aconteceu?", "O que você acha que deveríamos fazer agora?". Um sincero "obrigado por me avisar" provavelmente reduzirá as chances de o executivo ser poupado desse tipo de comunicação no futuro. (Robbins, 2005, p. 335)

   Após a leitura, procure refletir sobre a seguinte questão: De que maneira o tipo de atitude elencada no excerto pode colaborar para o sucesso das organizações? Que tipo de habilidades um executivo precisa desenvolver para implantar a cultura da promoção de conflitos funcionais? Elabore um breve texto com suas considerações.

considerações finais

Nesta obra, constatamos a intensa transformação que a área de gestão de pessoas vem vivenciando nos últimos anos, cujos desafios decorrentes são impostos não somente às empresas públicas e privadas, mas também às organizações eclesiásticas e do terceiro setor. Nesse contexto, conceituamos as ferramentas necessárias para que essas instituições possam se adequar mediante os avanços que ampliaram o conhecimento do homem como ser humano. São essas disciplinas que nos permitiram, como sociedade, extrair preciosas contribuições para atuar em um mundo que já mudou muito e que seguirá nesse movimento.

As disciplinas às quais recorremos para embasar os conteúdos abordados foram as seguintes:

- **História**: nosso ponto de partida, por meio do qual apresentamos o desenrolar histórico das relações de trabalho e de suas evoluções.

- **Antropologia**: analisamos suas descobertas e as contribuições para um olhar individualizado que entende o ser humano como indivíduo único, dotado de idiossincrasias.
- **Sociologia**: ciência que analisa o homem em relação com os outros e de que modo tais relações contribuem para constituir seus modos de pensar e agir no mundo.
- **Psicologia social**: o homem é visto a partir de suas primeiras relações sociais em família – a qual é responsável por conduzi-lo ao desenvolvimento de um sistema de valores e comportamentos – e com a sociedade, levando em conta a influência de tais relações e da subjetividade na identidade humana.
- **Teologia**: o homem é um ser criado por Deus para as boas obras, para interagir com amor. Segundo o padrão bíblico, é orientado à mutualidade cristã em seus relacionamentos sociais.

Em seguida, aprofundamos nossos estudos acerca dessas relações multifacetadas com base no conceito de *confiança*, definido por (Covey, 2017) como a união de duas qualidades indispensáveis: caráter e competência. No ambiente de trabalho, tais características são de grande valor, sendo fortalecidas por uma comunicação clara, verdadeira e acessível. Ainda, elas atuam em conjunto com a motivação, responsável por fazer o ser humano se sentir valorizado em seus relacionamentos e com autoestima elevada. Acerca dessa temática, abordamos duas importantes ideias: a pirâmide de Maslow, cujo valor reside em compreender as necessidades humanas para satisfazê-las; e a teoria dos dois fatores, proposta por Frederick Herzberg, que estabelece os fatores motivacionais, que têm o poder de motivar, e os higiênicos, cuja ausência leva à desmotivação.

Na sequência, explicamos os conceitos de liderança e de relações de poder, apresentamos estudos a respeito dos diferentes estilos de liderar e comentamos sobre o impacto que um líder causa em uma equipe, o qual pode tanto ser muito positivo quanto muito negativo para a organização e as pessoas. Nosso constructo foi realizado com base em várias pesquisas de renomados autores, como Weber, Goleman, Chiavenato, Covey, Hunter, Catmull, Hybells e Maxwell, entre outros, que forneceram à sociedade valiosas informações referentes ao modo pelo qual um líder pode estimular a criatividade e a inovação no ambiente organizacional.

Ainda nessa perspectiva, ressaltamos a importância de o líder promover o desenvolvimento dos colaboradores, para que a organização aprenda a se preparar para os avanços que surgirão em decorrência da realidade atual. Nesse sentido, verificamos que o estilo de liderança transformacional tem sido o mais utilizado pelos líderes do terceiro setor, a fim de potencializar a relação entre líder e liderado, o que consequentemente contribui para a obtenção de resultados mais efetivos (Raptopoulos; Silva, 2018). Também refletimos sobre os ensinos práticos de Jesus (presentes na Bíblia), os quais constituem pilares norteadores que se sobrepujam a técnicas e métodos e revelam princípios indeléveis para as organizações eclesiásticas.

Além disso, abordamos vários elementos de gestão que podem ser muito úteis para a condução das organizações religiosas e do terceiro setor. Vimos que a gestão estratégica nos faz traçar uma projeção para o futuro, ao estabelecermos os meios necessários, no presente, para alcançá-lo. Nesse processo, lançamos mão de ferramentas testadas e validadas e que permitem acelerar os resultados, inclusive na missão eclesial de comunicar o Evangelho de Cristo, do qual não podemos nos desvencilhar. Tratamos da gestão de pessoas e de seus subprocessos, a fim de proporcionar a você, leitor, um arcabouço estratégico que lhe auxilie a atuar assertivamente no ambiente organizacional, provendo oportunidades de desenvolvimento e bons resultados de modo ético e produtivo. Considerando o que expusemos nesta obra, ressaltamos que é fundamental não descartar a ação de Deus em nos capacitar. No entanto, precisamos identificar nossas competências e descobrir como desenvolvê-las, promovê-las e incentivá-las, para nos antecíparmos às demandas futuras e, ainda, suprir nossas atuais necessidades.

Também nos conduzimos por alguns temas trabalhados pela psicologia organizacional, com a intenção de estabelecermos um diálogo mais profundo acerca de assuntos como o comportamento social humano, a necessidade de pertencimento e os impactos causados pelo trabalho na qualidade de vida e no bem-estar de todos. Nessa perspectiva, analisando a pesquisa de Morilha (2019), constatamos que a força missionária brasileira que atua no campo transcultural tem apresentado síndromes sugestivas de doenças psicossomáticas. Esse cenário nos desafia a seguir estudando e propondo melhorias e condições diferenciadas, sobretudo para recuperá-la e torná-la realizada em seu labor. Para isso, ressaltamos a importância de conhecermos alguns conceitos, como o de *chamado*, cuja fonte se encontra em Deus, de inteligência emocional, útil para lidar com emoções diversas e profundas, e de um programa de qualidade de vida no trabalho, para fornecer o apoio, o cuidado e a orientação necessária aos nossos representantes em solos distantes.

Por fim, entendemos que nenhuma organização é imune a situações de conflito. Porém, explicamos também que há um tipo de conflito construtivo que pode ser utilizado para o crescimento e a inovação dos processos organizacionais. Quanto aos conflitos de potencial disruptivo, procuramos apresentar algumas estratégias para abordá-los e resolvê-los, as quais têm sido bastante eficazes em diversos meios. Destacamos, ainda, que a comunicação é uma das ferramentas mais multifuncionais referentes ao grande arcabouço de possibilidades inerentes à gestão de conflitos e crises. Sobre isso, enfatizamos a metodologia da comunicação não violenta, proposta Marshall Rosenberg, que nos leva a agir empaticamente e a prevenir/resolver conflitos disfuncionais.

Caro leitor, é desafiador navegar entre os universos da gestão e da teologia, que parecem tão opostos. Mas esperamos ter conseguido aproximá-los a ponto de possibilitar a você oportunidades de aprofundar seus conhecimentos acerca de cada metodologia estudada. Portanto, use-as com sabedoria, mas não perca de vista os valores pelos quais nos guiamos: a palavra da verdade, a Bíblia Sagrada, o manual de fé e de prática, os quais nos tornam aptos a discernir entre o bem e o mal e nos orientam a transmitir aos outros o amor do Pai, anunciando e honrando a Jesus, que se entregou por nós. A Ele seja a glória, para sempre!

referências

ABERJE – Associação Brasileira de Comunicação Empresarial. **CNV**: uma pesquisa sobre a comunicação não violenta nas organizações no Brasil. São Paulo, 2020. Disponível em: <https://www.aberje.com.br/wp-content/uploads/2021/01/Pesquisa-CNV.pdf>. Acesso em: 30 maio 2023.

ARMBRUST, G. **Perennials**: quem são e por que sua empresa precisa deles? 7 abr. 2022. Disponível em: <https://www.gupy.io/blog/profissionais-perennials>. Acesso em: 30 maio 2023.

AZEVEDO, A. G. de (Org.). **Manual de mediação judicial**. 6. ed. Brasília: CNJ, 2016.

BANOV, M. R. **Psicologia no gerenciamento de pessoas**. 4. ed. São Paulo: Atlas, 2015.

BARBOSA, C. B. **Núcleo básico**: ética profissional e cidadania organizacional. São Paulo: Fundação Padre Anchieta, 2011.

BERGAMINI, C. W. **Psicologia aplicada à administração de empresas.** São Paulo: Atlas, 1992.

BÍBLIA SAGRADA. 2. ed. Tradução de João Ferreira de Almeida. São Paulo: Sociedade Bíblica do Brasil, 1993. Disponível em: <https://biblia.sbb.org.br/biblioteca/ARA>. Acesso em: 30 maio 2023.

BOCK, A. M. B.; FURTADO, O.; TEIXEIRA, M. de L. T. **Psicologias**: uma introdução ao estudo da psicologia. 13. ed. São Paulo: Saraiva, 1999.

BRASIL. **Base Nacional Comum Curricular**: versão final. Brasília, 2018. Disponível em: <http://basenacionalcomum.mec.gov.br/images/BNCC_EI_EF_110518_versaofinal_site.pdf>. Acesso em: 30 maio 2023.

BUCCELLI, D. O.; POPADIUK, S. Integração dos ativos intangíveis no processo de planejamento estratégico: uma revisita à Matriz SWOT. **Revista Facep Pesquisa**, v. 10, n. 3, p. 284-298, 2007. Disponível em: <https://periodicos.unifacef.com.br/index.php/facefpesquisa/article/view/105/169>. Acesso em: 30 maio 2023.

BUTESEKE, W. **O chamado**: características e consequências da vocação ministerial. 57 f. Trabalho de Conclusão de Curso (Bacharelado em Teologia) – Faculdade Batista Pioneira, Ijuí, 2011. Disponível em: <https://www.batistapioneira.edu.br/wp-content/uploads/2020/05/BUTESEKE-Wagner-O-chamado-caracter%C3%ADsticas-e-consequ%C3%AAncias-da-voca%C3%A7%C3%A3o-ministerial.pdf>. Acesso em: 30 maio 2023.

CASTRO, M. et al. **Ultrarrápida e onipresente: a tecnologia 5G vai mudar o seu mundo.** Disponível em: <https://www.pwc.com.br/pt/temas-atuais/pwc-em-debate/pwc-debate-5G.html>. Acesso em: 30 maio 2023.

CATMULL, E. **Criatividade S.A.**: superando as forças invisíveis que ficam no caminho da verdadeira inspiração. Rio de Janeiro: Rocco Digital, 2014.

CAVALLO, D. et al. Inovação e criatividade na educação básica: dos conceitos ao ecossistema. **Revista Brasileira de Informática na Educação**, v.24, n.2, p. 143-162, 2016. Disponível em: <https://movinovacaonaeducacao.org.br/wp-content/uploads/2018/08/6504-8781-1-PB.pdf>. Acesso em: 30 maio 2023.

CÉSAR, K. M. L. **Vocação**: perspectivas bíblicas e teológicas. Viçosa: Ultimato, 1997.

CHIAVENATO, I. **Gestão de pessoas**: o novo papel dos recursos humanos nas organizações. Barueri: Manole, 2014.

CHIAVENATO, I. **Introdução à teoria geral da administração**: uma visão abrangente da moderna administração das organizações. 7. ed. Rio de Janeiro: Elsevier, 2003.

COMAZZETTO, L. R. et al. A geração Y no mercado de trabalho: um estudo comparativo entre gerações. **Psicologia: Ciência e Profissão**, v. 36, n. 1, p. 145-157, 2016. Disponível em: <http://www.scielo.br/pdf/pcp/v36n1/1982-3703-pcp-36-1-0145.pdf>. Acesso em: 30 maio 2023.

COVEY, S. M. R. **A velocidade da confiança**: o elemento que faz toda a diferença. Tradução de Tom Venetianer. Rio de Janeiro: Alta Books; Franklin Covey, 2017.

CURY, A. J. **O código da inteligência**. Rio de Janeiro: Thomas Nelson; Ediouro, 2008.

CURY, C. **As armadilhas da mente e os códigos da inteligência**. Ribeirão Preto: Escola da Inteligência Cursos Educacionais, 2015.

CURY, C. **Professores conectados, alunos engajados**. Ribeirão Preto: Escola da Inteligência Cursos Educacionais, 2021. [e-book].

CZARNESKI, F. et al. Interação entre líderes e liderados: uma revisão sistemática da Teoria LMX. In: SEMEAD – SEMINÁRIO DE ADMINISTRAÇÃO, 22., 2019, São Paulo. **Anais**... São Paulo: FEA-USP, 2019. Disponível em: <https://semead.com.br/22/wp-content/uploads/sites/9/2019/10/XXII-SemeAd-Programacao.pdf>. Acesso em: 30 maio 2023.

DATAFOLHA; IDIS – Instituto para o Desenvolvimento do Investimento Social. **Pesquisa voluntariado no Brasil 2021**. Disponível em: <https://pesquisavoluntariado.org.br/>. Acesso em: 30 maio 2023.

DIAS, R. **Introdução à sociologia**. São Paulo: Pearson Prentice Hall, 2010.

DUARTE, H.; FROTA, H. B.; CRUZ, M. **Remuneração de dirigentes das OSC**. São Paulo: Abong, 2021.

ERICKSEN, T. H. **História da antropologia**. Petrópolis: Vozes, 2007.

ERIKSON, E. H. **Infância e sociedade**. Rio de Janeiro: Zahar, 1975.

FERNANDES, T. **Modelos de trabalho pós-pandemia**. Disponível em: <https://www.pwc.com.br/pt/estudos/preocupacoes-ceos/mais-temas/2022/modelos-de-trabalho-pos-pandemia.html>. Acesso em: 30 maio 2023.

FIGUEIREDO, L. J. **A gestão de conflitos numa organização e consequente satisfação dos colaboradores.** 206 f. Dissertação (Mestrado em Gestão) – Universidade Católica Portuguesa, Viseu, 2012. Disponível em: <https://repositorio.ucp.pt/bitstream/10400.14/8865/1/Disserta%C3%A7%C3%A3o.pdf>. Acesso em: 30 maio 2023.

FISCHER, R. et al. **Como chegar ao sim**: a negociação de acordos sem concessões. São Paulo: Imago, 2005.

FONSECA, V. da. Papel das funções cognitivas, conativas e executivas na aprendizagem: uma abordagem neuropsicopedagógica. **Revista Psicopedagogia**, São Paulo, v. 31, n. 96, p. 236-253, 2014. Disponível em: <http://pepsic.bvsalud.org/pdf/psicoped/v31n96/02.pdf>. Acesso em: 30 maio 2023.

FULANETTO, F.; DIAS, L. (Org.). **Vocação e juventude**: a fascinante jornada entre o ser e o fazer. Viçosa: Ultimato, 2015.

G1. **8 em cada 10 profissionais pedem demissão por causa do chefe; veja os motivos.** 22 nov. 2019. Disponível em: <https://g1.globo.com/economia/concursos-e-emprego/noticia/2019/11/22/8-em-cada-10-profissionais-pedem-demissao-por-causa-do-chefe-veja-os-motivos.ghtml>. Acesso em: 30 maio 2023.

GEISLER, N. L. **Ética cristã**: alternativas e questões contemporâneas. São Paulo: Vida Nova, 2006.

GOLEMAN, D. **Inteligência emocional**. Tradução de Marcos Santarrita. Rio de Janeiro: Objetiva, 2011.

GOLEMAN, D. **Trabalhando com a inteligência emocional**. Rio de Janeiro: Objetiva, 2001.

GOLEMAN, D.; BOYATZIS, R.; MCKEE, A. **Os novos líderes**: a inteligência emocional nas organizações. Lisboa: Gradiva, 2002.

GPTW – Great Place to Work. **Por que salários e benefícios não são suficientes?** 10 out. 2017. Disponível em: <https://gptw.com.br/conteudo/artigos/salarios-e-beneficios-nao-bastam>. Acesso em: 30 maio 2023.

GRAMIGNA, M. R. **Modelo de competências e gestão dos talentos**. São Paulo: Pearson Prentice Hall, 2007.

HUDSON, M. **Administrando organizações do terceiro setor**: o desafio de administrar sem receita. São Paulo: Makron Books, 1999.

HUNTER, J. C. **Como se tornar um líder servidor**: os princípios de liderança de O monge e o executivo. 6. ed. Rio de Janeiro: Sextante, 2006.

HYBELS, B. **Liderança corajosa**. Tradução de James Monteiro dos Reis. São Paulo: Vida, 2002.

KAPLAN, R. S.; NORTON, D. P. **Mapas estratégicos**: convertendo ativos intangíveis em resultados tangíveis – balanced scorecard. Rio de Janeiro: Alta Books, 2018.

KASCHEL, W.; ZIMMER, R. **Dicionário da Bíblia de Almeida**. 2. ed. Barueri: Sociedade Bíblica do Brasil, 2005. [versão eletrônica].

KORNFIELD, D. **Equipes de Ministério que mudam o mundo**: oito características de uma equipe de alto rendimento. Curitiba: Betânia, 2021.

LAND, G.; JARMAN, B. **Ponto de ruptura e transformação**. São Paulo: Cultrix, 1995.

LAPLANTINE, F. **Aprender antropologia**. Tradução de Marie Agnês Chauvel. São Paulo: Brasiliense, 2003.

LIDÓRIO, R. A. **Antropologia missionária**. São Paulo: Instituto Antropos, 2008.

LIDÓRIO, R. A. **Vocacionados**. Viçosa: Ultimato, 2015.

LIMA, A. dos S. **Gestão de pessoas nas organizações religiosas**: o caso da Primeira Igreja Presbiteriana do Brasil. 102 f. Dissertação (Mestrado em Ciências da Religião) – Universidade Presbiteriana Mackenzie, São Paulo, 2015. Disponível em: <https://dspace.mackenzie.br/bitstream/handle/10899/25728/Alexandre%20Lima.pdf?sequence=1&isAllowed=y>. Acesso em: 30 maio 2023.

LOPEZ, F. G. (Org.). **Perfil das organizações da sociedade civil no Brasil**. Brasília: IPEA, 2018.

MADALENO, M. **Criative-se**: liderança, inovação e criatividade. São José dos Campos: Inspire, 2021.

MASLOW, A. H. **Motivation and Personality**. New York: Harper & Brothers Publishing, 1954.

MAXWELL, J. C. **As 17 incontestáveis leis do trabalho em equipe**: descubra os segredos para o desenvolvimento de equipes vencedoras. Tradução de Emirson Justino. Rio de Janeiro: T. Nelson Brasil, 2007.

MAXWELL, J. C. **O livro de ouro da liderança**: o maior treinador de líderes da atualidade apresenta as grandes lições de liderança que aprendeu na vida. Rio de Janeiro: T. Nelson Brasil, 2008.

MAXWELL, J. C. **Todos se comunicam, poucos se conectam**: desenvolva a comunicação eficaz e potencialize sua carreira na era da conectividade.Rio de Janeiro: T. Nelson Brasil, 2010.

MAYER, B. **The Dynamics of Conflict Resolution**: a Practioner's Guide.San Francisco: Jossey-Bass, 2000.

MCGREGOR, D. **Motivação e liderança**. São Paulo: Brasiliense, 1973.

MINICUCCI, A. **Relações humanas**: psicologia das relações interpessoais. 6. ed. São Paulo: Atlas, 2013.

MORILHA, A. **A prevalência de sistemas de transtornos psiquiátricos em missionários evangélicos/protestantes transculturais brasileiros**. 289 f. Tese (Doutorado em Ciências) – Universidade de São Paulo, São Paulo, 2019. Disponível em: <https://teses.usp.br/teses/disponiveis/5/5142/tde-13012020-100116/publico/AbnerMorilha.pdf>. Acesso em: 30 maio 2023.

MOSCOVICI, F. **Desenvolvimento interpessoal**: treinamento em grupo. 17. ed. Rio de Janeiro: J. Olympio, 2008.

OLIVEIRA, M. **O que a filosofia pode ensinar sobre as pessoas?** Disponível em: <https://www.ideiademarketing.com.br/2018/03/19/o-que-a-filosofia-pode-ensinar-sobre-gestao-de-pessoas>. Acesso em: 30 maio 2023.

ORR, R. A. **Liderança que realiza**. Contagem: AME Menor, 2001.

PAES, C. I. R. Gestão de igrejas: proposta estratégica interdenominacional. **Revista do Departamento de Administração da FEA**, v. 13, n. 1, p. 32-55, 2019. Disponível em: <https://revistas.pucsp.br/index.php/caadm/article/view/40826/29711>. Acesso em: 30 maio 2023.

PESSI, L. Saúde mental: a raiz do problema. **HSM Management**, 7abr. 2022. Disponível em: <https://www.revistahsm.com.br/post/saude-mental-a-raiz-do-problema>. Acesso em: 30 maio 2023.

PREDEBON, J. **Criatividade**: abrindo o lado inovador da mente – um caminho para o exercício prático dessa potencialidade, esquecida ou reprimida quando deixamos de ser crianças. 7. ed. São Paulo: Atlas, 2010.

RAMOS, P. **A hierarquia das necessidades de Maslow e a criatividade**. 3 jun. 2014. Disponível em: <https://administracaocriativa.wordpress.com/2014/06/03/a-hierarquia-das-necessidades-de-maslow-e-a-criatividade>. Acesso em: 30 maio 2023.

RAPTOPOULOS, M. M. S. C.; SILVA, J. F. da. Estilos e atributos da liderança no terceiro setor. **Pretexto**, Belo Horizonte, v. 19, n. 3, p.1 19-135, 2018. Disponível em: <http://revista.fumec.br/index.php/pretexto/article/view/6161/artigo_7_3_2018.pdf>. Acesso em: 30 maio 2023.

ROBBINS, S. **Comportamento organizacional**. Tradução de Reynaldo Marcondes. 11. ed. São Paulo: Pearson Prentice Hall, 2005.

ROLON, C. E. R. **Sociologia organizacional**. Curitiba: Contentus, 2020.

ROSA, M. **Psicologia da religião**. 2. ed. Rio de Janeiro: Junta de Educação Religiosa e Publicações, 1979.

ROSENBERG, M. B. **Comunicação não violenta**: técnicas para aprimorar relacionamentos pessoais e profissionais. Tradução de Mário Vilela. São Paulo: Ágora, 2006.

SCHAEFER, C.; VOORS, T. **Desenvolvimento de iniciativas sociais**: da visão inspiradora à ação transformadora. 2. ed. São Paulo: Antroposófica, 2005.

SCHAEFER, R. T. **Fundamentos de sociologia**. Porto Alegre: Grupo A, 2016.

SCHNEEBERGER, C. A. **Manual compacto de história geral**: ensino médio. São Paulo: Rideel, 2011.

SOUZA, B.; KRATZ, K. **Geração Alpha e sua influência no consumo de seus pais**: um estudo de como as propagandas interferem nesta relação. 39 f. Trabalho de Conclusão de Curso (Bacharelado em Administração) – Universidade Federal de Santa Catarina, Florianópolis, 2018. Disponível em: <https://repositorio.ufsc.br/bitstream/handle/123456789/187645/TCC%20FINAL.pdf?sequence=1&isAllowed=y>. Acesso em: 30 maio 2023.

SOUZA, D. G. de. **Manual para gerenciamento de crise em comunicação**. 48 f. Monografia (Especialização em Assessoria de Comunicação Pública) – Instituto de Educação Superior de Brasília, Brasília, 2006.

TAYLOR, W. D. (Org.). **Valioso demais para que se perca**. Curitiba: Descoberta, 1998.

THOMAS, K. Conflict and Conflict Management. In: DUNNETTE, M. D. (Ed.). **Handbook of Industrial and Organizational Behavior**. Nova York: John Wiley & Sons, 1976. p. 889-935.

VIANA, N. **Introdução à sociologia**. Belo Horizonte: Grupo Autêntica, 2007.

WEBER, M. **Economia e sociedade**. Brasília: Ed. da UnB, 1991.

WHO – World Health Organization. **Depression and Other Common Mental Disorders**: Global Health Estimates. Genebra, 2017. Disponível em: <https://apps.who.int/iris/bitstream/handle/10665/254610/WHO-MSD-MER-2017.2-eng.pdf>. Acesso em: 30 maio 2023.

WHOQOL – World Health Organization Quality of Life Assessment. Position Paper from the World Health Organization. **Social Science & Medicine**, v. 41, n. 10, p. 1.403-1.409, 1995.

bibliografia comentada

CATMULL, E. **Criatividade S.A.**: superando as forças invisíveis que ficam no caminho da verdadeira inspiração. Rio de Janeiro: Rocco Digital, 2014.

Esta obra é um verdadeiro manual biográfico da história de carreira de Ed Catmull. Com uma linguagem de fácil entendimento, narra uma riqueza de situações que geraram aprendizados importantes para as organizações que lidam com profissionais que necessitam da habilidade da criatividade e da inovação. O livro apresenta histórias reais, de Steve Jobs e de outros gigantes da área do entretenimento, com um pano de fundo de grandes empresas de filmes de animação, como a Pixar.

ROBBINS, S. **Comportamento organizacional**. Tradução de Reynaldo Marcondes. 11. ed. São Paulo: Pearson Prentice Hall, 2005.

Este best-seller, escrito por Stephen Robbins, avalia o indivíduo e investiga como é o comportamento dele no ambiente das organizações. O autor aborda temas como motivação, personalidade e valores individuais. Em outra perspectiva, trata do ser inserido no grupo, dos comportamentos grupais, dos fatores de comunicação e dos estilos de liderança que influenciam os resultados das empresas.

MAXWELL, J. C. **O livro de ouro da liderança**: o maior treinador de líderes da atualidade apresenta as grandes lições de liderança que aprendeu na vida. Rio de Janeiro: T. Nelson Brasil, 2008.

O livro de ouro da liderança traz 26 lições aprendidas pelo autor, John Maxwell, durante sua carreira como líder. A linguagem é prática e de fácil entendimento, por meio da qual o autor desafia o leitor à aplicação de conceitos em seus contextos de liderança mediante iniciativas que venham a se tornar hábitos diários. Para isso, Maxwell sugere a leitura de uma lição por semana, para que o leitor tenha tempo de assimilar e praticar as lições aprendidas.

HUNTER, J. C. **Como se tornar um líder servidor**: os princípios de liderança de *O monge e o executivo*. 6. ed. Rio de Janeiro: Sextante, 2006.

Este livro sucede O monge e o executivo, escrito pelo autor, James Hunter, o qual consiste em uma espécie de crônica que oferece importantes ensinamentos sobre a liderança servidora. Assim, em Como se tornar um líder servidor, tais lições são elucidadas e aprofundadas para o leitor. Os conceitos de amor, poder e autoridade, gentileza e responsabilidade, natureza, caráter e mudança humana ganham um foco especial, caracterizando o perfil do líder que serve.

COVEY, S. M. R. **A velocidade da confiança**: o elemento que faz toda a diferença. Tradução de Tom Venetianer. Rio de Janeiro: Alta Books; Franklin Covey, 2017.

Pela primeira vez na literatura da área, um autor se insurge no cenário das organizações valorando a confiança como ativo intangível que pode definir o futuro das empresas. Stephen Covey consegue, nesta obra, traduzir a confiança como o conjunto de sucesso entre a competência e o caráter e que livra as empresas de litígios, agiliza as vendas e valoriza os esforços de publicidade, contribuindo decisivamente para o crescimento organizacional. O conteúdo deste livro é extremamente benéfico para o desenvolvimento de pessoas e empresas.

respostas

Capítulo 1

Atividades de autoavaliação

1. c
2. d
3. c
4. d
5. b

Atividades de aprendizagem

Questões para reflexão

1. A resposta a esta questão deve expressar os conteúdos bíblicos da leitura indicada, ou seja, os preceitos das escrituras sagradas quanto à mutualidade cristã.
2. O leitor deve apresentar uma resposta sincera quanto ao estágio atual em que se encontra, e não onde gostaria de estar. Um plano de ação deve ser apresentado, com ações práticas, para atingir um nível mais elevado da pirâmide motivacional.

Atividade aplicada: prática
1. A resposta deve indicar o equívoco de se negar a realidade das mudanças que ocorrem na gestão de pessoas, considerando que o correto a se fazer é recorrer às soluções mais tradicionais e que sempre foram eficazes. Não só as pessoas mudaram, mas o mundo todo vem passando por intensas alterações, e obviamente elas se estendem à gestão. Nesse sentido, o desafio do profissional de gestão é adaptar seus métodos e preservar seus princípios e valores.

Capítulo 2

Atividades de autoavaliação
   1. d
   2. d
   3. e
   4. e
   5. a

Atividades de aprendizagem

Questões para reflexão
1. A resposta deve indicar modos práticos de influenciar as pessoas sob sua liderança, seja pelo exemplo, pelo senso de propósito ou pela vontade de praticar a missão compartilhada pela organização.
2. O leitor deve se esforçar para aplicar o conteúdo estudado aos exemplos de líderes que já teve, elencando as características deste e em que estilo tipificava.

Atividade aplicada: prática
1. As tendências mundiais apontam para um mundo em frenético movimento de transformação tecnológica. Negar ou ignorar esse cenário certamente não será a melhor forma de conviver com essas mudanças. Assim, a resposta deve mencionar possíveis estratégias

a serem adotadas por líderes que se antecipem a essas alterações e que invistam em pessoas, preparando-as para utilizar as novas ferramentas. Isso significa que os líderes precisam agir como mecanismos ativos em relação aos novos tempos, sendo até mesmo provocadores do futuro, tanto no meio em que vivem quanto no ambiente de trabalho. Em outras palavras, devem servir como modelos de referência.

Capítulo 3

Atividades de autoavaliação

1. d
2. e
3. e
4. d
5. b

Atividades de aprendizagem

Questões para reflexão
1. A resposta deve trazer a percepção do leitor para cada dilema apresentado, quais reflexões faz a respeito de si mesmo e o nível de tolerância que tem frente aos casos citados.
2. O leitor deve considerar quais sentimentos o envolvem diante de um *feedback* negativo, fazer uma autocrítica em relação à forma de recebê-lo e apresentar exemplos práticos de acolher a crítica construtiva, para seu próprio desenvolvimento.

Atividade aplicada: prática
1. A resposta deve mencionar possíveis maneiras de fomentar a realização no trabalho sem que ocorram perdas de produtividade, de qualidade e de satisfação. Entre as medidas que podem ser adotadas pelas organizações, a resposta pode incluir: propiciar a integração

entre os funcionários; promover o cuidado com a qualidade de vida (a ergonomia da estação de trabalho, por exemplo); facilitar a adaptação às ferramentas de treinamento e desenvolvimento; implementar uma tecnologia que possibilite reuniões *on-line* e a troca de informações rápidas; permitir o acesso remoto aos principais sistemas; criar ações para gerar engajamento entre os times; implantar programas que fortaleçam a cultura da empresa, mesmo no ambiente a distância. Todas essas medidas consistem em modos diferentes de adaptar o trabalho ao formato remoto, seja ele híbrido ou em *home office*, por exemplo.

Capítulo 4

Atividades de autoavaliação

1. e
2. a
3. d
4. e
5. d

Atividades de aprendizagem

Questões para reflexão

1. A resposta deve trazer do leitor uma reflexão sobre seu passado e as limitações provocadas por crenças limitantes oriundas de ações/falas que o levaram a se sentir desmotivado a se desenvolver em determinadas áreas.
2. As respostas à reflexão sugerida na atividade anterior devem conduzir o leitor a elaborar um plano de ação que o impeça de ser afetado por tais crenças limitantes. As ações devem ser práticas e atingíveis, bem como passíveis de verificação quanto à sua realização.

Atividade aplicada: prática
1. Na resposta, espera-se que o leitor diferencie a responsabilidade dos gestores eclesiástico e pastoral. Muitas vezes, o presidente da organização não é quem exerce a função pastoral. Entretanto, ele deve manter a igual comunhão com Deus, a fim de não contrariar os princípios bíblicos em busca de resultados. Outro aspecto que a Igreja deve considerar diz respeito ao fato de que é preciso estar aberta a abrir as se comunicar com a gestão, uma vez que, como organização, deve prestar contas e atender a normativas legais. Portanto, é fundamental que sua ação se efetive por meio de pessoas preparadas para isso, com a intenção de fazê-la crescer, expandindo seu alcance na sociedade em que está inserida e no mundo. Além disso, a experiência de negócios em missões tem consistido em um modelo muito utilizado para levantar os devidos recursos que permitirão à Igreja atingir seu propósito. No entanto, isso requer pessoas com competências administrativas e técnicas específicas que, não raro, não coadunam com o perfil do seminarista formado nos centros de ensino.

Capítulo 5

Atividades de autoavaliação
1. b
2. a
3. b
4. e
5. e

Atividades de aprendizagem

Questões para reflexão

1. O leitor deve refletir sobre seu relacionamento com as gerações mais antigas e as mais jovens.
2. A resposta deve incluir uma lista de benefícios que as organizações receberão em virtude da boa relação entre as pessoas de gerações diferentes. O compartilhamento de experiências e o aprendizado mútuo podem ser considerados na resposta.

Atividade aplicada: prática

1. Espera-se que a resposta contemple medidas práticas (mencionadas no capítulo) que contribuam para a qualidade de vida dos obreiros, tais como: condições salubres de trabalho e moradia; recursos financeiros adequados à família (no caso de missionários e pastores); rotinas de alimentação saudável e de exercícios físicos; suporte emocional; equilíbrio entre trabalho e vida pessoal; tempo de lazer; liberdade para realizar o trabalho sem pressões desnecessárias por resultados etc.

Capítulo 6

Atividades de autoavaliação

1. e
2. d
3. d
4. b
5. b

Atividades de aprendizagem

Questões para reflexão

1. A resposta do leitor deve ser sincera com relação ao estágio em que se encontra nos aspectos da comunicação, e não no patamar que gostaria de estar. Um plano de ação deve ser apresentado, com ações práticas, por meio das quais seja possível praticar a comunicação não violenta.
2. Espera-se que o leitor forneça uma resposta condizente com seu momento atual. Um plano de ação deve ser apresentado, com ações práticas, para que os conflitos vivenciados sejam sempre construtivos, e não destrutivos.

Atividade aplicada: prática

1. A resposta deve mencionar as vantagens que podem ser obtidas quando os conflitos têm o potencial de gerar inovação e/ou novas maneiras de executar processos e fomentar o crescimento. Além disso, é interessante que a resposta indique algumas das competências que o gestor de conflitos deve desenvolver, tais como: ouvir e falar empaticamente; promover desafios construtivos; comunicar-se de modo claro e transparente; exercitar e praticar a inteligência emocional; estimular o processo criativo na solução de problemas etc.

sobre a autora

Fabiana Barros da Silva é graduanda em Administração de Empresas pela UniCesumar; tecnóloga em Sistemas de Gestão Ambiental pelo Instituto Federal de Pernambuco (IFPE); especialista em Ergonomia pela Universidade Federal de Pernambuco (UFPE), em Neuropsicopedagogia pela Faculdade Metropolitana da Grande Recife, e MBA em Gestão de Pessoas pela Faculdade Mauricio de Nassau (FMN/PE). Realizou cursos livres em Teologia, Missiologia e, também, em Personal & Professional Coaching, este credenciado pela Sociedade Brasileira de Coaching e Inteligência Emocional (SBcie). Além disso, fez os seguintes cursos: Técnico em Segurança do Trabalho pelo IFPE e Técnico em Administração de Empresas pela Escola Estadual Paulo P. Guerra.

Trabalhou como gestora de pessoas por mais de 15 anos nos setores da indústria e de serviços. Há dez anos, é missionária na Missão Evangélica Betânia, organização sem fins lucrativos que atua, entre outras áreas, na formação, no preparo e no envio de missionários no Brasil e no exterior. Também é consultora autônoma e *coaching* pessoal e profissional, além de ministrar aulas sobre inteligência socioemocional e gestão de pessoas e de se dedicar à escrita.

Impressão: Reproset
Julho/2023